KB245991

새로운 제국주의와 저항

# 새로운 제국주의와 저항

존 리즈 지음 | 김용욱 · 김용민 옮김

책갈피

# 새로운 제국주의와 저항

지은이  존 리즈
옮긴이  김용욱 · 김용민
펴낸곳  도서출판 책갈피
주소  서울특별시 중구 필동 2가 106-6 2층(100-272)
등록  1992년 2월 14일(제18-29호)
전화  (02) 2265-6354
팩스  (02) 2265-6395
전자우편  bookmarx@naver.com

첫 번째 찍은 날  2008년 1월 23일

값  11,000원

ISBN 978-89-7966-052-4 03300
잘못된 책은 바꿔 드립니다.

나는 무관심을 미워한다. 산다는 것은 어느 한쪽을 편든다는 것이다. ······ 무관심은 역사를 짓누르는 무거운 짐이다. 무관심은 새로운 사상의 소유자들에게는 무거운 납덩어리이고, 가장 아름다운 열정조차 물 속 깊이 가라앉힐 수 있는 모래주머니이고, 어떤 전사나 어떤 강력한 방벽보다 구질서를 훨씬 더 잘 방어할 수 있는 늪이다. 왜냐하면 무관심은 최상의 활동가들조차 감염시켜 흔히 그들이 역사를 만들지 못하게 만들기 때문이다.

무관심은 역사의 강력한 힘이다. 무관심은 소극적으로 작용하지만, 그래도 어쨌든 무관심은 작용한다. ······ 사건이 일어나는 이유는 흔히 많은 사람들이 그 사건을 염원해서가 아니라 그들이 사건 발생을 적극적으로 막지 않기 때문에, 그 사건이 일어나도록 내버려두기 때문이다. ······ 언뜻 보면 역사적 사건이 아무렇게나 일어나는 듯하지만, 그것은 무관심과 기권주의가 만들어 낸 환상일 뿐이다. ······

나는 어느 한쪽을 편든다. 나는 살고 있다. 우리 편의 적극적인 의식에서 나는 이미 미래 사회가 건설되고 있음을 느낀다. 이런 인간 사슬에서는 아무도 무거운 짐을 지지 않고, 모든 일은 행운이나 운명의 결과가 아니라 우리가 의식적으로 노력한 결과다. 아무도 소수가 희생되는 것을 수수방관하지 않는다. ······

나는 살아 있다. 그래서 나는 어느 한쪽을 편든다. 그 때문에 나는 어느 한쪽을 편들지 않는 사람들, 무관심한 사람들을 미워한다.

1917년 안토니오 그람시

# 차례

# Contents

# 삽화 차례

## 일러두기

1. 인명과 지명 등의 외래어는 최대한 외래어 표기법에 맞춰 표기했다.
2. 본문에서 [ ]는 옮긴이가 우리말로 옮기는 과정에서 독자의 이해를 돕고 문맥을 매끄럽게 하기 위해 덧붙인 것이다. 단, 인용문에서 옮긴이 첨가와 저자 첨가를 구분하기 위해 [ ― 존 리즈라 는 표기를 두었다. 그리고 더 자세한 설명이 필요한 것은 본문 하단에 실었다.
3. 원서에서 이탤릭체로 표시된 부분은 고딕체로 표시했다.
4. 책과 잡지는 ≪ ≫로, 신문과 주간지는 < >로, 논문과 신문 기사 제목은 " "로 표시했다.
5. 본문에서는 사람·신문·책·단체 이름의 영문은 거의 표기하지 않았다. 자세한 알파벳 표기는 '찾아보기'와 '후주'를 참조하기 바란다.

# 감사의 말

2001년 쌍둥이 빌딩 공격이 있은 바로 다음 주에 [영국에서] '전쟁저지연합'이 창설된 이래, 그 지도부의 일원으로 활동할 수 있었던 것은 내게 특별한 경험이었다. 나와 함께 활동한 사람들은 모두 내가 제국주의와 반(反)제국주의 투쟁을 훨씬 더 풍부하게 이해하도록 도움을 줬다. 특히, 앤드루 머레이, 앤드루 버긴, 크리스 나인햄, 제인 셸리스, 케이트 허드슨, 토니 벤, 제레미 코빈에게 감사한다. 그리고 조지 갤러웨이는 내가 아는 가장 비타협적이고 연설을 잘하는 반제국주의 투사다.

나를 격려해 준 루트레지 출판사의 편집자 크레이그 포울리에게 고마움을 전한다. 그래프와 표를 준비하는 데 도움을 준 사이먼 아사프에게도 감사한다. 이 책의 일부는 계간지 ≪인터내셔널 소셜리즘≫에 논문 형태로 실렸던 글들이다. 이 논문들이 실린 ≪인터내셔널 소셜리즘≫을 발행한 샐리 캠벨에게도 고마움을 전한다.

이 책의 초고를 읽고 논평해 준 알렉스 캘리니코스, 크리스 뱀버리, 크리스 하먼에게는 가장 오랫동안 남을 빚을 졌다. 이 책을 쓰는 동안 나는 두 명의 뛰어난 친구이자 스승인 토니 클리프와 폴 풋을 잃었다. 그러나 이 책에는 그들의 영향이 흔적처럼 곳곳에 남아 있다.

카멜 브라운은 내 글을 가장 혹독하게 비판했을 뿐 아니라 내가 더 잘할 수 있도록 가장 열심히 격려해 주기도 했다. 브라운은 5장을 편집했고, 내가 글을 쓰는 동안 관련 논문과 자료, 통계를 끊임없이 가져다줬다. 또, 최종 원고를 읽고 논평해 줬다. 내가 카멜 브라운이나 "내 위원장"[지은이의 개인적 농담이다]인 세렌 놀런, 그리고 세렌의 여동생 호프 놀런과 친구로 지낼 수 있었던 것은 행운이다.

이 책을 쓰는 동안 린지 저먼은 나의 성실한 동료였다. 린지는 내가 책을 쓰는 동안 많은 장(章)들을 읽어 줬고, 책이 완성됐을 때는 전체를 읽었다. 린지의 조언은 대부분의 사람들보다 더 훌륭했는데, 그 이유는 린지가 이 책의 주제를 다른 사람들보다 더 잘 알고 있고 새로운 제국주의에 맞서 싸우는 활동을 그 누구보다 많이 해 왔기 때문이다.

지난 몇 년 동안 [카이로 국제 반전 회의를] 함께 조직해 온 카이로 활동가들에게 감사한다. 그러나 그들의 이름을 거론하는 것은 여전히 위험하다. 제국주의와 독재가 위대한 도시 카이로와 바그다드를 더는 망가뜨릴 수 없게 될 때 우리는 모두 함께 축하할 것이다. 그때 우리는 진정한 의미에서 새로운 예루살렘을 건설할 수 있을 것이다.

# 한국의 독자들에게

이 책의 원고는 2006년 3월에 완성됐다. 나는 이 한국어판 서문을 1년 9개월이 지난 2007년 12월에 쓰고 있다. 그 15개월 동안 이라크 전쟁과 그 전의 아프가니스탄 침략의 결과가 더 분명해졌다. 이 서문에서 그 전쟁들의 중요한 결과 일부를 간략하게 검토하려 한다.

## 이라크의 혼란

시간이 흐를수록 이라크 점령은 점점 더 불안정해지고 점령을 유지하기가 갈수록 힘들어지고 있다. 원래 침략 계획은 미군이 해방자로 환영받고, 자유 시장 원칙을 따르는 사기업들이 이라크의 사회·경제 기반 시설을 복구한다는 것이었다. 이 두 가지 기대가 모두 완전한 오판이었음이 드러났다.

침략군은 처음부터 저항에 직면했다. 이 책의 본문에서 지적했듯이, 침략군의 수는 많지 않았다. 미국 정부는 미군의 첨단 기술 덕분에 전쟁에서 쉽게 승리할 것이라고 생각했고 집권 공화당의 긴축재정 선호 분파는 '값싼' 침략 전쟁을 요구했다. 그러나 미군이 사담 후세인과의 짧은 전쟁에서 승리하는 데 아무리 효과적이었을지라도, 바그다드 함락 직후 시작된 장기간의 저항을 진압하기에는 병력 규모도 작고 준비도 형편없었다.

이런 상황에서 미국이 채택한 전략은 궁지에 몰린 식민지 정부들의 역사를 잘 아는 사람들에게 익숙한 것이었다. 무력만으로 저항을 제압하기에는 병력 수가 턱없이 부족한 적대적 환경에 처했을 때, 제국주의 점령자들은 토착 저항 세력들을 서로 이간질해 각개격파하는 전략을 사용했다.

'이라크 신헌법'은 저항 세력들을 이간질해 각개격파하는 구상을 제도화했다. 그것은 수니파와 시아파와 쿠르드족이 이라크 역사상 가장 심각하게 서로 대립하게 만들었다. 권력과 경제적 자원이 미끼로 사용됐다. 그래서 일어난 동족상잔은 결국 미국이 원하거나 통제할 수 있는 한계를 넘어 섰다. 어떤 점에서 보면, 이간질해 각개격파하기 전략이 지나치게 성공적이었다. 그래서 미국의 통제를 완전히 벗어나면서 점령이 안정되기는커녕 걷잡을 수 없이 불안정해졌다.

그러나 서방 언론이 퍼뜨리는 이미지와 달리 이라크 저항 세력의 무장 공격은 대부분 다른 이라크인들이 아니라 점령군을 겨냥한 것이라는 사실이 매우 중요하다.

이라크는 여전히 군사적으로 통치 불능이다. 또, 경제적으로도 재건되지 않았다. 10년 동안 두 번의 전쟁과 서방의 경제제재로 이라크가 입은 피해를 복구할 수 있는 길은 국가 주도의 진지한 계획적 경제 재건 프로그램뿐이었다. 요컨대, 제2차세계대전 이후 서유럽의 재건을 돕기 위해 미국이 실시한 지원 정책인 마셜플랜의 이라크판이 필요했다.

[그러나] 미국 정부와 그 동맹들은 그런 개념에 이데올로기적으로 반대했다. 그들은 국내에서든 국제적으로든 자유 시장의 우월성을 신봉하는 자들이다. 그들은 사기업들이 이라크 경제를 사들이도록 허용하면 이라크가 재

건될 것이라고 믿었다. 그러나 그런 일은 일어나지 않았다. 기업들은 곶감 빼먹기를 시작했다. 그리고 가장 맛있는 곶감은 이라크의 가장 중요한 사회 기반 시설이나 산업을 재건하는 사업들이 아니라 점령군과 결탁하거나 점령 군의 군사적·경제적 필요를 충족시키는 사업들이었다. 따라서 사기업들은 이라크 사람들의 필요를 충족시키기 위한 계획적 경제 개입에는 반대했지만 점령을 유지하기 위한 기반 시설을 구축하려고 국가가 계획하고 돈을 댄 사업들에서 이득을 챙겼다.

결론적으로, 이라크 점령으로 중동에 안정된 친시장적·친미적 기반을 확보하려던 부시 정부의 원래 전쟁 목적은 실패했다. 오히려 이라크는 제2 의 베트남이 됐고, 부시조차 이 사실을 인정할 수밖에 없었다.


## 이란

이라크 침략은 몇 가지 의도하지 않은 결과를 낳았다. 그 중 가장 중요한 것은 이란이 지역 강국으로 떠오른 것이다. 이 책의 본문에서 지적했듯이, 미국은 원래 중동의 경비견이었던 이란을 1979년 혁명으로 잃었고, 1990년 대에 사우디아라비아도 잃었다. 이 때문에 신보수주의자들은 1990년대 중반 부터 이라크를 침략해 미국의 새로운 기지로 삼으려는 계획을 밀어붙였다.

이 계획의 실패와 이라크 점령의 끝없는 위기 때문에 중동에서 이란의 입지가 강화됐다. 중동에서 가장 유력한 반제국주의 조류가 팔레스타인의 하마스, 레바논의 헤즈볼라 같은 이슬람주의 경향이라는 사실은 최초의 위 대한 이슬람주의 반제국주의 혁명으로 등장한 이란 정권이 중동에서 영향력 을 강화하는 데 유리하게 작용했다. 이라크 저항 세력은 모두 이슬람주의자 들은 아니지만 어느 정도는 그렇다. 그러나 친이란 성향은 시아파뿐이다.

부시 정부는 이런 다양한 저항 집단들을 하나의 단일한 진영으로 뭉뚱그리고 싶어 하는 듯하다. 그래서 악명 높은 '악의 축' 딱지를 붙이려는 듯하다. 그러나 이란 정부는 일관된 반제국주의 세력이 아니고 경우에 따라서만 반제국주의 태도를 취한다. 이란은 1991년 걸프전 때 미국을 지원했다. 다만 지금 미국이 이란을 적대하며 압박하기 때문에 미국과 대결해야 하는 상황에 빠져 든 것이다.

부시 정부와 이란의 협상을 가로막는 근본 원인은 핵 문제가 아니다. 예컨대, 부시 정부는 북한이 핵 프로그램을 지속하도록 내버려뒀다. 지금 미국에게는 한반도보다 중동이 훨씬 더 중요하기 때문에 이란 핵 문제가 사활을 건 문제가 된 것이다. 중동의 석유와 다른 자원들, 중동의 전략적 중요성 때문에 미국은 중동의 상황 전개에 매우 예민하게 반응하고 있다.

이러한 이유들 때문에 미국은 중동에서 이란의 영향력을 다시 약화시키고 싶어 한다. 부시 정부는 이란에 대한 무력 사용을 배제하지 않는다고 거듭거듭 밝혔다. 이란 핵 시설 공습 가능성이 상세히 검토됐고, 공격 계획 준비가 상당히 진척됐다는 보도도 있었다. 그러나 미국은 이라크 수렁에 너무 깊숙이 빠져 있어서 그런 계획을 실행하기가 쉽지 않다. 더구나 미국 국내의 이라크 점령 반대 여론이 부시 정부의 행동반경을 더 좁혔다.


## 레바논

이란에 대한 직접 공격이 힘들어지자 2006년 여름에 부시 정부는 대안을 모색했다. 미국은 중동에서 미국의 대리인 노릇을 하는 이스라엘이 레바논의 헤즈볼라 — 미국은 헤즈볼라가 이란의 대리인이라고 여긴다 — 를 공격하는 것을 허용했다. 이스라엘의 레바논 남부 침략이 성공했다면 미국이 이란을 공격하거나 미국의 후원 아래 이스라엘이 이란을 공격하는 것도 가능했을 것이다.

그러나 이스라엘군은 레바논 저항 세력에게 창군 이래 최악의 패배를 당했고 헤즈볼라 지도자 하산 나스랄라는 중동 전체의 영웅이 됐다.

이스라엘의 패배로 미국의 중동 계획은 더 심각한 위기에 빠졌다. 이라크가 통제 불능이 되고 중동에서 가장 강력한 동맹국이 패배하자 미국은 지금 이란 정권이 독자적 외교정책을 추진하는 것을 보면서도 속수무책이다.

더구나 미국과 그 동맹국들이 레바논에서 헤즈볼라 인기가 치솟고 팔레스타인 총선에서 하마스가 승리한 것을 인정하지 않으려 하기 때문에 이두 나라의 불안정한 정치 상황이 더 불안정해지고 있다.


## 강대국 간 경쟁

이라크에서 미국이 얼마나 곤경에 처했는지는 미국이 제국주의 체제 내에서 약소국들을 통제할 능력이 전보다 약해졌을 뿐 아니라, 다른 강대국들을 결속하는 끈도 느슨해진 것을 보면 알 수 있다. 나는 이 책에서 냉전종식 이후 주요 열강 사이에 원심력이 강화됐다고 지적했다. 또, 이라크 침략 과정에서 열강들 사이의 틈이 더 벌어졌다는 것도 보여 줬다. 특히, 당시 미국 국방장관 도널드 럼스펠드가 "낡은 유럽"이라고 부른 프랑스·독일·러시아와 미국 사이의 틈이 눈에 띄게 벌어졌다.

이라크 점령 기간에 이런 분열은 거의 봉합되지 못했다. 이른바 '의지의 동맹' — 미국을 도와 이라크에 파병한 국가들 — 의 수는 줄었다. 일부 국가들은 이길 가능성도 커 보이고 정당성도 있어 보이는 아프가니스탄으로 군대를 재배치했지만 여기에도 실제 전투에는 참가하지 않는다는 조건이 달린 경우가 많았다.

중국·러시아와 미국의 관계도 눈에 띄게 나빠지고 있다. 물론 미국은 중국에 대해서 너무 많은 불만을 제기하려 하지는 않는다. 중국 경제가 이미 규모가 매우 크고 아주 빠르게 성장하고 있어서 미국 경제와 세계경제의 안정에 매우 중요하기 때문에, 미국은 부드러운 훈계 외에 별다른 조치를 취하지 못한다. 위안화 절상 요구나 '불공정' 경쟁에 대한 불만을 제기할 수 있지만 중국의 경제력과 군사력에 대한 두려움 때문에 그런 비판의 목소리는 누그러진다.

러시아도 이라크 침략 이후 더 대담해졌다. 2006년에 석유와 천연가스 분쟁 때문에 유럽과 연결된 송유관이 폐쇄되고 옛 동유럽 지역의 전력 공급이 중단되는 사건이 일어났다. 2007년에 폴란드에 미사일 요격 시스템을 설치하려는 미국의 계획에 맞서 러시아는 핵미사일로 서방 도시들을 공격할 수 있다고 위협했다. 러시아 대통령 푸틴은 러시아의 인권 침해와 시민적 자유 제약에 대한 비판을 코웃음 치며 일축했다.


## 이슬람 혐오와 '테러와의 전쟁'

이라크 점령 위기가 심각해질수록, 그것을 추진한 자들의 정치적 입지가 좁아질수록, 그들은 '테러와의 전쟁'을 지속해야 한다고 주장하며 이데올로기 반격에 더 집착한다. 이를 위해서는 불가피하게 무슬림을 악마화해야 한다. 그래서 그들은 이슬람이 테러의 동기가 되고 테러를 정당화한다고 주장한다.

이슬람 혐오나 그것과 연관된 이데올로기 근거들은 과거 반공산주의가 냉전을 정당화했던 것처럼 전쟁의 공식 이데올로기가 됐다. 날이면 날마다 뉴스와 '심층 취재 프로그램'들이 '다문화주의'의 오류와 '이슬람 테러리즘'의 위협을 떠들어댄다. 관변 연구소들도 비슷한 얘기들을 쏟아 낸다. 정부 장관들과 야당 지도자들도 툭하면 무슬림 공동체들이 사회에 좀 더 동화돼야 한다고 요구한다. 안보 관련 법률들이 더 엄격해졌고 보안경찰들은 제2차세계대전이나 냉전, 아일랜드공화국군(IRA) 폭탄 공격 때보다 더 강력한 권한을 갖게 됐다.

프랑스에서는 학교에서 히잡 착용이 금지됐고, 네덜란드 로테르담에서는 시민들이 거리에서 반드시 네덜란드 말을 사용해야 하며, 덴마크에서는 히잡을 착용한 여성이 의회에 진출할 수 있다는 것만으로도 정치적 폭풍이 몰아쳤다. 영국에서 이민자들이 시민권을 얻기 위해 치러야 하는 새로운 시험은 편협하고 악의적인 정치적 질문들로 가득하고 영국 토박이도 잘 모르는 수준의 지식을 요구한다.

그렇지만 이 줄기찬 이데올로기 공세가 완전히 성공한 것은 아니다. 사실, 지금의 제국주의 프로젝트를 실행한 장본인들은 반제국주의 세력에게 큰 타격을 입었다.


## 국내 정치 위기

미국이 동남아시아의 베트남에서 패배한 이후 한 세대 동안 지속된 미국 외교정책의 위기를 일컫는 베트남 증후군은 두 요인이 서로 결합된 결과였다. 먼저, 베트남 민중의 저항 때문에 미국은 군사적 승리를 거둘 수 없었다. 그러나 이러한 군사적 저항은 둘째 요소인 미국과 세계 대도시들에서 벌어진 반전 운동이 없었다면 효과를 거둘 수 없었을 것이다.

제국주의 강대국들은 흔히 식민지 주민들을 학살하고도 기존 정책을 포기하지 않았다. 심지어 강대국들 자신의 군대가 엄청난 손실을 입어도 식민지 전쟁을 지속했다. 점령지에서 겪은 패배가 국내의 정치 위기로 연결되지 않는 한, 강대국들은 그런 패배를 제국의 발전을 위해 '치를 만한 대가'로 치부할 수 있었다.

이라크 전쟁의 경우, 제국의 중심부에서 일어난 대규모 반전 운동으로 국내에서 정치적 압력이 형성됐고, 여기에 이라크인들의 저항이 결합됐다. 과거 베트남 증후군을 만들어 낸 조건이 다시 형성된 것이다.

이 이중 압력의 효과는 이라크 침략 당시 '의지의 동맹'을 구성한 유럽 쪽 핵심 지배자들의 운명에서 확인할 수 있다. 스페인 총리 호세 마리아 아스나르는 이라크 전쟁을 지지하고 마드리드 폭탄 테러에 대해 거짓말한 것 때문에 스페인 국민들에 의해 쫓겨났다. 이탈리아 국민들도 실비오 베를루스코니를 쫓아냈는데, 주된 이유는 그가 조지 부시를 지지했기 때문이었다. 스페인과 이탈리아 군대는 모두 이라크에서 철수했다.

토니 블레어는 2005년 총선에서 승리하자 임기를 끝까지 마치겠다고 선언했다. 다시 말해, 2010년까지 총리직을 유지하겠다는 말이었다. 그러나 1년이 채 안 돼 블레어는 2007년 중반까지 총리직을 사임하겠다고 약속해야 했다. 그가 마음을 바꾼 이유는 자신이 이스라엘의 레바논 침략을 지지한 지 일주일 만에 10만 명이 런던 시내에서 항의 시위를 벌였기 때문이다. 그 다음 주에 일부 핵심 정치 보좌관들이 사퇴하고 블레어에게 정책 변화를 요구하는 편지를 보냈다. 그 직후, 그리고 총선에서 승리한 지 1년여 만에 블레어는 1년 안에 사임하겠다고 약속했다.

신디 시핸이 조지 부시의 텍사스 목장 밖에 평화 캠프를 차린 것은 미국 반전 운동의 부활을 상징했다. 그리고 공화당 전당대회 당시 벌어진 사상 최대 규모의 시위는 선거에 큰 영향을 미쳤다. 2006년 중간선거에서 부시의 공화당은 상·하원에서 모두 패배했다. 대개 무척 소심한 민주당도 새롭게 힘을 얻어 이라크 문제를 이용해 공세에 나섰다. 부시는 이제 지지율이 자기 지능지수보다도 낮은 레임덕 대통령이다.

이것이 이라크 전쟁의 정치적 대차대조표다.


## 앞으로 할 일

전쟁에 반대하는 사람들은 적과의 논쟁에서 이기고 가장 두드러진 전쟁광들의 정치적 운명을 끝장냈을지 모른다. 그러나 이라크와 아프가니스탄 점령은 계속되고 있다. 그리고 영국의 고든 브라운, 프랑스의 니콜라 사르코지, 독일의 앙겔라 메르켈 등 새로운 인물들이 나타나 진부하고 의심스러운 정책들을 지속하려 한다.

이것은 전쟁을 불러일으킨 근본적 정치·경제 구조들이 온존하기 때문이다. 이 책은 그런 구조들을 분석하려는 노력의 결과였다. 그런 구조들을 이해하고 근본적으로 변화시켜야만 그런 구조와 논리를 옹호하는 정치인들이 사라질 것이다. 만약 우리가 실패한다면 우리는 나중에 과거를 되돌아보면서 우리는 단지 새로운 제국주의 시대의 시작을 봤을 뿐이고 그 뒤로 우리가 이제껏 보지 못한 가장 끔찍하고 파괴적인 일들이 일어났다고 회고해야 할지도 모른다.

2007년 12월 런던에서

존 리즈

# 머리말

1989년 11월에 나는 베를린에 있었다. 베를린 장벽이 무너지기 전 사흘 동안 나는 찰리 검문소를 넘나들며 동베를린에서 벌어진 시위들에 참가하고 시위 조직자들을 인터뷰했다. 매일 밤 나는 가방에 인터뷰 테이프들을 숨겨 돌아오거나 다른 사람에게 맡겨 나중에 검문소를 통과하게 했다. 장벽이 무너지기 전날 동베를린으로 넘어가던 도중 관문에 있던 슈타지+ 경찰관이 내 가방에서 사회주의 신문들을 발견했다. 그는 상관을 불렀고 그 상관은 동독의 시위 기사들을 매우 유심히 읽었다. 그 상관은 또 자신의 상관을 불렀고 그도 똑같은 행동을 했다. 그러고 난 뒤 그는 손을 흔들며 나를 보내 줬다. 내 생각에 나는 바로 그때 구질서의 종식이 임박했음을 직감했던 듯하다.

그래서인지 나는 어떤 면에서는 내가 냉전이 끝나고 새로운 제국주의가 시작되던 현장에 있었다고 느낀다. 운동의 조직 중심 가운데 하나였던 게트제메네 교회나 허름한 아파트에서 은밀히 나와 이야기를 나눈 사람들은 민주주의를 염원했다. 그러나 그들은 그저 서방에 편입되기를 바란 게 아니었

---

+ Stasi, 옛 동독의 보안경찰을 말한다.

다. 그들은 자신들이 누렸던 고용 안정이나 복지 제도와 함께 자신들이 누리지 못했던 민주적 권리들도 원했다. 그러나 그런 일은 일어나지 않았다. 그래서 나는 그 뒤 빈번하게 반복된 패턴, 즉 민주주의를 향한 염원이 곧 신자유주의 '충격요법'으로 좌절되는 일을 베를린에서 처음 목격했다.

거의 10년 뒤 상황이 사뭇 다른 나라에서 나는 놀랍도록 비슷한 정치과정을 목격했다. 1998년에 나는 인도네시아에서 수하르토 독재를 타도한 운동을 취재하고 있었다. 혁명의 한복판에 있던 학생들과 함께 행진하고 이야기를 나누면서 똑같은 역설을 느낄 수 있었다. 우리는 몰래 만났고 잔인무도한 인도네시아 경찰의 총부리 앞에서 행진했다. 민주주의를 향한 염원은 강렬했고, 그것은 너무나 당연한 일이었다. 그러나 1980년대 말의 동독인들과 마찬가지로 인도네시아인들 역시 소수의 옛 특권층이 과거와 다름없이 가난과 불평등을 강요하는 것이 민주주의라고 생각하지 않았다.

오늘날 다시 한 번, 나는 동독인들과 인도네시아인들이 1989년과 1998년에 도전한 것과 비슷한 도전을 하고 있는 나라의 운동에 직접 관여하고 있다. 이 책의 일부는 카이로에서 썼다. 오두막에서 보는 세상과 성(城)에서 보는 세상은 전혀 다르다는 오랜 격언이 있다. 마찬가지로 카이로에서 보는 세상과 런던에서 보는 세상은 전혀 다르다. 그리고 카이로에서 볼 수 있는 것은 숭고한 '테러와의 전쟁'에서 서방의 충실한 동맹이 된 이집트 정부가 아니다. 여기서 볼 수 있는 것은 반정부 운동 참가자들에게 총을 쏘고, 체포하고, 고문하는 야만적 권위주의다. 2002년에 나는 이라크 침략을 위한 미군 배치에 항의해 카이로에 있는 카타르 대사관 앞에서 시위를 벌이고 있었다. 우리는 기껏해야 1천 명 정도였다. 우리는 두 대의 장갑 차량에 장착된 총구들을 바라보고 있었고, 시위대보다 훨씬 더 많은 무장 경찰들에 둘러싸여 있었다. 그러나 그 뒤 [2003년] 3월, 그러니까 이라크 침략이 시작된 날부터 이틀 동안 시위대가 카이로의 타흐리르 광장을 가득 메웠다. 그것은 이집트에서 한 세대 만에 벌어진 최대 규모의 시위였다. 사람들은 다시 독재에 맞서 조직에 나서고 있다. 그리고 다시금 그들이 원하는 것은 투표권에 그치지 않는다. 그들의 투쟁이 어떤 결과를 얻을지는 여전히 유동적이다.

이런 경험들에서 나는 현대의 '이중나선'이 어떻게 작동하는지 확인했다. 신자유주의 경제와 신보수주의 군사전략은 서로 얽혀 있다. 베를린 장벽의 붕괴와 동시에 동구권이 서방 시장에 개방됐고 미국과 그 동맹국들의 군사력은 서방 기업들의 경호원 구실을 했다. 그러나 주요 서방 국가들을 포함한 세계 도처에서 이들에 맞선 저항이 부활했다. 모든 대륙에서 사유화·규제 완화·세계화에 반대하는 대규모 운동들이 등장했다. 이러한 운동들이 미국 신보수주의자들의 새로운 제국주의 프로젝트에도 반대하게 되자 운동의 규모는 더욱 커졌다.

그러나 직접 경험이 아무리 필수적이라도 직접 경험만으로는 결코 충분하지 않다. 직접 경험은 언제나 개인적이기 마련이고 따라서 항상 일반적 경험에 비춰 평가해야 한다. 그리고 이는 오직 사회적 분석과 역사적 고찰을 통해서만 가능하다. 이 책에서 나는 경험을 바탕으로 그로부터 새로운 제국주의에 대한 일반적 설명을 이끌어 내려 노력했다.


## 현대 세계의 세 거인

현대 세계에는 세 가지 거대한 힘이 있다. 국민국가의 힘, 세계경제의 힘, 그리고 모든 국가·군대·기업이 궁극적으로 의존해야 하는 노동계급의 힘이 바로 그것이다. 현대 세계의 가장 중요한 사건들은 대부분 이 세 힘이 맞닥뜨리는 교차점에서 일어난다.

세 힘은 모두 똑같은 역사적 시점, 즉 봉건적 통치·생산 방식이 현대의 중앙집권적 국민국가와 시장경제, '자유로운' 노동자들 — 시장경제의 기초인 — 로 대체될 즈음 등장했다. 영국과 네덜란드에서 그러한 역사적 시점은 17세기였다. 프랑스·이탈리아·독일·미국에서는 부분적으로 경쟁과 모방 때문에 18세기 말과 19세기가 전쟁과 혁명으로 점철된 결정적 시기였다.

이러한 세계적 변혁 때문에 (1) 저마다 자신의 지리적 경계 안에서 무력을 독점하며 서로 경쟁하는 국민국가들의 세계 체제, (2) 사기업과 국민국가들이 모두 경제적 지배를 위해 서로 경쟁하는 세계시장, (3) 비록 정도 차이는 있지만 모든 나라에서 국내·국제 시장의 새 지배자들에게 고용돼 임금을 받아야만 먹고살 수 있는 노동 대중이 창출됐다.

17세기 유럽의 변방에서 처음으로 모습을 드러낸 이 체제는 그 뒤 오랜 시간을 거치며 엄청나게 성장했다. 그리고 세대를 거듭하며 이 세 거인은 저마다 힘이 커졌다. 현대 세계의 국민국가들은 모든 점에서 선조들을 능가한다. 처음에 그 국가들은 체제의 작은 부분으로서 소규모의 직업적 군대를 거느렸을 뿐이다. 지금은 모든 국가가 대규모 군사력을 보유한 중앙집권적·관료적 기구다. 오늘날 국가에 고용된 사람들의 수는 초기 국가들에 비하면 엄청난 규모다.

국가의 성장은 많은 부분 경제체제가 성장한 결과였다. 초기 국가들은 이 체제의 산물이면서 동시에 체제의 성장을 도왔다. 영국과 네덜란드 동인도회사들의 세계 — 인도와 '신세계'를 정복해 이룬 식민지 — 는 세계시장의 초기 원형이었다. 그러나 그 무역량은 현대 세계의 국제시장에서 단 하루 동안 이뤄지는 거래와 비교하면 보잘것없었다.

그 긴 역사를 통틀어 봐도 동인도회사는 현대 다국적기업 하나의 1년치 거래량과 비교하면 겨우 구멍가게 수준이다.

덜 주목받지만 결코 무시 못 할 사실은 세 번째 거인의 성장이다. 18세기 말과 19세기 초에 런던·맨체스터·북부 공업 도시들의 공장과 작업장으로 유입된 노동자들은 여전히 농민의 농업 노동이 지배적이었던 세계에 등장한 최초의 노동계급이었다. 오늘날 그들의 운명을 물려받은 사람들이 전 세계에서 수십억 명이나 된다.

이 세 거인의 성장뿐 아니라 그 상호 작용도 우리의 관심사다. 그들은 단일한 과정의 세 국면, 즉 단일한 대상의 세 측면으로서 결합돼 있기도 하지만, 다른 한편으로 그들의 관계는 태생적으로 불안정하기도 하다. 그리고 바로 이러한 불안정성 — 세대마다 양상은 변해도 결코 소멸되지는 않는 — 이 우리 세계의 미래를 좌우한다. 바로 이 3자의 투쟁이 전쟁과 혁명을 불러일으킨다.

이 세 거인이 서로 싸우는 이유는 전갈이 독침으로 찌르는 이유와 똑같다. 다시 말해, 그것이 그들의 본성이기 때문이다. 세 거인의 본성과 그들 사이의 투쟁을 살펴보자.

국가는 그 본성상 지리적으로 제한돼 있다. 가장 오래된 사회학적 정의가 알려 주듯이, 국가는 한정된 지리적 영역 내에서 무력을 독점한다. 간단히 말해 국가는 지리적 실체다.

기업들 사이의 경쟁은 그 본성상 지리적으로 제약이 없다. 시장·원료·노동력 추구는 본질적으로 국제적이다. 분명 특정 기업들은 특정 국가들에서 생겨나고 흔히 그곳에 기반을 유지한다. 그러나 기업들은 대개 국제적으로도 활동한다. 그리고 심지어 국제적으로 활동하지 않을 때조차 기업들은 국제 수준의 상품 거래에 따라 결정된 가격에 종속된다. 체제가 노후할수록 더욱 그렇다. 세계화는 이 과정을 일컫는 최신 용어일 뿐이다.

이 체제가 시작될 때부터 국경의 한계를 지닌 국가와 국제적으로 한계가 없는 시장은 여러 불안정한 방식으로 뒤얽혔다. 무력을 독점한 각 국민국가는 자신이나 자신과 결탁한 기업들의 부를 늘리기 위해 다른 국가나 그 국가와 결탁한 기업들을 희생시키려 했다. 기업들은 나름대로 상업적 이득을 얻기 위해 국가의 무력을 이용해 흔히 국가들 사이의 대립에서 어부지리를 얻으려 했다. 국가는 자신의 독특한 자산, 즉 군사력을 사용해 경제적 세력 관계를 자신에게 유리하게 바꾸려 했다. 기업은 자신의 경제력을 이용해 국가를 자신에게 유리하게 조종하려 했다.

둘 중 어느 쪽도 이 뜨뜻미지근한 결합을 중단할 수 없다. 국가는 경제력이 필요하고 기업은 군사력이 필요하다. 그러나 시장 경쟁의 국제적 성격은 국가가 자신의 국경을 벗어나 다른 국가들 — 마찬가지로 자신의 국경을 벗어나도록 내몰린 — 과 충돌하도록 만든다. 국경을 벗어나지 않는 것은 경쟁에서 패배를 자초하는 것과 마찬가지다. 국경을 벗어나면 경제적 경쟁이 심해지고, 시간이 흐를수록 국가들끼리 군사적으로 충돌할 가능성도 커진다. 초기 식민주의 제국들의 부상과 그 제국들 사이의 충돌, 그리고 지난 세기에 이러한 제국주의의 충돌이 두 차례의 세계대전으로 비화한 것은 이러한 과정의 가장 파괴적인 결과일 뿐이다.

세 번째 거인인 노동자들은 기업·국가와 모순적인 관계를 맺는다. 둘 다에게 필요하지만 둘 모두와 불편한 관계다. 기업은 노동자들을 생산 비용으로 여기고, 그래서 그 비용을 최대한 낮춰서 이윤을 극대화하려 한다. 역사적으로 짧은 기간이라 할 수 있는 제2차세계대전 이후 30년 동안의 복지국가 자본주의 시대는 가고, 체제의 경제를 책임진 자들이 앞 다퉈 시장의 힘을 찬양했던 1920년대·1930년대와 공통점이 더 많은 시대가 시작된 지 오래다. 국가 자체는 국외와 마찬가지로 국내에서도 더 노골적이고 분명하게 기업 우대 정책을 집행하는 구실을 한다. 노동자들은 일자리가 필요하고 체제와 타협해야 하지만 체제의 그러한 가치들을 고스란히 받아들이는 경우는 드물다. 그리고 흔히 경제체제와 국가 간 경쟁이 모두 요동치면, 노동자들은 정치적 침묵을 깨고 사회에 능동적으로 개입해야 하는 상황에 직면하게 된다.

이 마지막 논점은 약간 상세히 설명할 필요가 있다. 흔히 국가와 기업의 행위에 주목하는 것과 달리 노동자들의 행위가 주목받는 경우는 드물기 때문이다. 그러나 지난 세기의 역사만 보더라도, 평범한 사람들이 집단행동으로 역사를 바꾼 사건들이 낳은 결과를 고려하지 않는다면 그 역사를 제대로 이해할 수 없을 것이다. 국가를 변화시킨 주요 혁명들로는 제1차세계대전 전의 멕시코와 러시아 혁명을 꼽을 수 있고, 제1차세계대전 직후에는 러시아·독일·헝가리에서 그러한 혁명들이 있었다. 1920년대에는 중국에서, 1930년대에는 스페인에서 혁명이 일어나 두 나라의 역사 전체를 바꿔 놓았다. 제2차세계대전 뒤에는 민족해방운동이 식민지 직접 통치 시대를 종식시킴으로써 세계 국가 체계를 크게 바꿔 놓았다. 냉전 양극 체제 종식의 진정한 시작은 1980년대 초 폴란드 연대노조 운동의 부상으로 막을 열었고, 그 마지막 소멸은 1989년 동유럽 혁명들과 함께 찾아왔다. 최근까지도 대중운동이 남아공·인도네시아·세르비아의 독재 정권들을 무너뜨렸다.

현대 제국주의를 규정하는 것은 이 세 거인의 충돌이다. 그들은 단일하지만 모순적인 총체의 세 측면으로서 서로 묶여 있다. 체제의 개별 경제 단위들 사이의 경쟁 동학이 없다면 그들은 생존을 위한 전투에서 끊임없이 서로 싸우지도 않을 것이다. 그리고 국가들과 그 무기들이 없다면 경제적 경쟁이 마침내 군사적 경쟁으로 비화하는 일도 없을 것이다. 경쟁적 경제 확장이 없다면 노동계급이 성장하지도 않을 것이다. 게다가 노동계급이 살아가면서 끊임없는 경제적·정치적 압력을 받아 저항이 촉발되는 일도 없을 것이다.

근대 제국주의의 발전은 체제가 확장하면서 이 3자의 투쟁이 어떻게 재구성됐는지에 관한 이야기다. 물론 자본주의와 근대 국민국가가 등장하기 전에도 제국이 있었다. 고대 로마와 오스만 제국은 분명한 두 본보기다. 그러나 근대 이전의 제국들은 동일한 경쟁적 경제 동학을 갖지 않았고, 훨씬 더 제한된 생산 토대에 의존했으며, 정치와 군사의 힘을 그처럼 강력한 국가 기구로 집중하지 않았다. 또, 사회를 변화시키는 사회혁명이 체제의 분신(分身)처럼 상존(常存)하지도 않았다.

근대 제국주의는 17세기 영국과 네덜란드에서 근대 자본주의의 쌍둥이로서 처음 등장했다. 새로운 제국주의 체제는 성장하면서 스페인 제국 같은 옛 제국들과 충돌했다. 경쟁·모방 과정에서 유럽의 낡은 사회들은 신흥 강대국들로 부상하거나 아니면 쇠퇴했다. 신흥 강대국들이 낡은 사회를 변화시키면서 제국주의의 식민지 경쟁 체제가 성장했다. 1914년에 최초의 산업화한 총력전[제1차세계대전]이 시작되자 19세기 유럽 강대국들의 식민지 체제는 전 세계에서 위기에 직면했다. 주요 강대국들 사이의 세력 관계 재편은 제1차세계대전부터 제2차세계대전이 끝날 때까지 지속됐다. 그러한 충돌의 종식은 강대국들의 새로운 경쟁 패턴, 즉 냉전으로 제도화됐다. 냉전 시기의 경제력 변화는 결국 국제 국가 체계를 잠식했다. 1989년의 혁명들은 새 시대의 산파였다. 우리는 이제 경제 축적 [체제]와 국민국가들, 그리고 그들이 의존하는 노동계급이 다시 한 번 세계의 미래를 둘러싸고 경합하는 시대에 살고 있다.

따라서 이 세 거인 ― 국가, 세계경제, 그들이 창출한 국제 노동계급 ― 사이의 투쟁이 우리 시대의 역사다.

이 책은 이 세 거인이 어떻게 격돌하는지, 또 그 투쟁 결과가 어떻게 우리가 사는 세계를 형성하는지 설명하려 한다. 1장 "무기와 미국"은 냉전에서 이라크 침략까지 미국 제국주의의 변화를 간략하게 추적한다. 이 장에서 나는 오늘날 미국의 군사력이 경쟁자들에 비해 역사상 최강이라고 주장한다. 그리고 신보수주의자들의 부상과 그들이 탈(脫)냉전 세계에서 미국 지배계급을 위해 천명한 세계 제패 전략을 검토한다.

2장은 군사력과 대조적으로 세계경제에서 미국이 차지하는 경제의 비중이 상대적으로 줄어드는 과정을 검토하고 그 경쟁자들의 강점과 약점을 평가한다. 현대 국제 질서의 불안정성 가운데 많은 부분은 바로 이 모순적 현실, 즉 미국의 상대적인 군사적 우세와 경제적 쇠퇴에서 비롯한다.

3장 "석유와 제국"은 왜 중동이 이 새로운 제국주의 경쟁의 각축장이 됐는지 살펴본다. 이 장에서는 석유가 세계경제, 특히 미국 경제에 얼마나 중요한지를 검토한다. 그리고 바로 이 장에서 우리는 지배적인 경제·제국주의 질서에 대한 셋째 거인의 대응, 즉 대중 저항을 처음으로 살펴보게 된다. 아랍민족주의의 융성에서 이슬람주의의 부흥까지 중동의 오랜 반제국주의 역사를 개괄한다.

4장 "세계화와 불평등"은 국민국가와 국제 기업의 관계, 신제국주의와 신자유주의 경제정책의 관계를 검토한다. 부유한 나라와 가난한 나라 사이의 불평등, 한 나라 안의 빈부 격차는 세계화의 핵심 결과들 중 하나다. 이것은 '실패한 국가들'이 등장하고 선진 경제들에서 정치 엘리트와 노동계급 대중의 격차가 벌어지게 된 배경이다. 따라서 이 장은 국제적으로 가난한 나라들에 대한 경제·정치 공세와 국내적으로 가난한 사람들에 대한 경제·정치 공세의 공통 원인을 강조한다. 이를 통해 새로운 제국주의 국가가 국내외에서 민주주의를 위협하고 있음을 알 수 있다. 왜냐하면 규제받지 않는 세계시장이 만들어 내고 지속시키는 불평등을 그 국가가 강화하고 있기 때문이다.

현대의 전쟁들을 정당화하는 핵심 주장 가운데 하나는 그 전쟁들이 민주주의를 지키려는 전쟁이라는 것이다. 5장은 17~18세기의 혁명들을 통해 영국·미국·프랑스에서 어떻게 민주주의가 등장했는지를 살펴본다. 이러한 역사적 경험들을 검토하는 것은 17~18세기에 가능했던 것과 훨씬 더 발전한 현대 민주주의 혁명의 조건들 속에서 가능한 것들을 비교해 보려는 것이다. 이 분석은 혁명에 가담한 계급 세력들과 정치 지도부들이 어떻게 상호 작용했는지 살펴본다. 그리고 동유럽·남아공·인도네시아에서 일어난 현대의 혁명들과 그 전에 유럽과 러시아에서 일어난 혁명들을 비교한다. 또, 제국주의 열강들이 자신이 바라는 결과를 얻기 위해 이러한 대중적 변화 과정에 어떻게 개입하는지도 검토한다. 이러한 혁명들은 경제적·제국주의적 거인들이 가장 역동적인 형태의 대중 저항과 정면 대결하는 결정적 순간들로서 나타난다.

6장 "전쟁과 이데올로기"와 7장 "제국주의에 저항하기"는 제국주의와 신자유주의에 저항하기 위한 이론적 주장과 그러한 저항의 가장 효과적인 전략들을 상세히 설명한다. 또, 끊임없는 경제적 불안정과 전쟁 위협의 벼랑 끝에서 벗어날 수 있는 방안을 제시하기 위해 국제 반전·반세계화 운동의 역사에서 교훈을 도출한다.

이 책의 분석이 우리가 새로운 제국주의 시대를 이해하는 데 도움이 되기를 바란다. 그러나 모든 사상 체계는 실천의 의무를 포함한다. 특히, 불안정하고 모순적인 사회 체제를 다룬 분석은 더욱 그렇다. 왜냐하면 그러한 모순들은 정치적 행동으로만 해결할 수 있기 때문이다. 이 책의 진정한 목적은 그러한 모순들이 대중에 의해, 그리고 전쟁 우두머리들이 아니라 대중에게 이로운 방향으로 해결되도록 돕는 것이다.

# 1장

# 무기와 미국

1989년 동구권 몰락이 국제 국가 체계에 가한 충격은 오늘날 세계 정치의 특징인 불안정성의 근원이다. 제2차세계대전 이후 동유럽 혁명 때까지 모든 세력 관계를 좌우한 것은 냉전 세계의 양극 구조였다. 오늘날 미국은 새로운 제국주의 질서를 창출하려 하지만 그 과정은 복잡하고 위험하다.

동구권 몰락은 세계 정치의 일대 지각변동이다. 이와 비교할 만한 역사적 사건을 찾는다면, 제1차세계대전 전까지 유럽 식민주의가 성장한 것이나 제2차세계대전 이후 유럽 전역에 '철의 장막'이 설치된 것 정도가 그 규모나 결과에서 견줄 만하다. 이 거대한 사건을 제대로 이해하려면 냉전 시기 제국주의 경쟁을 살펴볼 필요가 있다.


## 냉전

제2차세계대전 뒤 미국은 군비경제와 민간경제가 모두 성장한 유일한 주요 강대국이었다. 연합국이든 추축국이든 다른 모든 참전국에서는 민간경제가 전쟁 수행을 위해 수탈됐다. 미국의 세계시장 침투는 극동에서 유럽의 자본주의 핵심부까지 도처에서 동맹국과 적국을 모두 희생시키며 진행됐다. 유럽의 식민지 직접 통치는 민족해방운동 물결과 제3세계에서 독립국들의 등장으로 와해됐고, 따라서 미국 주도의 군사동맹, 그리고 미국의 종속국들과 경제적 지배가 세계 곳곳에서 등장했다.

예외가 있었다면 ─ 커다란 예외였다 ─ 옛 소련, 그리고 소련 군대가 나치를 몰아낸 동유럽 지역이었다. 얄타 회담과 그 뒤의 회담들에서 주요 열강들은 이러한 군사적 현실을 인정하고 유럽 분할에 합의했다. 1949년 혁명 뒤 중국도 서방 군대와 기업들의 직접 영향권에서 벗어났다.

20세기에 두 차례 세계대전을 초래한 주요 열강들의 투쟁은 냉전 기간 내내 다른 종류의 경쟁으로 바뀌었다. 첫째로, 초강대국들은 제3세계 도처에서 열전을 치렀다. 동남아시아에서 아프리카와 쿠바, 칠레에 이르기까지 모든 투쟁은 서방과 동방, 자본주의와 공산주의의 깃발 아래 벌어졌다.

미국과 소련 두 초강대국의 직접 충돌의 주된 형태는 군비경쟁이었다. 군비경쟁은 순수한 군사력 경쟁만은 아니었다. 경제적 힘도 관련이 있었다. 핵무기 경쟁에서, 또 우주 공간을 둘러싼 경쟁에서, 무기의 우월성이 곧 기술의 우월성을 뜻했던 무기 경쟁에서, 서로 경쟁하는 **경제들**의 규모와 첨단화가 결정적 요인이었다.

초강대국들 사이의 군사력이 엇비슷하다 보니 어느 쪽도 유럽에서 재래식 전쟁을 감행하려 하지 않았다. 그러나 경제력은 결코 비슷하지 않았다. 소련의 공업화는 늦었고 소련 경제는 항상 미국 경제보다 규모가 작았다. 소련과 일부 동유럽 경제들은 꽤 오랫동안 서방 경쟁자들보다 더 빨리 성장했다. 국가 통제 덕분에 그들은 세계시장의 변덕에서 차단됐고 공업을 건설하거나 재건하는 데 자원을 집중할 수 있었다. 그러나 더 장기적으로는 세계시장의 재건과 군비경쟁의 압력이 동유럽 국가 통제 경제들의 생존 능력을 잠식했다.

1980년대에 로널드 레이건이 스타워즈 프로젝트를 시작했을 때 그 명백한 목적은 소련이 대적할 수 없는 무기를 개발하는 것뿐 아니라 소련을 경제적으로 압박하는 것이었다. 연구와 생산에 투입되는 경제적 자원은 생산된 무기의 성능만큼이나 중요했다.

그리고 군비경쟁 때문에 미국 경제도 대가를 치러야 했다. 군비경쟁에서 승리하기 위해 지출된 비용은 압도적으로 미국이 떠안았지만, 그 혜택은 미국뿐 아니라 군비 지출이 지탱한 전후 장기 호황에 참가한 서방 경제 전체에게 돌아갔다. 레이건 시대의 군비 호황 절정기에 미국은 국민총생산(GNP)

의 7퍼센트를 군비에 지출했지만 다른 나토(NATO) 국가들은 그 절반만 지출했다.[1] 냉전 기간 내내 지속된 이러한 불균형 덕분에 예컨대 독일과 일본 자본은 세계시장에서 미국의 희생을 발판 삼아 성장할 수 있었다.

게다가 세계시장 규모가 커지자 호황을 지탱하는 데 필요한 군비 지출 규모도 커졌다. 미국은 경쟁자들과 비교할 때뿐 아니라 세계경제의 성장을 떠받치는 데 필요한 총 [지출] 규모와 비교할 때도 자신이 감당하기 힘든 군비 지출의 한계에 이르고 있었다. 세계 경제성장률이 전후 호황 절정기의 절반으로 떨어지기 시작한 1970년대가 되자 세계 체제의 이런 균열이 명백해졌다. 이때부터 호황과 불황의 순환은 전후 어느 때보다 더 심각한 형태로 나타났다.

냉전 종식 무렵 미국은 군비경쟁으로 동유럽의 경제 구조를 경제적으로 잠식했다. 그러나 이를 위해 필요했던 군비 지출 규모 때문에 다른 서방 경쟁자들에 대한 미국 자신의 경제적 우위도 잠식됐다.

21세기가 되자 미국은 분명 세계 최고의 경제 대국이지만 더는 자신의 경제력을 이용해 사태 전개를 좌우할 수 있을 만큼 경쟁자들을 압도하지는 못한다. 제2차세계대전 직후에는 마셜플랜으로 그렇게 할 수 있었는데 말이다. IMF·세계은행·WTO 같은 다자간 경제 기구들은 미국의 지지를 받고 있지만, 다자간 정치·군사 기구들은 더는 미국의 지지를 받지 못한다. 이것은 미국이 경제 분야에서는 원래 더 협력적이어서가 아니라, 단지 미국 경제의 상대적 쇠퇴 탓에 그렇게 할 수밖에 없기 때문이다.

미국 군사력의 상대적 강세는 이와 비슷한 쇠퇴를 겪지 않았다. 오히려 정반대다. 냉전이 끝나자 미국 군사력은 세계적 규모에서 그 어느 때보다 더 압도적으로 우월한 것으로 드러났다.

21세기 미국 전략의 의미는 대부분 이 모순적인 현실 ─ 경제력의 상대적 쇠퇴와 군사력의 절대적 우위 ─ 에서 찾아야 한다.

### 미국과 냉전 이후의 세계

사람들은 냉전 종식이 평화와 번영의 새로운 세계 질서를 가져올 것이라고 생각했다. 군비에 많이 지출할 동기 — 초강대국들 사이에서 벌어지는 핵무기 경쟁 — 가 사라졌다. 실제로 군비 지출에 투입되는 국부의 비율은 줄어들었다.

전 세계 GNP 대비 군비 지출 비율은 1985년에 5.2퍼센트에서 1995년에는 2.8퍼센트로 떨어졌다. 같은 기간에 미국 GNP 대비 군비 지출은 6.1퍼센트에서 3.8퍼센트로 떨어졌다. 같은 기간에 나토 국가들은 군비 지출을 3.5퍼센트에서 2.4퍼센트로 줄였다. 영국에서는 그 수치가 5.1퍼센트에서 3퍼센트로 떨어졌다.[2] 그러나 GNP 대비 군비 지출의 하락이 그림의 전부는 아니다.

**도표 1-1** 1985~1999년 전 세계의 군비 지출에서 미국의 군비 지출이 차지하는 비율 (단위 : 퍼센트)[3]['WMEAT'는 연례 보고서 '세계 군비 지출과 무기 이전']

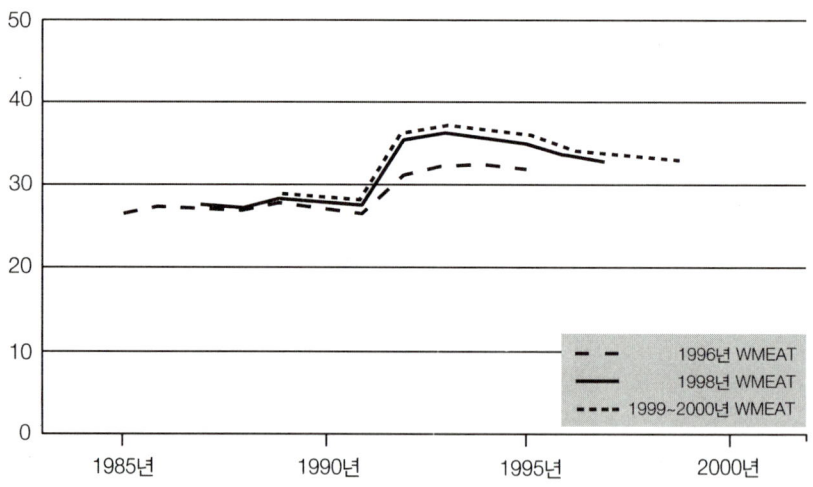

**도표 1-2** 1999년 미국 달러 가치로 환산한 군비 지출 상위 15개국(단위 : 10억 달러)[4]

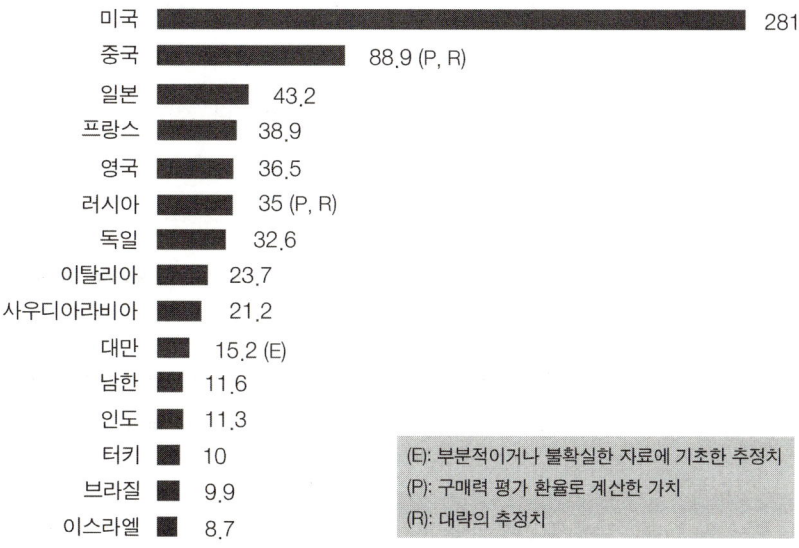

| | |
|---|---|
| 미국 | 281 |
| 중국 | 88.9 (P, R) |
| 일본 | 43.2 |
| 프랑스 | 38.9 |
| 영국 | 36.5 |
| 러시아 | 35 (P, R) |
| 독일 | 32.6 |
| 이탈리아 | 23.7 |
| 사우디아라비아 | 21.2 |
| 대만 | 15.2 (E) |
| 남한 | 11.6 |
| 인도 | 11.3 |
| 터키 | 10 |
| 브라질 | 9.9 |
| 이스라엘 | 8.7 |

(E): 부분적이거나 불확실한 자료에 기초한 추정치
(P): 구매력 평가 환율로 계산한 가치
(R): 대략의 추정치

**도표 1-3** 1999년 미국 달러 가치로 환산한 미국과 일부 잠재적 적성국의 군비 지출 규모 순위(단위 : 10억 달러)[5]

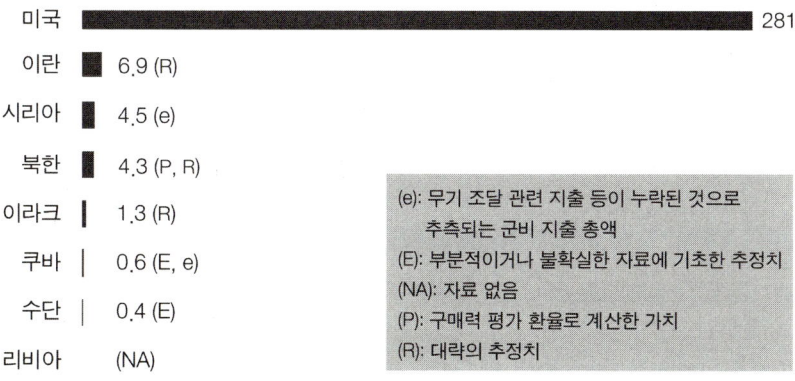

| | |
|---|---|
| 미국 | 281 |
| 이란 | 6.9 (R) |
| 시리아 | 4.5 (e) |
| 북한 | 4.3 (P, R) |
| 이라크 | 1.3 (R) |
| 쿠바 | 0.6 (E, e) |
| 수단 | 0.4 (E) |
| 리비아 | (NA) |

(e): 무기 조달 관련 지출 등이 누락된 것으로
　추측되는 군비 지출 총액
(E): 부분적이거나 불확실한 자료에 기초한 추정치
(NA): 자료 없음
(P): 구매력 평가 환율로 계산한 가치
(R): 대략의 추정치

미국 군비 지출이 하락한 폭은 다른 나라들만큼 크지 않았다. 따라서 전 세계 군비 지출에서 미국이 차지하는 비중은 냉전이 끝날 무렵 급격히 증가했다.

그 결과 군사적 세력균형이 미국에 크게 유리해졌다. 이러한 변화는 미국과 이른바 '위협국들' 사이의 관계에서 가장 두드러졌다.

군사적 균형의 전반적 변화는 <표 1-1>에서 확인할 수 있다. 이 표는 오늘날 미국의 군사력이 '위협국들'에 비해 특출하게 우위에 있음을 확연히 보여 준다.

<표 1-1>에서 끌어낸 결론은 "냉전 후에 [군비를] 감축했는데도 미국과 그 우방과 동맹국들은 잠재적 적성국들에 비해 냉전 때보다 오늘날 훨씬 더 많은 군비를 지출하고 있다"는 것이다.[6] 게다가 "오늘날 미국, 그 동맹, 가까운 우방국들 사이에서 방위비 부담은 더욱 공평하게 분담되고 있다. 비록 미국의 GNP 대비 방위비 지출 규모가 이 집단의 평균치보다 여전히 더 크지만 말이다."

1990년대에 이러한 현실이 뚜렷이 드러나자 미국 지배계급 일각에서는 새로운 세력균형에 부합하는 전략을 추구하기 시작했다. 이것은 우연이 아니었다. 미국의 정책 결정자들이 보기에 미국의 군사력이 압도적이라는 점은 명백했다. 또, 제2차세계대전 이래 서방 기업들과 군사 전략가들에게 닫혀 있던 세계 3분의 1의 지역이 동유럽 블록의 붕괴로 이제 말 그대로 활짝 열렸다는 것도 분명했다. 그러나 이러한 상황을 어떻게 활용할 수 있을지, 새로운 세계 질서가 국제적으로든 국내적으로든 미국 지배계급에게 얼마나 위험할지는 전혀 분명하지 않았다.

예컨대, 1991년 걸프전은 미국의 군사력을 확실히 보여 줬다. 그러나 미국의 외교정책을 주도하는 자들이 유엔(UN)의 개입 등 다자주의를 강조하

**표 1-1** 특정 국가군(群)의 군비 지출 대비 미국의 군비 지출 비율(1986년과 1994년)

| | 국가군 지출 대비 미국 지출 비율 | | | | 미국의 상대적 지출 변화 |
|---|---|---|---|---|---|
| | 1986년 | | 1994년 | | 1986~1994년 |
| | 미국 | 국가군 | 미국 | 국가군 | |
| 1. 미국을 제외한 전 세계 | 0.39 | 1 | 0.53 | 1 | +35% |
| 2. 나토 국가들을 제외한 전 세계 | 0.50 | 1 | 0.78 | 1 | +56% |
| 3. OECD 국가들을 제외한 전 세계 | 0.54 | 1 | 0.96 | 1 | +77% |
| 4. 잠재적 위협국들 | 0.67 | 1 | 1.72 | 1 | +157% |

려 한다는 점도 드러냈다. 실제로, 미국은 대부분 냉전에서 빌려온 계획·구상·정책을 바탕으로 1991년 걸프전을 시작했다. 미국의 공중-지상 전투 계획은 기존의 나토 유럽 전략에서 가져온 것이었다. 미국은 유럽에서 나토군보다 규모가 큰 바르샤바조약기구 군대와 대적해야 한다는 것을 오래 전부터 알고 있었다. 이러한 열세를 만회하기 위해 미국이 발전시킨 구상은 적의 후방을 융단폭격해 예비부대를 파괴하고 전방 부대를 고립시키고 보급을 차단하는 것이었다.

이와 비슷한 계획이 옛 소련의 이란 침공에 대비해 이미 마련돼 있었다. 걸프전 당시 미군 사령관이었던 노먼 슈워츠코프는 이 전략을 이라크군을 상대로 사용했을 뿐이다. 그러나 실행 과정에서 계획과 상황의 중요한 변화가 몇 가지 있었다. 첫째, 공중전이 엄청나게 확대돼 사상 최대 규모의 파괴적 공습이 됐다. 미군 전폭기들은 6주 동안의 이라크 전쟁에서 8만 8천 회 출격했다. 당시 미군 전폭기들은 제2차세계대전 내내 독일에 투하된 것보다

더 많은 폭탄을 이라크에 투하했다.[7]

둘째, 표적은 또 다른 초강대국 군대의 후방이 아니라 제3세계 국가의 도시들이었다. 이란-이라크 전쟁 당시 CIA의 수석 정치 분석가였던 스티븐 펠레티에는 이렇게 결론 내렸다. "이라크의 경우에, 말하자면, 공중전 이론 가들이 전략을 …… 이라크 국내의 후방을 폭격해 항복을 얻어 내는 것으로 수정했다. …… 미국은 맞수 초강대국(소련) 군대를 상대로 사용하려던 전쟁 방식을 삼류 강국용으로 바꿔서 이라크 국내의 후방을 집중 공략했다."[8]

이와 비슷하게, 1991년과 1990년대 내내 전쟁을 정당화한 이데올로기들은 냉전 시대와 냉전 종식 이후 시대에서 비롯한 요소들이 일관성 없게 뒤섞인 것들이었다. 이미 1991년에 사담 후세인은 1956년의 나세르와 마찬가지로 '새로운 히틀러'였다. 미국의 라틴아메리카 개입에서는 '마약과의 전쟁'이 전쟁을 정당화하는 핵심 이데올로기 구실을 했다. '테러와의 전쟁' [이데올로기]도 주기적으로 사용됐다. 2001년 9월 11일 뉴욕 세계무역센터 쌍둥이 빌딩에 대한 공격 전에는 이 개념들 가운데 어느 것도 냉전 기간의 반공산주의 같은 보편적 이데올로기 구실을 하지 못했다.

사실, 걸프전과 냉전 시대의 주요 차이는 미국 쪽에 있는 게 아니라 이라크 쪽에 있었다. 사담 후세인이 쿠웨이트 침공에 대해 미국의 암묵적 동의를 얻은 것으로 믿고 있었다는 주장은 사실일 수도 있고 아닐 수도 있다. 그러나 후세인이 확실히 알고 있었던 것은 냉전 때와 달리 자신의 행동을 러시아가 제지하는 일은 더는 없을 것이라는 점이었다. 냉전 양극 체제에서는 두 초강대국이 합의해야만 '불량국가들'을 단속할 수 있었다. 이제 그렇게 위험한 안정성은 사라졌다. 미국이 1991년 걸프전을 벌인 것은 냉전 종식 이후 세계에서 자신의 패권이 도전받는 것을 원하지 않았기 때문이다. 이 점은 중동에서 즉시 입증됐다. 그러나 더 넓게 보면 미국은 그 전쟁을 이용해 유럽과 다른 곳의 지배계급에게 미국이 여전히 유력한 세계 경찰이라는 메시지를 보내기를 원했다. 그 뒤 미국 지배자들은 미국의 패권에 대한 미래의 도전을 봉쇄하는 문제에 매달려 왔다. 불량국가들에 집착한 것도 바로 이때문이었다.

따라서 이라크를 처음 공격할 때부터, 그리고 쌍둥이 빌딩이 공격받기 오래 전부터 미국의 외교정책을 좌우하는 엘리트 집단 내의 신보수주의자들은 냉전이 끝난 후의 세계에서 미국이 추구해야 할 전략을 정식화하고 있었다.


### 미국 전략의 뿌리

헨리 키신저는 미국 지배계급의 관점에서 냉전 종식 이후 세계를 살펴보고 다음과 같은 결론에 이르렀다. "지정학적으로 미국은 드넓은 유라시아 대륙 — 자원과 인구 면에서 미국을 훨씬 능가한다 — 에서 멀리 떨어진 하나의 섬이다. 유라시아의 두 축인 유럽과 아시아 가운데 하나를 단일 강대국이 지배하는 것은 냉전 시대건 아니건 미국에게 전략적으로 위험하다. 그러한 강대국은 미국을 경제적으로, 그리고 결국은 군사적으로도 추월할 수 있는 능력을 갖게 될 것이다."[9]

1990년대 내내 미국 권력자들 사이에서 미국이 '유라시아 대륙'을 지배하기 위한 방안을 찾아야 한다는 목소리가 점점 더 커졌다. 미국 외교정책 집단 내 우파는 중동이 지정학적으로는 물론이고 전략적 · 경제적 · 이데올로기적으로도 유라시아 문제의 핵심이라는 것을 즉각 간파했다. "유라시아 문제를 잘 푸는 것"이 라틴아메리카나 동남아시아 같은 다른 중요 지역에서 미국이 직면한 문제를 모두 해결하지는 못할지라도 그것은 다른 것과는 비교할 수 없을 만큼 중요했다. 1991년 걸프전은 동유럽과 러시아의 최근 격변 와중에 어떤 변화가 일어난다 해도 미국의 중동 지배력에는 변화가 없을 것임을 분명히 보여 주기 위해 치른 전쟁이었다.

1991년 걸프전은 사담 후세인 정권을 거의 타도할 뻔했다. 실제로 미국은 이라크 민중의 봉기를 부추겼다가 나중에는 미국인들도 알고 있던 악마, 즉 후세인을 계속 권좌에 남겨 두기 위해 이라크 민중의 봉기를 외면했다. 그 뒤의 유엔 경제제재는 — 이제 우리도 분명히 알고 있듯이 — 이라크인들에게 말로 다 하기 어려운 고통을 줬을 뿐 아니라 이라크 정부가 어떤 효과적인 대량살상무기도 개발할 수 없게 만들었다. 어떤 면에서 1991년 걸프전의 승리는 미국의 이익을 너무 잘 실현해 줬다. 스티븐 펠레티에는 이렇게 설명한다. "소련이 몰락하자 이제 걸프 지역에 대한 커다란 위협(소련 탓으로 돌려졌던)이 사라졌다. 게다가 이라크는 패배했고 …… 심지어 그 전, 즉 이란–이라크 전쟁 때도 바그다드는 이란의 영향력을 억제하는 데 성공했다. 따라서 사실상 걸프 지역에 대한 위협은 더는 존재하지 않았고 결과적으로 미국이 그곳에 계속 군대를 주둔시킬 이유도 없었다."[10]

그러나 1991년 걸프전은 점차 실패로 여겨졌다. 왜냐하면 전쟁이 승리했는데도 헨리 키신저가 주창했던 대의, 즉 유라시아 대륙에 대한 지배력 확대가 실현되지 않았기 때문이다. 미국 매파들은 1991년 걸프전이 지나치게 '다자주의적'이었고, 이라크에서든 다른 중동 지역에서든 제한된 결과만을 얻었을 뿐이라고 생각했다. 간단히 말해, 1991년 걸프전은 너무 빨리 끝나 버렸다. 매파들이 당시 합참의장이었던 콜린 파월을 결코 용서하지 못하는 것도 이 때문이다. 바스라 도로에서 벌어진 학살 사건이 미국 내 반전 여론에 불을 댕길 것을 우려한 파월이 도망치는 이라크군 추격을 중단시켰기 때문이다.

매파들의 더 광범한 목표와 중동 지배의 지속이라는 더 협소한 당면 목표 사이의 관계는 클린턴 임기 중에 더욱 긴밀해졌다. 이러한 정책의 발전은 국무장관 매들린 올브라이트와 그 스승인 즈비그뉴 브레진스키가 주도한 클린턴 정부 시절의 외교정책 변화라는 더 광범한 변화의 일부였다.

폴란드 출신인 브레진스키는 미국 외교정책 엘리트 중 핵심 인물이므로 그의 경력을 추적하면 미국 외교정책 골자의 진화를 알 수 있다. 브레진스키는 지미 카터의 국가안보보좌관이었고, 동료이자 클린턴의 국가안보보좌관이었던 앤서니 레이크를 통해 클린턴 정부 초기에 상당한 영향력을 행사했다. 브레진스키는 나토 확장을 앞장서 옹호했고 레이크를 통해 1994년까지 클린턴이 나토 확장에 전념하도록 하는 데 영향을 미쳤다. 브레진스키의 영향력은 컬럼비아대학교 재직 시절의 제자였던 매들린 올브라이트가 국무장관이 된 클린턴 2기 정부에도 계속됐다. 올브라이트도 카터 정부 때 브레진스키 밑에서 일했다.[11]

브레진스키가 말하는 "제국주의 지정학 전략의 세 가지 필수 과제"는 "봉신(封臣)들이 공모하지 못하게 위계질서를 유지하기, 속국들이 계속 순순히 공물을 바치도록 보호해 주기, 그리고 야만인들이 단결하지 못하게 만들기"다. 그리고 가장 긴급한 과제는 "궁극적으로 미국의 패권에 도전하려 할 수 있는 적대적 동맹의 등장을 예방하기 위한 책략과 조작"을 통해 "유라시아에서 효과적인 지정학적 다자주의를 확립하고 지속하는 것"이다. 그러한 분열·지배 대상에는 독일·러시아·이란은 물론 일본과 중국도 포함된다.[12] 그래서 파렴치하게도 브레진스키는 미국이 탈레반을 지지했던 것을 이렇게 옹호했다. "세계사의 관점에서 볼 때 무엇이 더 중요한가? 탈레반인가, 소련 제국의 몰락인가? 소수의 흥분한 무슬림들인가, 중앙아시아의 해방과 냉전의 종식인가?"[13]

미국 지배계급 내에서 브레진스키 전략에 대한 반발이 없었던 것은 아니었다. 클린턴 정부의 국무장관이었던 워런 크리스토퍼 같은 사람들은 나토 확장의 장단점을 다 지적했다. 일부는 이슬람을 지정학적 실리 정치 게임의 유용한 카드로 보기보다는 위협으로 봤다. 스트로브 탤벗 같은 사람들은 1990년대에 러시아를 더 부드럽게 포용하는 태도를 취하기 시작했고, 러시아가 경쟁자가 아니라 동맹으로서 서방 진영에 편입하기를 바랐다. 그러나 러시아와 옛 소련 공화국들의 형편없는 경제 실적, 엄청나게 권위주의적인 정부들, 그리고 3년 동안 벌어진 두 차례 전쟁의 논리가 결합하면서 주도권은 '팽창주의자들'에게 넘어갔다.

1999년 코소보 전쟁은 미국 극우파가 발전시키고 있던 모종의 전쟁 정책을 향한 일보 전진으로 볼 수 있다. 코소보 전쟁을 수행한 것은 나토였고, 유엔은 단지 전후 식민지 구조 건설을 정당화하기 위해 초대됐을 뿐이다. 코소보 전쟁은 코소보인들의 곤경을 해결한다는 명분으로 정당화됐고, '인도주의적 제국주의'라는 담론을 새로운 경지로 발전시켰다. 그리고 유라시아 대륙의 결정적 교차점 지역에서 벌어진 코소보 전쟁은 카스피해 연안의 옛 소련 공화국들과 그들이 통제하는 에너지 자원에 이르는 길을 열었다. 이 모든 면에서 코소보 전쟁은 [2003년] 이라크 침략의 선구적 모델이었다.

브레진스키는 발칸 전쟁의 확고한 옹호자가 됐다. 부분적으로 그가 발칸 전쟁을 카스피해와 중앙아시아 지역 전체에서 미국 외교정책이 시험받는 계기로 봤기 때문이다. "브레진스키의 구상에서 …… '세르비아'는 곧 러시아이고, 크로아티아 · 보스니아 · 코소보 등은 우크라이나 · 발트해 연안 국가들 · 그루지야 · '유라시아 발칸 지역'의 옛 소련 공화국들이다."[14] 그리고 물론, "카프카스와 중앙아시아의 옛 소련 공화국들에 진출하기를 바라는 미국 석유 기업들의 옹호자가 되면서, 브레진스키는 미국의 이 지역 지배를 …… 으뜸 목표로 여긴다. 이런 구상 속에서 중국이나 터키와의 동맹과는 별개로 우리의 민주주의 투사는 (탈레반이 접합제 구실을 하는) 파키스탄·아프가니스탄의 관계 강화와 (자신이 동맹 상대로서 선호하는) 이란은 물론 사우디아라비아에서도 이슬람이 부흥하는 것을 긍정적으로 바라본다."[15]

이러한 시나리오를 감안하면 아프가니스탄 전쟁에서 미국 외교정책의 개요를 파악하는 데는 그리 대단한 통찰력이 필요하지 않다. 비록 "소수의 흥분한 무슬림들"이 브레진스키가 예상한 것보다 더 미국 지배계급의 골치를 썩이고 있다는 작은 변화가 있긴 하지만 말이다.

발칸 전쟁이 발발한 바로 그 달에 나토는 폴란드·체코공화국·헝가리를 동맹으로 끌어들였다. 당시 헝가리와 그리스 사이의 나토 남부 전선을 관통하는 것은 오직 옛 유고슬라비아 국가들뿐이었다. 이것 하나만으로도 나토가 발칸반도 통제에 상당한 전략적 이해관계를 가질 이유가 됐다.

그러나 여기에는 더 많은 것이 걸려 있었다. 나토가 확대되자 철의 장막이 동쪽으로 이동했다. 한때 독일의 분단선이었던 철의 장막은 1999년에 폴란드·체코공화국·헝가리의 동쪽 국경선을 따라 내려가다가 옛 유고슬라비아의 국경에서 끝났다. 따라서 10년에 걸친 나토의 동진 과정은 발칸반도 전체, 특히 옛 유고슬라비아 국가들의 운명과 뒤얽히게 됐다. 새로 통일된 독일이 아니라 미국이 나토를 이끌고 새로운 변경으로 달려갈 필요가 있었다.

미국 대통령 클린턴은 <인터내셔널헤럴드트리뷴> 기사에서 나토의 전쟁 목표를 아주 분명하게 밝혔다. 거기서 그는 "미국이 제2차세계대전 이후 유럽이나 냉전 종식 이후 중앙아시아에서 했던 것과 같은 일을 유럽연합(EU)과 미국이 남부 유럽을 위해 할 때만" 발칸반도의 "지속적 안정"은 가능하다고 주장했다. "우리는 어려움에 처한 경제를 재건하고 교역과 투자를 촉진하고 그 지역 국가들이 나토와 유럽연합에 가입하도록 도움으로써 그렇게 할 수 있다." 나아가 클린턴은 그 지역 국가들은 저마다 시장 개혁을 고수하고 "나토의 군사작전을 지지"하는 등 이미 "통합의 견인력"에 반응하고 있다고 주장했다.

나토에게 발칸반도의 전략적 중요성은 서방과 동유럽 사이의 새로운 철의 장막에서 끝나지 않았다. 그리스와 터키를 경유하는 나토 남부 전선의 운명은 냉전 종식 이후 불안정한 또 다른 핵심 지역과 연동돼 있다. 이란·이라크 같은 서방의 이해관계가 걸린 전통적 지역에서 카스피해와 러시아 남부의 신생 독립국들에 이르는 산유국들의 호(弧)가 바로 그곳이다.

이러한 국가들과의 군사 협력을 추구하는 미국과 나토의 계획은 발칸 전쟁으로 더 빠르게 진행됐다. <이코노미스트>는 발칸 전쟁 동안 카스피해 인근 국가들이 "친러시아 진영과 친나토 진영으로 확연히 양분됐다"고 보도했다. <파이낸셜타임스>에 따르면, 카스피해 연안 국가들과 맺은 동맹의 주된 과제들 가운데 하나는 "그 지역의 풍부한 석유·천연가스 매장지에서 러시아를 배제하는 것"이다.

카스피해 지역에 얽힌 이해관계는 예나 지금이나 아주 크다. 이 지역의 확인된 석유 매장량은 1백60억~3백20억 배럴로 추산된다. 이 규모는 미국의 석유 매장량 2백20억 배럴과 맞먹고 북해의 매장량 1백70억 배럴보다도 많다. 셰브런의 텡기스 유전은 지난 25년 사이에 발견된 최대 규모의 유전이고 60억 배럴이 매장돼 있다. <파이낸셜타임스>에 따르면, 오늘날 10억 배럴 규모의 유전은 "엄청난 세계적 발견"으로 간주된다. 카자흐스탄연안국제탐사회사(OKIOC) ─ 모빌·토탈·영국의 브리티시가스·노르웨이의 스타토일·미국의 필립스 등이 주식을 보유하고 있다 ─ 가 카스피해 북부에서 탐사하고 있는 유전은 텡기스의 세 배 규모로 알려져 있다. 그러니 <파이낸셜타임스>가 "[유전] 발견의 정치적 함의는 잠재적인 상업적 가치보다 훨씬 클 수 있다"고 보도한 것은 당연하다.

이러한 매장지들은 모두 발칸반도에서 멀리 떨어져 있지만 석유가 서방으로 운반되기 위해 거쳐야만 하는 수송로는 그렇지 않다. 발칸 전쟁이 시작되자 새로운 송유관이 개통돼 카스피해의 석유를 아제르바이잔과 그루지야를 거쳐 수송했다. 그 석유는 유조선에 실려 흑해, 보스포루스 해협을 지날 것이고 터키와 그리스 해안까지 운반될 것이다. 발칸 전쟁 이래 아제르바이잔의 바쿠에서 터키 지중해 연안의 제이한에 이르는 대형 수출용 송유관은 계속 연장돼 왔다. 그러한 송유관은 미국 외교정책의 우선적 목표인데, 왜냐하면 그것이 이란을 석유 수출 통로로 이용할 때 얻을 상업적 이익을 상쇄하는 한편 카스피해 연안의 옛 소련 공화국들을 러시아와 떼어 놓는 데 도움이 될 수 있기 때문이다.

미국 에너지부장관 빌 리처드슨은 당시 이렇게 설명했다. "이것은 미국의 에너지 안보와 관련돼 있다. …… 그것은 또한 우리의 가치를 공유하지 않는 세력의 전략적 침투를 막기 위한 것이기도 하다. 우리는 이러한 신생 독립국들이 서방 쪽으로 오도록 노력하고 있다. 우리는 그들이 서방의 상업적·정치적 이해관계에 의존하게 되기를 바란다. 우리는 카스피해에 상당한 정치적 투자를 했고, 송유관 노선과 정치에서 모두 좋은 결과가 나오는 것이 중요하다."

카스피해 유전 지대를 터키·그리스와 다른 발칸반도 국가들 사이 지역의 안보와 연결하는 것은 리처드슨이 언급한 바로 그 '송유관 지도'다. <인터내셔널헤럴드트리뷴>이 지적했듯이, 여기에는 석유를 서방으로 운송하게 될 노선에 대한 결정에서 비롯하는 "심원한 경제적·지정학적 중요성"이 있다. "여기서 벌어진 경쟁이 탈(脫)공산주의 세계의 형성에 결정적 영향을 미칠 뿐 아니라 그 세계의 발전에 미국이 얼마나 큰 영향을 미치게 될지도 결정할 것이다."

카스피해 석유와 코소보 전쟁 사이의 연관을 주장한 논평가들은 당시에 조롱의 대상이었다. 그리고 이들을 조롱한 것은 당시 영국 노동당 정부의 외무장관 로빈 쿡 같은 자들만이 아니었다. 로빈은 "코소보에는 석유가 없다"고 선언하며 자신이 결정적 주장을 했다고 생각했다. 그러나 바쿠-제이한 노선 외에 카스피해에서 발칸반도를 관통해서 지중해로 석유를 수송할 송유관 계획이 이미 1990년대에 존재했다. 이 프로젝트를 논의하기 위해 1998년에 소피아[불가리아 수도]에서 열린 회담에서 알바니아 대통령은 "세르비아 국경 내의 어떤 해법도 지속적인 평화를 가져올 수 없기" 때문에 코소보 자치가 허용되느냐 마느냐에 따라 그 프로젝트 지지 여부를 결정하겠다는 점을 분명히 했다.[16]

마침내 2004년 12월 다시 한 번 소피아에서 미국 기업 암보(AMBO)와 발칸반도 국가 정부들 사이에 송유관 건설을 위한 거래가 타결됐다. 한 기사는 발칸 전쟁이 "투자자들의 신경을 엄청나게 날카롭게 만들었는데도 …… 상황은 안정화된 듯하고 암보의 미래는 밝아 보인다"고 주장했다. 그 기사는 이어서 "이번 주 소피아의 축하 행사는 마케도니아 · 불가리아 · 알바니아의 총리들, 즉 블라도 부코프스키, 시메온 삭스-코부르크-고타, 파토스 나노를 비롯해 관련 국가의 주요 지도자들을 한데 모았다. 월요일에 그들은 송유관을 지지하는 정치적 선언에 서명했다"고 보도했다.

"암보 사장 테드 퍼거슨은 자신의 계획이 '미국의 개발 기구인 해외민간투자공사(OPIC)와 미국수출입은행, 크레디트스위스퍼스트보스턴(CSFB) 은행 등의 투자자들한테서' 투자 자금 9억 달러를 유치했다고 주장한다. …… 송유관 건설은 3년에서 4년이 걸릴 것이고 건설이 완료되면 발칸반도의 육로를 가로질러 아드리아해의 블로레 항구까지 하루 75만 배럴의 석유를 수송할 것이다."[17]

발칸반도는 다시 한 번 경합 지역이 됐다. 왜냐하면 주요 강대국들이 이제 지각 판처럼 서로 충돌하고 있기 때문이다. 마치 냉전의 제국주의 지형과 전후 장기 호황으로 임시 휴지기를 갖기 전에 그들이 서로 충돌했던 것처럼 말이다.

발칸 전쟁은 미국과 그 동맹들의 사고를 바꿔 놓았고, 냉전 이후 세계에서 무엇이 가능하고 무엇이 용납될 수 있는지를 다시 정했다. 나토는 냉전 시기와는 달리 이제 더는 단지 방위 동맹에 머물지 않기 위해 자신의 '전략적 개념들'을 분명하게 재규정했다. 필요하다면 핵무기를 '선제 사용'한다는 약속을 포함해 냉전 시기 나토의 관행들은 모두 유지됐다. 그러나 1991년 동유럽 국가들이 붕괴한 직후 나토는 '역외' 작전들이 새로운 '전략적 개념'의 일부가 될 수 있도록 목표를 다시 규정했다. 처음에 이것은 주로 '평화 유지' 활동처럼 보였다. 그러나 국제전략연구소(IISS)는 "보스니아 평화이행군(IFOR)에 대한 나토의 배타적 통제는 이러한 관점을 완전히 바꿔 놓았다"고 보고한다. 따라서 동유럽 정권들의 붕괴와 나토의 팽창주의는 나토가 발칸 지역에 대해 더 많은 관심을 갖게 자극했고, 나토가 발칸에서 한 경험은 자신의 경계를 넘어 군사력을 사용하려는 결심을 더욱더 굳히게 만들었다. 신보수주의자들은 2년 뒤의 대선에서 이 문제를 꺼내놓으려고 단단히 벼르고 있었다.

## 신보수주의자들의 득세

발칸 전쟁은 제국주의 프로젝트를 재구성하는 데 도움이 됐다. 그러나 발칸 전쟁이 발발하기 전에도 신보수주의자들은 미국의 새로운 제국주의 공세를 위한 주장을 다듬고 있었다.

1991년 걸프전이 끝난 뒤 1992년에 폴 울포위츠의 국방부 방위계획지침 초안이 언론에 유출됐다. 그 초안은 경쟁 강대국들의 발흥을 차단하기 위해 미국의 적극적 군사 개입이 필요하다는, 이제는 익숙해진 주장을 담고 있었다. 울포위츠는 미국이 경쟁 국가들의 출현을 막기 위해 모든 수단을 다 동원해야 한다고 주장했다. 동맹국들의 반대 때문에 당시 대통령 조지 부시 1세는 공세적인 문구들을 삭제한 뒤에야 그 문서를 1994~1999년 국방부 방위계획지침으로 다시 발표할 수 있었다.

그러나 1990년대 내내 신보수주의자들은 자신들의 견해를 강화하고 있었다. 1998년 1월, 외교정책 전문가 18명 — 이 중 11명이 나중에 부시 정부에서 관리로 등용된다 — 이 서명한 편지가 대통령 클린턴에게 발송됐다. 이 서명자들에는 도널드 럼스펠드, 폴 울포위츠, 존 볼튼, 리처드 펄, 제임스 울시, 윌리엄 크리스톨, 프랜시스 후쿠야마, 리처드 아미티지 — 이들은 모두 5년 뒤 이라크 침략을 주창한 핵심 인사들이다 — 가 포함됐다. 그 편지는 쌍둥이 빌딩이 공격받기 오래 전에 작성된 '테러와의 전쟁'의 청사진이었고, 그 1년 전에 "미국의 세계 지도력 증진"을 위해 만들어진 비영리 조직인 '미국의 새로운 세기를 위한 프로젝트'의 핵심 주제들을 분명히 제시했다.

편지 작성자들은 봉쇄 정책의 실패 때문에 "미국의 이라크 정책이 성공하지 못하고 있다"며, 클린턴 대통령이 임박한 연두 교서에서 "사담 후세인 정부 타도"를 촉구해야 한다고 주장했다. [그들의 주장에 따르면] 후세인 정권은 유엔의 대량살상무기 사찰을 회피하고 있고, 그 결과 "그리 머지않은 장래에 우리는 이라크가 대량살상무기들을 갖고 있는지 없는지에 관해 합당한 수준의 자신감을 갖고 판단할 수 없게 될 것이다." 만약 후세인이 위협을 가하도록 놔둔다면 "세계 석유 공급의 상당 부분이 위험에 빠지게 될 것이다." 후세인 정권 타도를 위해서 미국은 일방적으로 행동해야 한다. 왜냐하면 "우리는 더는 걸프전 연합군의 우리 파트너들에 의존할 수 없고 ……
유엔 안보리의 만장일치에 대한 잘못된 집착으로 미국의 정책이 계속 좌절
돼서는 안 되기 때문이다."[18]

새 천년 벽두에 미국 대통령이 된 조지 W 부시는 바로 이런 행동 노선에
가장 충실한 사람들을 정부 요직에 임명했다. 부통령 딕 체니는 석유 회사
이사이자 전직 국방장관이었다. 당시 국가안보보좌관이었던 콘돌리자 라이
스는 다국적 석유 회사의 중역이자 러시아 전문가였다. 국무장관 콜린 파월
은 외교 경력은 없었지만 걸프전 당시 합참의장이었다. 국방장관으로 임명
된 도널드 럼스펠드는 설(Searle) 제약회사의 전직 대표이사였고 딕 체니와
함께 2000년 5월 '러시아-미국 재계 지도자 포럼'에 특별 연사로 참석했다.
이 집단의 주요 관심사는 언제나 석유·러시아·군사(軍事)였다고 해도 과
언이 아니다.

냉전 종식 이후 [미국 지배계급에게 요구된] 더 광범한 필수 과제들은
물론이고, 중동의 사건들도 이 신보수주의 의제를 미국 지배계급 전체에게
점차 매력적이고 정말 필요한 정책으로 만드는 데 일조했다. 결정적으로 미
국과 사우디아라비아의 관계가 심각한 곤경에 처하게 됐다.

사우디아라비아는 몇 가지 이유 때문에 미국이 중동에 영향을 미치는
데 필수적이었다. 군사적으로 미국은 중동 최대의 미군 기지들을 유지하기
위해 사우디아라비아에 의존했다. 게다가 사우디아라비아는 미국 군수산업
의 주요 고객이었다. 훨씬 더 중요한 사실은, 사우디아라비아 정부가 미국이
유가 안정을 위해 선택한 파트너였다는 것이다. 세계 최대 산유국인 사우디
아라비아는 1986년 조지 부시 1세가 나흘 동안 사우디아라비아를 방문한
이래 미국이 용납할 수 있는 수준으로 유가를 유지하기 위해 생산량을 늘리
거나 줄여 왔다.

1991년 걸프전 직후 걸프 국가들은 미국이 자국 군대를 무장하는 데 쓰는 돈보다 더 많은 돈을 들여가며 미국 무기를 구입했다. 사우디아라비아가 이렇게 막대한 무기 구입비를 지출하는 데 따르는 문제들이 1992년에 사우디아라비아가 자금난에 시달리기 시작하면서 터져 나왔다. 결국 맥도널-더글러스, 휴스 항공, 제너럴 다이내믹스, FMC, 레이시온과 상환 기한을 연장하는 타협이 이뤄졌다. 그런데도 당시 대통령 클린턴은 사우디아라비아에게 보잉과 맥도널-더글러스의 민간 항공기 구입 계약을 종용했다. 사우디아라비아는 동의했지만, 1999년이 되자 70억~90억 달러 규모의 군비 지출 삭감을 발표할 수밖에 없었다.[19]

미군 주둔은 사우디아라비아 국내에서 갈수록 인기를 잃었다. 사실 오사마 빈 라덴과 사우디아라비아의 다른 급진 이슬람주의자들이 가장 동질감을 느꼈을 만한 쟁점이 하나 있다면, 그것은 바로 사우디아라비아 땅에 들어선 미군 기지였을 것이다. 1995년에 리야드에서 폭탄 공격이 벌어져 미국인 5명이 죽었고, 그 중 한 명은 미군 하사관이었다. 그 다음 해에는 코바르 타워가 폭파돼 미군 17명이 사망했다. 사우드 왕가는 미군이 사우디아라비아에서 떠나기를 바란다고 미국에게 분명히 밝혔다.

중요한 점은, 사우디아라비아가 유가 안정 장치로서 믿을 만하지 못하다는 사실이 드러난 것이었다. 1997년 말에 아시아 경제들의 급격한 파산이 세계시장을 강타했다. 사우디아라비아가 미국의 저유가 정책을 돕기 위해 석유를 마구 쏟아 내고 있던 바로 그 순간에 전 세계적 경기후퇴가 석유시장을 강타했다. 이러한 가격 파동 와중에 베네수엘라의 우파 정부는 자신의 문제 일부를 해결하기 위해 국유 유전을 사기업들에게 매각하기로 결정했다. 쿠웨이트도 그 뒤를 따랐다. 사담 후세인의 항의로 이것이 현명하지 못한 조치라는 점을 확신하게 되기 전까지는 사우디아라비아도 똑같이 하려는 유혹을 느꼈다.

그리고 나서 우고 차베스가 베네수엘라 대선에서 승리해 석유 사유화를 취소하고 멕시코·사우디아라비아와 연합을 형성해 석유 생산량을 감축해서 유가를 다시 끌어올렸다. 이것은 효과가 있었다. 유가는 단 몇 달 만에 배럴당 14달러에서 27달러로 올랐다. 인터넷 관련 산업의 거품이 꺼지고 오랜 주식시장 호황이 잦아드는 과정을 유가 상승이 촉진하자 미국 경제는 타격을 받았다.

해외 석유 의존도가 점차 커지고 있었기 때문에 미국은 특히 취약했다. 1990년대에 미국 석유 회사들은 국내보다 해외 석유 탐사에 더 많은 돈을 지출했고, 그 생산량과 매장량이 대부분 해외에 있었다. 게다가 클린턴 정부 초기에 미국은 석유 소비량의 46퍼센트를 수입했고 그 중 대부분을 걸프 국가들, 특히 사우디아라비아에서 수입했다. 클린턴 정부 말기에는 석유 수입량의 겨우 19퍼센트만을 걸프 국가들에서 수입했고, 나머지는 멕시코·베네수엘라·캐나다에서 수입했다.[20]

따라서 차베스–사우디아라비아 석유 협정이 미국 정부에 안겨 준 충격이나 1990년대에 카스피해 지역의 에너지 자원들을 포함해 '수입선 다변화'가 미국 에너지 정책의 슬로건이 된 것은 그리 놀라운 일이 아니다. 이러한 상황에서 2003년 이라크 전쟁으로 이라크 석유 지배권을 획득한다는 전망은 미국 지배계급에게 확실히 매력적인 가능성이었다.

따라서 이 모든 이유들 ― 군사기지, 무기 구입, 석유 ― 때문에 2001년 9월 11일 비행기들이 쌍둥이 빌딩에 충돌할 즈음 미국은 중동의 지도를 다시 그릴 방법을 찾고 있었던 것이 분명하다. 이름을 밝히지 않은 미국 외교관이 전쟁 전에 스코틀랜드의 <선데이헤럴드>에 말한 것처럼, "복구된 이라크야말로 사우디아라비아를 대체할 단 하나뿐인 든든하고 장기적이며 전략적인 대안이다. 그것은 도중에 말을 갈아타는 것 정도가 아니다. 다가올 미국의 이라크 정권 교체는 전략적 필연이다."[21]

### '절호의 기회' : 2001년 9월 11일

"이 기회를 어떻게 이용할 것인가?" 세계무역센터와 미 국방부가 공격을 받은 뒤 당시 국가안보보좌관이었던 콘돌리자 라이스는 자신의 참모에게 이렇게 물었다. 쌍둥이 빌딩 공격은 그 뒤 미국 전쟁 정책 전환의 원인이 아니었다. 그것은 페르디난트 황태자 암살이 제1차세계대전의 원인이 아니었던 것과 마찬가지다. '세르비아 테러리즘'이 제1차세계대전의 원인이 아니었던 것과 마찬가지로 '이슬람 테러리즘'은 아프가니스탄과 이라크 공격의 원인이 아니었다. 쌍둥이 빌딩 공격은 더 심원한 동기를 지닌 다른 계획들을 실행하기 위한 계기, 즉 기회였다.

어차피 미국은 일반적으로는 냉전 종식 이후 세계에서, 특히 유라시아에서, 더 구체적으로는 중동에서, 자신의 제국주의적 대응 방식을 전환할 필요가 있었다. 득세한 신보수주의자들의 여러 요구와 발칸 전쟁 과정에서 일어난 온갖 일들에도 불구하고, 2001년 9월까지 그들의 목표는 단지 부분적으로만 달성됐다. 그러나 때가 되자 음모가 드러났다.

쌍둥이 빌딩 공격으로 신보수주의자들의 전망이 실행에 옮겨졌다. 쌍둥이 빌딩을 공격한 사람들이 대부분 사우디아라비아 출신이고 이라크인은 한 명도 없었는데도, 목표는 항상 이라크였다. 그러나 직접적이고 즉각적인 이라크 공격은 잠시 미뤄졌다. 이슬람 급진주의자 오사마 빈 라덴과 민족주의적이고 세속적인 [이라크] 바트당 정권 사이의 관련을 확실하게 입증할 수 없었기 때문이다. 게다가 이라크 침략을 위한 군사적·외교적·이데올로기적 준비에는 시간이 걸렸다. 빈 라덴이 살고 있던 아프가니스탄의 탈레반 정권은 그렇지 않았다. 부시 정부에게 아프가니스탄은 이라크 전쟁이 본격적으로 시작되기 전에 거쳐 가야 할 일종의 예비 단계였다.

그것은 속전속결이었다. 2001년 말에 마자르 이 샤리프 외곽에서 단 한 차례의 교전다운 교전이 벌어진 뒤 작고 허약한 탈레반 정부는 무너져 버렸다. 융단폭격으로 수천 명의 아프가니스탄 사람들이 죽었다. 미국은 52명의 병사를 잃었다. [그러나] 오늘날 허울뿐인 선거 이면에서 군벌들이 아프가니스탄 대부분 지역을 지배하고 있고, 아편 생산은 기하급수로 증가했으며, 여성들은 여전히 부르카를 쓰고, 서방의 원조 약속은 결코 실현되지 않았다. 더구나 시간이 흐를수록 탈레반은 아프가니스탄 일부 지역에서 세력을 회복했다. [점령]군 사망자 수는 이라크와 같은 수준으로 늘어났다. 상황을 진정시키기 위해 영국과 유럽 국가들은 더 많은 군대를 파병해야 했다. 전쟁 승리를 선언한 지 몇 년 만에 이 모든 일들이 벌어졌다.

<뉴욕타임스>의 국가 안보 담당 기자인 제임스 라이슨이 보도하듯이, "2005년 아프가니스탄에서는 마약 관련 폭력이 악화했고 미군 사망자 수가 증가했다. 비극은 이것이 여전히 사소한 문제일 뿐이라는 것이다. 9 · 11 이후 거의 4년이 지나도록 아프가니스탄에서 미국의 군사작전은 전 세계의 테러리즘과 싸우기보다는 카르자이 정부의 안정을 유지하는 데 더 초점이 맞춰져 있다."[22]

그러나 아프가니스탄 전쟁은 부시 정부가 새로운 제국주의 기획을 실현하는 데 필요한 추진력을 제공했고, 이라크 전쟁으로 가는 길을 닦았다. 부시 정부의 새로운 제국주의 기획은 마침내 2002년 9월 미국 국가안보전략(NSS)이라는 정부 보고서에 분명히 제시됐다.[23]

국가안보전략 보고서의 핵심 주제는 다음과 같았다. "냉전 종식 이후의 세계는 세계 경제 환경을 미국에 유리하게 재편하기에 더할 나위 없이 좋은 기회를 미국에 제공했다. 이러한 전략 목표는 실현 가능하다. 왜냐하면 미국의 군사력을 선제(先制)용으로 사용한다면 전략 목표를 실현하는 수단으로 이용할 수 있고, 9·11 이후의 이데올로기 환경이 그것을 정당화하기 때문이다."

국가안보전략 보고서가 자유 시장 자본주의라는 사상을 장려하는 데 많은 지면을 할애했다는 점도 주목할 만하다. 보고서의 모든 단락마다 다른 경제체제는 가능하지도 바람직하지도 않다는 주장이 등장한다. 보고서는 확고한 어조로 "국가의 성공을 위한 단 하나의 지속 가능한 모델은 바로 자유, 민주주의, 자유로운 기업 활동"이라고 선언한다. 이러한 메시아적 메시지는 보고서 곳곳에서 거듭된다. "역사의 교훈은 명백하다. 부를 증진하고 빈곤을 줄일 최상의 방법은 정부가 강력히 개입하는 지령-통제 경제가 아니라 시장경제라는 것이다. 시장 유인(誘引)과 시장 제도들을 더한층 강화하는 정책들은 모든 경제 — 산업화한 경제, 신흥 시장, 개발도상국 — 에 알맞다." 간단히 말해, 국가안보전략 보고서는 필요하다면 군사적 수단을 동원해서라도 전 세계에 미국식 자본주의 모델을 퍼뜨려야 한다고 노골적으로 주장한다.

이러한 목표를 지지하는 군사전략은 다자주의를 폐기하고 선제 행동을 공식 정책으로 채택한다. "미국은 늘 그렇듯 국제사회의 지지를 얻기 위해 노력하겠지만, 우리는 필요하다면 선제 행동으로 자기 방어권을 행사하기 위해 혼자 행동하는 것도 서슴지 않을 것이다. …… 우리에게는 훌륭한 공격이야말로 최선의 방어다."

선제 행동을 해야 자기를 방어할 수 있다는 주장의 부조리는 아랑곳하지 않고, 국가안보전략 보고서는 더 나아가 이러한 정책 변화를 냉전 종식 이후 상황의 결과로 설명한다. "냉전 위협의 성격 때문에 미국은 ― 동맹·우방과 함께 ― 적의 무력 사용에 대한 억지력을 강조해야 했고, 상호 확증 파괴라는 무시무시한 전략이 나타났다. 소련이 무너지고 냉전이 끝나자 우리의 안보 환경은 심원한 변화를 겪었다. 그러나 불량국가들과 테러리스트들이 새로운 치명적 도전들을 제기하고 있다."

나아가 국가안보전략 보고서는 불량국가들의 공통점들을 열거했다. 이 목록에서 주목할 만한 사실은 그 목록이 미국에 대한 위협만큼이나 불량국가의 국내 행동에 관한 것들이라는 점이다. 국가안보전략 보고서에 따르면, 이 공통점들에는 불량국가들이 "자국 국민들을 학대하고 국가 자원을 지배자들의 사리사욕을 위해 낭비한다", "국제법을 전혀 존중하지 않는다", "국제조약을 위반한다", "대량살상무기를 획득하려 한다", "테러리즘을 후원하고 미국과 미국이 대변하는 것을 죄다 증오한다"는 등의 사실이 포함된다.

이렇게 대단히 이데올로기적이고 주관적인 주장들은 이제 선제 군사행동이라는 되풀이되는 주제를 정당화하는 데 이용된다. "냉전 동안, 특히 쿠바 미사일 위기 이후 우리는 대체로 현상 유지를 선호하고 위험을 기피하는 상대를 마주했다. 억지는 효과적인 방어였다." 물론 '악의 제국'이 실재하는 동안 우리가 들었던 얘기는 이와 달랐다. 그런데도 국가안보전략 보고서는 이렇게 말한다. "그러나 단지 보복 위협에 기초를 둔 억지력은 불량국가의 지도자들을 다루기에는 덜 효과적일 것이다. 그들은 더 기꺼이 위험을 감수하고 자국 국민들의 목숨과 국부(國富)를 담보로 모험에 나서려 한다. …… 미국은 국가 안보에 대한 실질적 위협에 대처하기 위한 선제 행동 방안을 오랫동안 유지해 왔다. 위협이 클수록 행동하지 않는 데 따르는 위험도 크다. 그리고 선제 행동의 불가피성도 커진다. …… 우리 적들의 적대 행위들을 사전 제압하고 예방하기 위해 미국은 필요하다면 먼저 행동할 것이다."

그러나 국가안보전략 보고서는 불량국가들과의 관계를 검토하는 데 그치지 않는다. 그것은 정말이지 신보수주의 모델을 바탕으로 한 미국 세계 패권 전략의 청사진이라 할 만하다. 현대의 갈등이 주요 열강들 사이의 투쟁으로 비화할 수 있음을 생각하지 못하는 논평가들과 달리, 국가안보전략 보고서는 그러한 가능성을 완전히 이해하고 있다. "2001년 9월 11일의 사건들은 세계의 다른 주요 권력 중심들과 미국의 관계를 근본적으로 바꿔 놓았고, 광대하고 새로운 기회들을 열어 놓았다." 미국은 이러한 기회들이 미국의 감독 아래 평화적으로 활용되기를 선호할 것이다. 그러나 미국은 그렇지 않을 가능성을 꼼꼼히 따져 본다. "우리는 다른 강대국들의 침략을 강력히 격퇴할 것이다. 그들이 부, 교역, 문화 증진을 평화적으로 추구하는 것은 환영하지만 말이다. …… 우리는 세계 패권 경쟁의 옛 패턴이 부활할 가능성을 주시하고 있다. 몇몇 잠재적 강대국들, 가장 중요하게는 러시아 · 인도 · 중국은 현재 내부적으로 과도기에 있다."

여기서 더 나아가 국가안보전략 보고서는 이러한 잠재적 경쟁자들이 미국의 세계관을 수용하는지 그렇지 않는지를 분석한다. 예컨대, 러시아에 대해 국가안보전략 보고서는 이렇게 주장한다. "러시아의 고위 지도자들은 …… 냉전 때 방식이 자국의 이익에 도움이 되지 않고, 러시아와 미국의 전략적 이해관계가 공통점이 많다는 것을 차츰 이해하고 있다. 미국의 정책은 러시아의 이러한 사고 전환을 이용해 양국 관계를 잠재적 · 현실적 공동 이익과 과제에 집중시켜야 한다." 그러나 이러한 방침은 그 뒤에 나오는 주장, 즉 러시아가 여전히 자신의 영향권의 일부라고 당연하게 여기는 중앙아시아의 옛 소련 공화국들에서 미국의 영향력을 확대해야 한다는 주장과 충돌한다. "[러시아의] 이웃 나라들이 번영하고 안정돼야 러시아가 유럽-대서양 공동체로 통합하는 데 열의를 보일 것이라고 믿기에, 우리는 옛 소련 공화국들의 독자성과 안정을 계속 장려할 것이다."

그리고 나서 보고서는 이렇게 재확인한다. "우리는 여전히 남아 있는 우리와 러시아의 차이점들이나 지속적인 전략적 파트너십을 건설하는 데 걸릴 시간과 노력에 대해 현실적이다. 러시아의 주요 엘리트들이 우리의 동기와 정책에 대해 좀처럼 불신을 거두지 않고 있어서 양국 관계 개선이 더디다. 자유 시장 민주주의의 기본 가치들에 대한 러시아의 한결같지 않은 헌신과 대량살상무기 확산 방지 활동에서 보인 미덥지 않은 이력은 여전히 매우 우려할 만한 사항이다. 러시아의 바로 이 결점 때문에 협력할 기회들이 제약되고 있다."

비록 관심을 덜 받긴 하지만, 인도는 국가안보전략 보고서의 평가에서 약간 더 나은 점수를 받았다. "인도의 핵과 미사일 프로그램 개발, 인도의 경제개혁 속도 등 차이점들은 여전하다. 그러나 과거에는 이러한 우려가 우리의 인도 관(觀)을 지배한 반면, 오늘날 우리의 출발점은 인도가 우리와 전략적 이해관계를 공유하는 세계의 강대국으로 성장하고 있다는 것이다."

국가안보전략 보고서의 제국주의적 어조는 중국의 경우에 가장 신중하다. 보고서는 조심스럽게 "중국은 연간 상호 교역액이 1천억 달러에 이르는 우리의 네 번째 주요 교역 상대국"이라고 지적한다. 그러나 보고서는 다음과 같이 경고한다. 중국이 "공산주의 유산의 가장 나쁜 특징들에서 벗어나는 과정을 시작한 지 25년이 지났지만 중국 지도자들은 아직도 자국의 미래 진로에 대해 근본적인 결정을 내리지 못하고 있다. 아시아-태평양 지역의 이웃 나라들을 위협할 수 있는 군사력 증강을 추구하는 과정에서 중국은 시대에 뒤떨어진 길, 즉 결국 자국의 번영을 방해하게 될 길을 따르고 있다. 머지않아 중국은 사회적·정치적 자유가 그러한 번영의 유일한 원천임을 깨닫게 될 것이다." 신보수주의자들은 이제 중국의 막강한 경제력 때문에 불안해한다. 그들은 핵무장 군사 강국의 경제력이 성장하는 것을 보면서 장차 미국과의 패권 경쟁을 예상하고 있다.

이 모든 방대한 경제 · 정치 전략에서 국가안보전략 보고서가 특별히 언급하는 상품이 딱 하나 있다. 그것은 자동차나 철강, 심지어 컴퓨터도 아니다. 그것은 에너지, 특히 '에너지 안보 강화'라는 목표다. 국가안보전략 보고서는 이렇게 말한다. "우리는 우리의 동맹들, 교역 상대국들, 에너지 생산국들과 협력해서 전 세계에 공급되는 에너지의 원천과 형태 ― 특히 서반구, 아프리카, 중앙아시아, 카스피해 지역에서 생산되는 ― 를 확대함으로써 우리 자신의 에너지 안보와 세계경제의 공동 번영을 강화할 것이다."

이것은 클린턴 정부 시절 발칸 전쟁을 거치면서 등장한 미국의 정책을 약간 말만 바꾼 것이다. 마이클 클레어가 썼듯이, "카자흐스탄 · 우즈베키스탄 · 그루지야 · 아제르바이잔과 군사적 유대를 맺기 시작한 것도, 페르시아만과 카스피해 지역에 개입할 수 있는 미국의 능력을 육성한 것도 클린턴 대통령이었다." 그렇지만 "9 · 11은 그 과정을 촉진했고 대중적 권한을 부여했다."[24] 더 중요하게는, 9 · 11은 부시 정부에게 그러한 능력을 실제로 사용하고 군사력을 반복해서 일방적으로 사용할 가능성에 바탕을 둔 노골적인 외교정책을 발전시킬 기회를 제공했다. 국가안보전략 보고서가 결론 내리듯이 "바야흐로 미국 군사력의 필수 불가결한 구실을 재확인할 때다. 우리는 도전을 넘어 우리의 방어 능력을 키우고 유지해야 한다." 뒤이어 열거되는 목표들은 키신저/브레진스키 학파의 제국주의 전략에서 곧장 이끌어 낸 것이다. 이러한 관점에서 미국의 군사력은 "우리의 동맹을 안심시키고, 미래의 군사적 경쟁자를 단념시키며, 미국의 이익에 대한 위협을 억제하고, 억제하지 못할 경우 어떤 적이든 결정적으로 궤멸시켜야" 한다.

국가안보전략 보고서는 "전례 없이 강력한 미국의 군사력"을 평가하고서, 냉전 종식 후 세계 제국주의 체제를 재편하기 위한 전 세계적 투쟁에서 "전면적 지배력"을 다시금 강조하는 것으로 마무리한다. "냉전 시대의 대규모 군대는 이제 바뀌어야 한다. 그래서 언제 어디서 전쟁이 일어날 것인가보다 어떻게 적과 싸울 것인가에 더 초점을 맞춰야 한다." 그리고 무기와 전략을 전환하면서 동시에 군대의 지리적 배치도 조정해야 한다. "미국에게는 서유럽과 동북아시아 안팎에 기지와 주둔지는 물론이고 미군의 원거리 배치를 위한 임시 시설도 필요할 것이다. 아프가니스탄 전쟁 전에 이 문제는 주요 비상 계획 목록에서 별로 중요하지 않은 비중을 차지했다. …… 우리는 첨단 원격 탐지, 장거리 정밀폭격 능력, 변형된 기동작전, 해외 파견군 같은 자원을 발전시켜서 그러한 군사 배치 증가에 대비해야 한다. 그리고 이 광범한 군사 능력에는 본토를 방어하고, 정보 작전을 수행하고, 원거리 전역(戰域)에 대한 미국의 접근성을 확보하고, 우주 공간에 있는 미국의 핵심 기반 시설과 자산을 보호하는 능력도 포함돼야 한다."

이러한 미국 군사력의 재구성은 이라크 침략의 결과를 이해하는 데 대단히 중요하다. 1990년대에 미국 외교정책 엘리트들은 미국 군사력의 압도적 우위를 매우 독특한 방식으로 이해했다. 첫째, 냉전 종식 이후 상황 덕분에 방위비 지출을 전반적으로 줄일 수 있었고, 미국 경제의 상대적 쇠퇴 때문에 방위비 지출을 줄여야만 했다. 둘째, 베트남 증후군의 오랜 그늘 때문에 미국 정치인들은 미군 사상자가 대거 발생하는 것을 경계했다. 1991년 걸프전 때까지만 해도 이 두 요소는 어느 정도 작용하고 있었다. 냉전이 이제 막 끝났고, 그래서 이라크를 쿠웨이트에서 몰아내기 위해 콜린 파월과 노먼 슈워츠코프의 '압도적 무력' 독트린 — 냉전 시기의 전투 계획을 약간만 수정한 것 — 이 채택됐다.

2003년의 이라크 침략은 훨씬 더 어려운 과제였다. 그러나 국가안보전략 보고서가 보여 주듯이, 미국의 군사 교리는 변했다. 이제 수적 우위보다는 미국 군사력의 기술적 우위가 강조됐다. 이러한 변화를 추동한 것은 일부는 냉전 종식이었고, 일부는 장기간의 경제적 변화였으며, 일부는 비용 문제에 민감한 '공화당 긴축재정 선호 분파들'을 이용해 지배계급 내의 합의를 조성해야 했던 부시 정부 내 신보수주의자들이었다. 그 결과, 1991년 걸프전 때보다 적은 10만 명의 군대로 이라크를 침략한다는 럼스펠드-울포위츠 계획이 수립됐다. 이라크군은 그러한 규모로도 쉽게 물리칠 수 있었지만 미국의 점령이 맞닥뜨린 저항은 그처럼 쉽게 제압할 수 없었다.

한편, 국가안보전략 보고서의 온갖 적대에도 불구하고, 부시 정부와 그 동맹들에게 가장 어려운 전투는 정치적 전투였다. 부시 정부는 국내적으로나 국제적으로나 사실과 전혀 다른 주장들을 납득시켜야 했다. 그 주장은 이런 것들이었다. (1) 이라크는 대량살상무기를 갖고 있고 (2) 이라크는 이슬람 테러리즘과 연결돼 있고 (3) 이라크는 각별히 사악한 정권으로 중국 같은 나라와는 다르고 (4) 미국과 그 동맹국들의 일방적 군사행동이야말로 이라크를 다룰 수 있는 유일한 방법이다.

당연히 이러한 정치적 프로젝트는 (1) 전 세계 정부들 가운데 다수를 설득하는 데 실패했고 (2) 유엔 총회와 유엔 안보리에서 다수를 설득하는 데 실패했으며 (3) 가장 중요하게는 미국과 같은 편에 선 나라들과 반대한 나라들 모두에서 전 세계 사람들의 다수를 설득하는 데 실패했다. 이러한 실패의 대가는 프랑스와 독일이 이라크 전쟁에 반대한 것에서 알 수 있는데, 이것은 냉전 이후 서방 강대국들 사이의 가장 심각한 분열이었다. 그리고 정부 간 분열뿐 아니라 미국 외교정책에 대한 국제적 · 대중적 지지도 처참할 정도로 줄어들었다.

그러나 이라크 전쟁은 여론의 힘에 관한 것이 아니었다. 그것은 무기의 힘에 관한 것이었다. 이라크는 침략당했고 그 군대는 쉽게 분쇄됐다. 그러나 나폴레옹이 말했듯이, 총칼로 할 수 있는 일은 많지만 총칼 위에 앉아 있을 수는 없는 법이다. 이제 이라크에 있는 미·영 군대는 이라크 전쟁과 그 뒤의 점령을 둘러싼 정치적 논쟁에서 승리하지 못한 결과에 직면해야 한다. 무엇보다 이것은 그들이 이라크인들의 지지를 얻는 데 실패했음을 뜻하지만, 마찬가지로 중요한 사실은 그들이 자국 국민들의 지지를 얻는 데도 실패했다는 것이다.

이런 의미에서 '새로운 미국의 세기를 위한 프로젝트'는 군사력 면에서는 승리했지만 정치적으로는 심각한 곤경에 빠져 있다. 미국 기업들과 군대에 이롭게 세계 지도를 다시 그릴 수 있는 미국의 능력은 위기에 처해 있다. 이 프로젝트가 그 추동력을 회복할 수 있을지 아니면 이라크의 사막에 그대로 묻혀 버리게 될지는 이제 이 정치적 전투가 어떻게 전개되느냐에 달려 있다.


## 결론

냉전 종식으로 미국은 군사적으로 경쟁자가 없을 만큼 우위에 서게 됐다. 1990년대에 미국 지배계급은 즉각 이러한 전략적 자산을 세계 제국주의 지도를 다시 그리는 데 이용하기 시작했다. 처음에 걸프전에서, 그 다음에는 코소보 전쟁에서 말이다. 새로운 제국주의 기획이 완전히 현실화될 수 있을지 여부는 신보수주의자들이 부상하고 2000년에 조지 W 부시가 대통령 선거에서 승리하기 전까지는 분명하지 않았다. 심지어 그때조차 이 기획은 그것이 이행될 수 있는 조건을 기다렸다. 2001년 세계무역센터 공격은 그러한 조건을 창출했다.

그러나 2003년 이라크 침략은 더 일반적 의미에서 미국 패권의 한계도 부각시켰다. 이 한계는 부분적으로 미국 정부의 식민지 점령에 맞서 이라크와 전 세계에서 벌어진 저항의 결과다. 또한 그 한계는 제2차세계대전이 끝난 뒤 약 반세기가 지나면서 뚜렷해진 미국의 상대적인 경제적 취약성 때문에 생겨난 것이기도 하다. 다음 장은 이 기간 동안 미국 경제의 부침을 분석하고 그 경쟁자들의 강점과 약점을 평가한다. 압도적 군사력과 상대적으로 쇠퇴한 경제력이 만나는 이 결정적 교차점이야말로, 세계무대에서 동맹과 경쟁자들을 모두 단속하기 위해 점점 더 군사력에 의존하려는 미국의 동기를 가장 잘 이해할 수 있는 곳이다.

# 2장

# 세계화 시대 미국의 경제력

세계경제는 서로 경쟁하는 국가들과 기업들의 경제활동의 총체다. 이 경제활동의 총체는 특정한 일반적 경향을 특징으로 하는 독자적 발전 양상을 띤다. 예컨대, 제2차세계대전부터 1970년대까지는 경제가 고도로 성장하고 경기후퇴가 잠시 있었던 시기였다. 1970년대 이후에는 성장률이 절반으로 떨어지고 호황-불황 순환이 다시 시작됐다. 또 20세기 중반의 수십 년 동안 동구권은 물론이고, 서방의 복지국가-국유화 경제들과 제3세계 발전 모델들에서도 모종의 국가 주도 발전 형태들이 지배적이었다. 1970년대 이후 시기, 즉 신자유주의 시대에는 국가의 구실이 쇠퇴하지는 않았지만 달라졌고, 그 결과 오늘날 국가는 전 세계의 기업 활동을 훨씬 더 촉진하고 있다. 세계경제 전체의 이런 일반적 특징들은 4장에서 검토할 것이다.

이 장은 서로 경쟁하는 경제의 구성 요소들 사이의 관계, 특히 체제를 구성하는 서로 다른 국가들의 경제의 강점과 약점을 다룰 것이다. 이 경쟁은 세계경제의 일반적 양상의 근원인데, 이 양상은 의식적 개입보다는 맹목적 상호 작용 때문에 발생한다. 그러나 서로 경쟁하는 국가들이 이 더 넓은 양상 안에서 차지하는 비중과 지위는 흔히 체제가 경제적 경쟁을 넘어 군사적 충돌로 나아가도록 내모는 요소다.

## 제2차세계대전이 끝난 후의 세계

제2차세계대전의 승자들인 영국·소련·미국은 1945년에 얄타 회담과 포츠담 회담에서 새로운 세계 질서를 구축하기 시작했다. 처칠은 그보다 앞서 소련을 방문해 이 작업을 위한 사전 조율을 했다. 그는 종이쪽지에 자신의 전후 세계 구상을 적었다. [그 메모에 따르면] 소련은 루마니아의 90퍼센트를 지배하고 영국은 그리스의 90퍼센트를 지배하도록 돼 있었다. 그리고 헝가리와 유고슬라비아는 소련과 영국이 나눠 가질 것이다. 처칠은 다음과 같이 썼다. "나는 이것[종이쪽지]를 스탈린에게 건네줬다. 그러자 스탈린은 파란 연필을 집어 들고 그 위에 커다란 표시를 한 뒤 우리에게 되돌려줬다. 모든 게 결정되는 데 걸린 시간은 적는 데 걸린 시간만큼도 되지 않았다."

그 거래는 종이쪽지 한 장으로 성사됐지만 얄타 회담과 포츠담 회담을 지배한 것은 정확히 바로 이러한 정신이었다. 미국 대통령 트루먼이 보좌관에게 말했듯이, 미국은 군사와 경제에서 자신의 독보적인 패권 덕분에 "우리가 원하는 것의 85퍼센트"를 얻을 수 있을 것이라고 확신한 채 포츠담에 갔다. 트루먼은 전 세계가 미국의 지배를 받아들이는 자유 시장이 되기를 바랐다. 그는 원자폭탄 ─ 포츠담 회담 동안 첫 실험에 성공한 ─ 과 미국의 경제력 덕분에 그러한 자유 시장을 얻을 수 있을 것이라고 생각했다.

트루먼은 틀렸다. 소련 군대는 동유럽을 점령했고, 트루먼이 소련 군대를 몰아내려 또 다른 전쟁을 벌이지는 않을 것이라고 본 스탈린의 판단은 옳았다. 스탈린의 경제적·정치적 필요는 트루먼과 정반대였다. 소련 경제는 전쟁으로 거의 파탄이 날 지경이었다. 2천만 명의 소련 사람들이 죽었다. 스탈린은 안보와 배상금이 필요했다. 소련의 쇠약해진 경제는 시장이 개방되면 더 나빠질 수밖에 없었다. 안보 때문에 스탈린은 강력한 정치적 통제를 실시해야 했고, 경제적 필요 때문에 그 정치적 통제력을 이용해 동구권 경제를 약탈해야 했다.

이런 것들이 냉전 동안 국가가 통제한 동구권과 서방 '자유 시장' 사이의 경쟁 뒤에 숨겨진 경제 현실이다. 이것들은 당시 소련과 미국의 상이한 능력을 고려할 때 승리의 성과를 이용하는 최선의 방안이었을 뿐이다. 이것이 유럽 분할의 기원이었다. 그것은 경쟁하는 두 군사동맹, 즉 나토와 바르샤바조약기구의 기원이기도 했다.

이런 경쟁이 1945~1989년의 세계를 규정했다. 이 경쟁은 1948년에 스탈린이 베를린을 봉쇄했을 때 군사적 충돌 직전까지 갔고, 결국 1950년에 한반도에서 전쟁을 불러일으켰으며, 1962년에 쿠바 미사일 위기를 둘러싸고 세계를 핵전쟁 직전까지 몰고 갔다. 전후 시기 내내 초강대국들은 영향력을 놓고 다투고, 아시아 · 라틴아메리카 · 아프리카에서 동맹들을 지원해 전쟁을 벌이며 그 희생자들에게 말로 다 할 수 없는 고통을 안겼다.

## 제2차세계대전이 끝난 후 미국의 경제력

제2차세계대전 종전은 궁극적으로 승전국들의 경제력에 기초를 두고 있었다. 이 경제적 강점이 두 초강대국의 등장과 유럽의 분할을 설명해 준다. 그러나 각 승전국들은 저마다 상황이 달랐다. 영국과 프랑스는 전쟁으로 값비싼 대가를 치렀다. 영국은 심각하게 약화했고, 프랑스는 훨씬 더 심했다. 소련과 미국은 가장 강력한 강대국으로 부상했다. 이 둘 가운데 미국이 훨씬 더 강자였다.

미국은 비교할 상대가 없을 만큼 경제적으로 우월한 위치에서 전쟁을 끝냈다. 전쟁 동안 미국의 경제성장은 놀랄 만했다. 1945년 미국의 산업 생산은 1935~1939년의 연평균 생산량보다 갑절 이상 많았다. 미국의 철강 생산량은 영국과 소련을 합친 것보다 많았다.[1] 미국은 전 세계 석탄의 절반, 석유의 3분의 2, 전기의 절반 이상을 생산했다.[2]

연합국의 승리에서 결정적이었던 게 바로 이 경제적 우위였다. 미국의 항공기 생산은 1939년 6천 대에서 1944년에는 9만 6천 대 이상으로 늘어났는데, 이것은 독일과 일본을 합친 것보다 많았고 소련과 영국의 항공기 생산량을 합친 것보다도 많았다. 선박 분야도 상황은 마찬가지였다. 1942년 중반 즈음 미국 조선소들은 독일 잠수함들이 [미국 선박을] 침몰시키는 것보다 더 빠른 속도로 상선들을 진수시켰다. 유럽과 태평양에서 모두 전쟁을 치르면서 원자폭탄 개발에 약 20억 달러를 지출할 경제력을 지닌 나라가 미국뿐이었다는 것은 그리 놀라운 일이 아니다.[3]

다른 나라들은 승전국이든 패전국이든 전시경제가 민간경제에 타격을 입혔다. 그러나 미국에서는 경제성장이 워낙 엄청나서 — 매년 15퍼센트 이상 — 민간경제도 확대됐다.[4] 심지어 1952년에는 상위 7대 자본주의 국가 총생산의 거의 60퍼센트가 미국에서 이뤄졌다. 1953년 미국의 공산품 수출은 독일의 5배였고 일본의 17배였다.[5]

미국 지배계급은 이 엄청난 힘을 이용해 세계를 자신의 구상에 맞게 만들어 나갔다. 미국은 이미 달러를 세계 금융 체제의 기축통화로 만들었다. 1944년 브레턴우즈 협정은 환율을 금값에 고정시켰다. 미국이 세계 금 보유량의 80퍼센트를 보유하고 있었기 때문에 이 조치는 달러를 "금과 다름없게" 만들었다.[6] 그 덕분에 달러는 — 그리고 그보다 정도는 덜하지만 [영국의] 파운드도 — 국제 결제 수단이 될 수 있었고, 다른 나라들은 달러를 보유할 수밖에 없게 됐다. 따라서 "해외에서 달러나 파운드가 통용된다는 것은 …… 수입과 수출이 꼭 일치할 필요는 없다는 뜻이다. 세계의 나머지 나라들이 [미국과 영국의] 무역 적자에 돈을 대줄 것이다." 또 그것은 다른 나라들이 자국 시장을 잠식하는 미국의 더 우수한 상품들에 돈을 대준다는 뜻이기도 했다.[7]

전쟁이 끝난 뒤에도 미국 수출품은 여전히 무역·금융 관련 법률들 때문에 유럽·일본 [시장] 진출이 제한돼 있었다. IMF와 '관세와 무역에 관한 일반 협정(GATT)'에서 잘 드러난 미국의 정책은 이런 규제를 비켜 가는 게 목적이었다.[8] 유럽 강대국들은 미국이 던진 구명 밧줄 — 유럽재건계획, 즉 마셜 원조 — 을 붙잡으려면 자국 통화의 평가절하와 자국 시장의 잠식을 받아들여야만 했다.

유럽 경제는 황폐화됐다. 독일 일부 지역에서는 기근이 발생했고, 프랑스는 빵 배급제를 실시했고, 영국에서도 배급제가 강화됐다. 유럽 강대국들의 제국주의적 위신은 유럽의 많은 도시들과 마찬가지로 잿더미가 됐다. 그러나 경제 지원은 정치적 순종에 달려 있었다. 조지 마셜 장군이 밝혔듯이, "어느 나라든 공산당 정부를 선출하는 순간 유럽재건계획의 혜택은 사라질 것"이었다. 한 미국 의원은 유럽을 지켜보며 이를 훨씬 더 간명하게 말했다. "국내에는 사회주의가 판을 치고, 해외에서는 제국주의가 판을 친다."[9]

이제 미국은 경제력을 이용해 유럽 강대국들이 국내에서 사회주의를 축출하도록 강요하고 — 1940년대 말 공산당은 대체로 주변화됐다 — 군사력을 이용해 영국·독일·프랑스가 더는 이행하기 힘들어진 제국주의의 의무들을 인수할 수 있는 위치에 있었다.

미국의 군사력은 경제력만큼이나 엄청났다. 1949년, 심지어 전시 동원 해제가 시작된 뒤에도 미군은 56개 나라에 주둔해 있었고 전 세계에 미군 기지가 4백 개 있었다. 그러나 미국의 제국주의적 세력권 확대를 보여 주는 가장 확실한 징표는 전후 10년 동안 미국이 체결한 군사조약과 군사동맹의 목록일 것이다. 이 중 가장 중요한 것은 나토였다. 영국 노동당 [애틀리] 정부의 외무장관이자 나토 창설을 주도한 어니스트 베빈은 1949년에 협약이 체결되자 그날이 "내 인생 최고의 날"이라고 말했다. 그보다 1년 전 스태퍼드 크립스애틀리 정부의 재무장관는 미국 국방장관에게 "영국을 미군의 [해외] 배치를 위한 주요 기지로 여기셔야 합니다" 하고 말했다.[10] 나토는 회원국에 대한 외부 위협뿐 아니라 내부 위협에도 대처하기 위해 주도면밀하게 설계됐다. 미국 국무장관 딘 애치슨은 다음과 같이 밝혔다. "그리스에서처럼 외부의 지원과 고무를 받는 회원국 내의 혁명 활동은 무력 공격으로 간주할 것이다."[11]

그러나 미국에게 군사적 이해관계가 있는 곳은 유럽만이 아니었다. 리우 조약이나 캐나다와 맺은 특별 방위 협정들은 미국이 서반구+ 전체의 '방어'에 군사적으로 전념하고 있음을 뜻했다. 앤저스(ANZUS) 조약++은 태평양 서남부 지역의 군사동맹이었다. 1950년대에는 일본·남한·타이완·필리핀과 추가로 양자 협정을 체결했다. 1954년에 미국·영국·프랑스·오스트레일리아는 필리핀·타이·파키스탄과 함께 동남아시아조약기구(SEATO)를 결성했다. 중동도 비슷한 조약을 체결했는데, 영국·터키·이라크·이란·파키스탄이 '전복과 공격'에 맞서 결성한 중앙조약기구(CENTO, 1955년 창설된 바그다드조약기구의 후신)가 그것이다. 1965년에 딘 러스크는 미국 지배계급을 대변해 다음과 같이 말했다. "지구는 매우 조그만 행성이 됐고 우리는 지구의 모든 것 ─ 땅, 물, 대기, [지구] 주위의 우주 ─ 에 관심을 가져야 한다."[12] 그러나 러스크가 그렇게 말하는 바로 그때 미국은 전후 정치·군사 질서의 토대였던 경제적 지배력을 잃고 있었다.

물론 1945~1970년은 자본주의 역사상 최대 호황기여서, 세계 제조업 생산은 1953년 이후 20년 동안 세 갑절 성장했다.[13] 그러나 바로 그 호황기에 일부 경제들은 다른 경제들보다 더 빨리 성장했다. 성장을 향한 경쟁에서 미국은 패배자들 가운데 하나였다. 1955~1970년에 미국의 자본금 규모는 57퍼센트나 증가했다. 그러나 주요 유럽 국가들에서는 그 성장률이 1백16퍼센트에 달했고, 일본은 5백 퍼센트였다.[14] 1949~1970년에 서독의 산업 생산

---

+ 지구를 동서 두 쪽으로 나눴을 때 서쪽 부분. 경도 0도와 180도를 기준으로 나누며 남북아메리카, 태평양, 대서양 등이 포함된다.

++ 1951년 오스트레일리아(A), 뉴질랜드(NZ), 미국(US)이 체결한 태평양안전보장조약.

은 5배 늘었고 일본은 13배 늘었다. 1970년대의 불황기가 포함된 1965~1980년을 보면, 서독의 연평균 국내총생산(GDP)이 3.3퍼센트, 프랑스가 4.3퍼센트, 일본이 6.3퍼센트의 성장률을 기록한 반면, 미국은 겨우 2.7퍼센트 성장했을 뿐이다. 일반적으로 산업에서 가장 역동적인 부문인 제조업 부문의 성장률은 훨씬 더 나빠서 미국 2.5퍼센트, 서독 3.3퍼센트, 프랑스 5.2퍼센트, 일본 9.4퍼센트였다.[15] 1957년에는 세계 1백대 기업들 가운데 74개가 미국 기업이었지만, 1972년에는 53개로 줄었다.[16]

전반적으로 세계 제조업 생산에서 미국이 차지하는 몫은 1945년 50퍼센트 이상에서 1980년에는 31퍼센트로 하락했고, 지금은 약 25퍼센트 수준이다.[17] 1956년에는 세계 50대 대기업 가운데 42개가 미국 기업이었지만, 1989년이 되자 겨우 17개뿐이었다. 같은 기간에 세계 50대 대기업에 포함된 유럽 기업은 8개에서 21개로 늘었다. 이 가운데 10개가 독일 기업이었다. 1968년까지 세계 50대 대기업에 든 기업이 하나도 없었던 일본은 1989년이 되자 10개를 차지했다.[18]

자동차 생산은 문제를 선명히 보여 준다. 1962년에 미국은 전 세계 생산량의 52퍼센트를 차지했다. 이 수치는 1983년이 되자 23퍼센트로 떨어졌고, 일본(24퍼센트)과 유럽(34퍼센트)에게 모두 추월당했다. 심지어 오랫동안 선두를 지켜 왔던 첨단 기술 제품 분야에서도 미국은 밀려나고 있다.[19] 의회 조사 보고서는 첨단 기술 제품 분야의 무역 이익이 1980년 2백70억 달러에서 1985년 40억 달러로 하락하는 추세라고 보고했다. 달러가 "금과 다름없는" 시대는 끝난 지 오래다. 이제 유럽이 외환과 금 모두 최대 보유국이다.[20] 겨우 몇 년 만에 세계 최대 채권국에서 세계 최대 채무국이 될 만큼 미국이 급격히 하락하게 된 배경에는 근본적으로 바로 이러한 경제 쇠퇴가 있다.

물론 미국은 여전히 세계 최대의 경제다. 미국은 흔히 경제 영역에서 경쟁자로 묘사되는 유럽연합에 비해 중요한 강점을 갖고 있다. 즉, 미국은 원심력이 비교적 작은 단일 통합 국가이고, 국내에서든 해외에서든 자신의 운명을 경제적·군사적으로 통제할 수 있다. 게다가 미국 지배계급은 지난 몇 년 동안 중요한 경제적 이점을 발전시켜 왔다. 즉, 노동자의 실질임금을 삭감했고 노조 조직률을 20퍼센트 아래로 떨어뜨렸다.

미국이 겪은 쇠퇴는 심각하지만 상대적이다. 그러나 바로 그런 상대적 쇠퇴 과정에서 제국들의 운명은 뒤바뀐다. 게다가 1945년 이후 확립된 세계 질서는 미국의 **압도적인** 경제적·군사적 우위를 바탕으로 하고 있었다.

## 냉전기의 미국 경제 : 장기 호황에서 1970년대 위기까지

전례 없이 높은 수준의 군비 지출은 냉전기의 극단적 대립 정책을 뒷받침했다. 세계경제가 다시 1930년대 같은 불황으로 가라앉는 것을 막고 25년 동안의 전후 장기 호황을 가져온 것은 바로 이러한 [군비] 지출이었다. 호황기 동안 모든 경제가 성장했지만 일부 경제는 다른 경제들보다 더 빨리 성장했다. 우리가 앞에서 살펴봤듯이, 가장 크게 성장한 경제는 무기 구매 비용을 지출할 필요가 없는 곳들, 특히 일본과 서독이었다. 미국이 미사일과 폭격기를 생산하는 동안 서독과 일본은 자동차와 전자 제품을 만들었다. 이매뉴얼 월러스틴이 주장하듯이, "미국은 1967년과 1973년 사이의 어디쯤에선가 곤경에 빠지고 말았다. 왜냐하면 …… 자신의 경제적 강점을 잃었기 때문이다. 서유럽과 일본은 자신들의 시장을 지킬 수 있을 만큼 충분히 강해졌다. 그들은 심지어 미국 시장을 공략하기 시작했다. 당시 그들은 경제적으로 미국 못지않은 강력한 경쟁력을 갖추기 시작했고 이것은 당연히 정치적 함의를 내포했다."[21]

이러한 문제는, 월러스틴이 말한 대로, 다른 두 요인 때문에 더 악화했다. 그 중 한 요인은 제3세계 민족주의의 성장이었다. 네 차례의 주요 반식민지 혁명들이 얄타에서 합의된 냉전 체제에 도전했다. 1949년에 중국은 서방의 지배권에서 벗어났다. 영국은 인도에서 물러났다. 아랍민족주의는 중동의 지도를 바꿔 놓았다. 성공한 알제리 혁명은 본보기를 만들어 내며 프랑스를 몰아냈다. 그리고 미국의 뒷마당에서는 쿠바 해방이 라틴아메리카 전역과 세계 도처에서 반란에 나선 이들을 끌어당기는 이데올로기 축을 제공했다. 또, 미국이 베트남에서 겪은 패배는 너무 엄청난 것이어서 오직 냉전 자체의 종식과 신보수주의적 제국주의 프로젝트의 출현을 통해서만 그 손실을 만회하기 시작할 수 있었다.

미국 제국주의가 직면한 세 번째 문제는 1968년에 분출해 1970년대까지 지속된 국제적 대중운동이었다. 여러 곳, 특히 프랑스·이탈리아·영국·포르투갈에서 이 운동은 되살아난 산업 투쟁 물결과 융합해 지배 질서에 심각하게 도전했다. 반란은 칠레와 아르헨티나로 확산됐다. 이데올로기적으로 이러한 반란은 얄타 협정의 한 축이었던 미국 제국주의 진영에 도전했을 뿐 아니라 전후 현상 유지에 기여하던 사회민주주의·노동당·공산당에 대해서도 회의적인 '신좌파'를 창출했다. 그럼으로써 반란은 냉전 체제를 근본적으로 비판했다.

월러스틴이 요약하듯이, "경제 영역에서 경쟁자들의 성장, 1968년의 세계혁명과 그것이 전 세계인들의 의식에 미친 영향, 베트남에서 미국의 패배라는 세 가지 사실이 서로 중첩되고 결합되면서 미국의 쇠퇴가 시작됐다."[22]

1970년대 말쯤에는 이 새로운 투쟁 물결이 마침내 패배하고, 반식민지 투쟁들과 그 성과로 탄생한 정부들이 봉쇄되고 [체제에] 편입되고 있었다. 레이건-대처 시대는 그 전 15년 동안의 투쟁들에서 패배해 겁에 질린 지배계급의 복수였다. 그러나 레이건-대처 시대가 전후 복지국가 시기 내내 노동자들이 따낸 성과들을 되돌리기 시작했는데도, 미국 경제가 직면한 경제 문제들은 그리 쉽게 해결할 수 없었다. 오히려, 1980년대 초 레이건의 새로운 군비 지출은 문제를 더 악화시켰다. 군비 지출이 치솟으면서 미국은 세계 최대 채권국에서 세계 최대 채무국으로 전락했다.

어떤 점에서, 미국이 이러한 문제의 파괴력에 정면으로 부딪히지 않을 수 있었던 것은 당시 소련에서 새로 등장한 고르바초프 정권이 떠안아야 했던 군비경쟁 부담이 훨씬 더 컸다는 단순한 사실 때문이었다. 사실, 레이건 시절의 군비 [지출형] 호황은 정확히 이런 사실에 바탕을 둔 도박이었다. 레이건의 전략은 과거로 돌아가자는 식이었다. 즉, 1950년대의 이데올로기와 군비 지출로 회귀해서 1960년대와 1970년대의 손실을 만회하려는 시도였다. 소련 경제는 이러한 공격에 취약했다. 제2차세계대전 이후 빠르게 성장했지만, 1970년대 말에도 여전히 미국 경제의 절반 규모에 불과했기 때문이다. 소련은 여전히 미국의 폭탄에 폭탄으로, 탱크에 탱크로 맞서야 했다. 소련 경제가 미국 경제의 절반 규모였기 때문에 부담은 두 배였다.

서방 자본가들은 싼 노동력, 싼 원료, 새로운 시장을 찾아 성장하는 세계 시장을 누비고 다닌 반면, 동구의 국가 자본가들은 대체로 거대한 세계경제와 차단돼 있었다. 그 한 가지 결과는, 예컨대 동독이 새 컴퓨터 칩을 개발했을 때, <파이낸셜타임스>의 조사에 따르면, "연간 총 투자액의 20퍼센트 이상"이 그 칩 개발에 투자됐지만, 오히려 세계시장에서 칩을 구입하는 것이 더 싸게 먹혔다. 바로 이런 경쟁력 부족 문제를 해결하기 위해 동유럽에서 글라스노스트, 군비 축소, 시장이 도입됐던 것이다.

동유럽에서 일어난 혁명들, 특히 전략적으로 결정적인 동독의 혁명은 이 과정을 중단시켰고 양극 체제를 종식시켰다. 이제 미국은 여전히 막대한 군비 부담을 떠안으면서도 통일 독일을 중핵으로 해서 확대된 유럽을 상대하게 됐다.

## 새로운 제국주의 시대의 미국 경제와 그 경쟁자들

지난 25년 동안 국내에서 진행된 신자유주의의 사회적·경제적 공세는 다시 시작된 미국 제국주의의 공세와 짝을 이루는 것이라 할 수 있다. 그러나 이러한 공세들은 연대순으로 보자면 중간 중간에 단절이 있었다. 신자유주의 공세는 1970년대 후반에 시작됐고, 처음에는 레이건의 '2차 냉전 [정책]'에 상응하는 것이었다. 이 기간 동안 신자유주의 전략은 근본적으로 경기 침체, 복지 지출, 노동자 전투성에 대해 국내에서 펼친 대응이었다. 신자유주의 공세가 신보수주의적 대외 정책 공세와 결합돼 미국 제국주의의 통합 경제·군사 프로그램이 된 것은 1989년에 국가 주도 경제 모델이 몰락한 뒤였다.

초기 국면의 신자유주의에는 세 가지 목적이 있었다. 첫째는 임금 삭감이었다. 둘째는 환경보호 비용을 포함한 여러 비용을 공공 기관에 떠넘겨 기업들이 부담하는 비용을 줄여 주는 것이었다. 셋째는 재정 지원을 삭감하고, [공공] 서비스를 사유화하고, 복지 수준을 낮춰서 복지국가를 약화시키는 것이었다. 1980년대의 보수파 정부들은 간신히 이런 목표들 가운데 일부를 달성할 수 있었는데, 미국에서 특히 그랬고 영국에서도 어느 정도 성공했으며 다른 산업 국가들에서는 그 정도가 덜했다. 그러나 심지어 미국에서조차 비용은 결코 1945년 수준만큼 낮아지지는 않았다.

1990년대에 상대적으로 짧은 기간 동안 미국 경제는 호황을 누렸지만 세계경제 전체의 실적은 이에 못 미쳤다. 로버트 브레너는 미국의 호황이 세계경제에 별 영향을 미치지 못한 이유를 이렇게 설명한다.

1990년대 중반 이전에 미국 [경제]의 수익성 회복은 세계경제에 거의 활력을 불어넣지 못했을 뿐 아니라 많은 부분은 주요 경쟁국들이자 무역 상대국 경제들의 희생, 특히 일본과 독일의 희생을 대가로 한 것이었다. 그 이유는 1993년 말까지도 미국 생산업체들이 거둔 성과가 주로 달러화 하락, 사실상 실질임금의 동결, 법인세 인하 등을 통해 얻은 것이고, 반면에 투자 증대의 효과는 거의 없었기 때문이다. 그러므로 그들은 경쟁자들의 시장을 공략함으로써 수익률을 끌어올렸지만, 그 과정에서 경쟁자들의 생산품에 대한 수요 — 투자 수요든 소비 수요든 — 는 상대적으로 거의 증가시키지 못했다. 1993년에 미국 정부가 무역수지 균형을 추구하는 쪽으로 나아가자 세계시장에서 미국이 촉발한 수요 증대는 또다시 부정적인 충격을 받았다.[23]

게다가 피터 고완이 지적하듯이, "호황은 거품으로 드러났다. 그리고 미국의 거품은 엔론과 같은 전형적 사례처럼 실제로는 미국의 생산적 기반을 갉아먹는, 엄청난 규모의 기생적이고 약탈적인 활동을 포함하고 있었던 것으로 밝혀졌다. 이것은 21세기 전반기에 미국 자본주의와 세계 자본주의를 재조직해 미국 자본주의의 지배를 확립하려는 노력을 상당히 후퇴시켰다."[24]

이러한 붕괴의 규모는 거품의 절정기에 '신경제'를 찬양하던 과대 선전에 정확히 비례했다. 미국 경제는 제2차세계대전 이후 그 어느 때보다 빨리 둔화했다. GDP 성장률은 2000년 하반기 5퍼센트 증가에서 이듬해 0.1퍼센트 하락으로 폭락했다. 3.5퍼센트씩 증가해 온 실질임금은 사실상 0.1퍼센트 하락했다.

단명한 호황은 세계경제의 견인차 구실을 했지만 "이제 미국의 수입 급감의 영향으로 일본·유럽·동아시아의 경제도 미국만큼이나 빠르게 열기가 식었고 대다수, 특히 라틴아메리카의 개발도상국들은 짧은 호황 끝에 다시 위기에 빠져 들었다. 서로 충격을 강화하는 국제적 경기후퇴 과정이 시작된 것이다. ……"[25]

여기에는 지적해야 할 중요한 논점이 있다. 미국 자본주의가 경쟁자들에 비해 상대적으로 자신의 쇠퇴를 늦출 수 있었던 이 비교적 짧은 기간에조차 미국 경제는 세계경제를 떠받치지 못했다. 이것은 제2차세계대전 종전 이후 미국의 패권기와 현재 상황 사이의 대단히 중요한 차이다. 당시 미국의 성장, 정확히 말하자면 미국의 군비 지출은 모든 배가 뜨게 만드는 밀물이었다. 지금은 그 반대가 진실이다. 그때는 미국이 이끄는 성장이 미국의 전략적 지배를 강화하는 데 도움이 됐다. 이제 전 세계의 성장을 뒷받침할 수 없는 미국 경제의 무능력은 미국의 제국주의 기획에 대한 국제적 분노를 부채질하고 있다. 썰물 때가 되면 누가 더 수심이 깊은 곳을 차지할지를 두고 더 큰 싸움이 벌어지는 법이다.

### 유럽의 경제적 중심

전후 유럽에서 가장 역동적인 경제는 서독 경제였다. 전후 체제에 따라 군비 지출이 제한된 서독은 제조업 부문을 재건했고 수출 확대를 지향했다. 1940년대 말부터 1960년대 말까지 서독은 놀라운 성장률을 달성했다. 서독이 전후 장기 호황 동안 지속된 세계시장의 이례적 성장을 잘 활용했을 뿐 아니라 그러한 시장에서 갈수록 많은 몫을 차지한 덕분이었다. 베트남 전쟁 동안 미국은 적자 지출을 하면서 독일과 일본의 수출품들을 빨아들였고, 미국 경제의 경쟁력 약화는 더욱 심해졌다.

장기 호황이 끝나갈 무렵 일본은 물론 다른 유럽 경제, 특히 이탈리아와 프랑스도 독일과 성장률 경쟁을 시작했다. 그리고 많은 산업화한 경제들이 미국을 따라잡기 시작했고 세계시장 자체가 성장하면서 미국의 군비 지출이 경기후퇴를 막는 효과가 줄어들었다. 그래서 미국의 적자 지출이 다시 한 번 독일 경제를 1974~1975년의 심각한 석유 위기 불황에서 끌어올리긴 했지만, 그것은 이미 독일의 제조업 노동자 수가 20퍼센트나 줄어든 뒤였다.[26] 그리고 미국 [무역] 적자의 다른 측면은 독일 마르크화의 가치 상승과 그에 따른 독일 수출품의 시장 경쟁력 약화였다.

1990년대가 되자 전후 장기 호황은 20년 전의 과거가 됐고 독일 경제의 경쟁력 우위도 먼 옛날 일이 됐다. 독일 통일은 독일 국가에게 전략적 이점을 제공할 수는 있었지만 거기에는 상당한 경제적 비용이 따랐다. 1990년대 초 즈음 "독일 경제는 체제 전반의 제조업 부문 과잉생산 상황에서 다시 한 번 국제 기준보다 상대적인 고비용 문제에 직면했고, 일본과 마찬가지로 1950년 이래 가장 긴 경기후퇴에 빠져 들었다. 1991~1995년에 GDP는 고작 연평균 0.9퍼센트씩 성장했다."[27]

독일의 경제 기적이 쇠퇴하면서 미국에 대한 특정한 도전 하나가 약해진 반면, 더 일반적인 유럽의 도전이 그것을 대체했다. 효율적인 경제 통합을 향한 유럽연합의 가다 서다 방식의 행보는 거의 브뤼셀[유럽연합 본부 소재지]의 관료제만큼이나 복잡한 이야기이다. 그러나 독일·프랑스·이탈리아 경제의 점진적 수렴은 21세기 초에 달러의 대안 구실을 할 수 있는 통합 화폐를 위한 기반을 제공했다. [영국] 파운드화의 쇠퇴 이후 이런 일은 처음이었다.

비록 독일이 여전히 세계 최대 수출국이긴 하지만, 이제 독일 국가의 주요 강점은 독일의 최근 경제 실적만큼이나 그 전략적 지위에 바탕을 두고 있다. 독일의 경제 기적은 주요 산업 강대국들 사이에서 독일의 입지를 재확립했다. 그러나 유럽연합의 통합이 진전되고 동유럽으로 확대되는 과정에서 모두 독일이 중심에 설 수 있었던 것은 바로 독일의 통일 덕분이었다. 우리가 곧 살펴보겠지만, 독일은 러시아의 향후 발전을 좌우하는 주요 세력이기도 하다.

서독은 미국 정부가 속도를 늦추라고 경고하고 있을 때 통일과 함께 앞으로 치고 나왔다. 통일 뒤 독일이 미국의 뜻을 거슬러서 슬로베니아를 승인해야 한다고 처음으로 고집을 부린 것이 유고슬라비아 해체의 핵심 요인들 중 하나였다. 바로 이런 움직임 때문에 미국은 독일이 나토 내에서 자신의 헤게모니에 도전할 것을 우려해서 코소보 전쟁을 서둘렀다. 이라크 전쟁에서 독일은 제2차세계대전 이후 서방 동맹 내 최대 균열을 만들어 내는 데서 프랑스에 버금갔다. 이러한 갈등 때문에 이 강대국들끼리 당장 무력 충돌할 가능성은 거의 없지만, 갈등이 더 격렬해지고 지구의 다른 곳에서 벌어지는 무력 충돌에 영향을 미치는 시대에 접어들지 않았다고 주장할 근거도 마찬가지로 거의 없다.


### 일본 : 기적에서 위기로

일본은 전후 호황기에 세계 2위의 경제 대국이 됐다. 일본 기업들은 미국 기업들을 희생시키며 세계경제 성장에서 더 많은 몫을 차지했다. 그들은 또 미국 국내에서도 미국 생산업체들의 시장을 빼앗기 시작했다.

이러한 엄청난 성장은 부분적으로 준(準) 국가 통제 경제에 기초를 둔 것이었다. 대형 시중 은행들과 주요 기업주들, 그리고 일본 국가 사이의 동맹은 일본 경제가 동구권의 전면적인 국가 통제 경제들과 결코 적지 않은 공통점이 있음을 뜻했다. 정부는 소비 수요를 억제했고, 저축을 장려했고, 저금리 기업 대출이라는 수단을 이용해 저축이 자본 투자로 가도록 유도했다. 수출은 장려됐고 수입은 일본 대기업들, 즉 '계열'+이 생산 부품이나 원료를 서로 구매하도록 하기 위해 억제됐다. 이 때문에 장기 호황 기간 내내 일본은 다른 어떤 선진국들보다도 제조업 수출 대비 제조업 수입 비율을 낮게 유지할 수 있었다. 이 모든 것의 결과로 일본의 투자 증가율은 다른 어느 산업 경제보다도 높았다.

일본 경제가 세계시장에서 미국 경제의 회생을 대가로 이룬 성과는 베트남 전쟁의 영향으로 지속됐다. 로버트 브레너는 이렇게 기록한다.

전후 호황 내내, 그리고 사실상 그 뒤를 이은 장기 불황의 대부분 기간에, 일본의 제조업은 미국 기업들의 수출 시장을 점점 더 많이 빼앗는 것은 물론, 거대한 미국 시장을 뚫고 들어갈 수 있는 능력에 많이 의존하고 있었다. 베트남 [전쟁이 초래한 [미국] 정부 재정 적자는 1965년 이후 한동안 미국의 호황을 연장했을 뿐 아니라 물가 인상을 가속하고, 일본의 수출을 증대시키고(달아오른 미국 시장과 미국 생산업체들의 경쟁력 하락 덕분에 상승세를 타며 전후 최고 수준에 이르렀다), 일본의 이윤율·투자 증가율·생산성 향상률·임금 상승률이 모두 전후 최고 수준에 이르게 만들었다. '일본의 기적'은 1970년쯤에 절정에 달했다.[28]

그러나 베트남 전쟁의 효과는 궁극적으로 미국 경제만큼이나 일본 경제에도 모순적이었다. 장기 호황 동안 주요 경제들의 '균등화'와 베트남 전쟁

---

+ 系列, 한국의 재벌에 해당한다.

때문에 미국 경제가 겪은 경쟁력 저하와 그에 따른 문제점들이 심각해지자 1973년에 브레턴우즈 협정이 마침내 붕괴하고 변동환율제가 도입됐다. 그러나 달러화 하락은 엔화 상승과 그에 따른 일본산 수입품의 가격 상승을 뜻했고, 그래서 일본산 수입품들의 경쟁력이 떨어졌다. 일본의 수출 증가율은 1971~1973년에 75퍼센트 하락했다.

일본 정부는 처음에는 성장세 지속에 도움이 된 조치, 즉 저금리를 확대하는 것으로 대응했다. 그러나 1970년대의 달라진 세계경제에서 이 조치는 고작 취약한 호황과 상당한 물가 인상을 초래했을 뿐이다. 어쨌든 1974~1975년 '석유 위기' 불황이 닥치자 밑바닥에 있던 기업들은 세계시장에서 도태됐다. 일본의 산업은 다시 타격을 받았다. 결국, 계속 늘어나던 제조업 부문 노동자 수가 1969~1975년에 거의 15퍼센트나 줄었다.

1970년대 초는 전환점이었다. 그 뒤로 일본 경제는 호황과 불황의 순환에 다시 빠져 들었다. 새로운 불황이 닥칠 때마다 금리를 더 낮춰서 상황을 돌파하려는 시도가 반복됐고 때로 성공을 거두긴 했지만, 세계경제를 괴롭히던 구조적 변화는 결코 극복할 수 없었다. 장기간의 군비 지출 호황은 끝났고 심지어 가장 기적적으로 공업화한 경제들도 정체를 면하지 못했다.

그리고 이때부터 일본의 고도성장은 미국의 [무역] 적자를 통해서만 보장받을 수 있게 됐다. 미국의 기록적인 재정 적자와 경상수지 적자는 일본 경제가 1980년대 초의 세계 경기 침체를 피하는 데서 커다란 구실을 했다. 일본의 대미(對美) 수출은 다시 한 번 눈에 띄게 증가했다. 이러한 공생 관계는 일본이 미국의 가장 크고 믿음직한 채권국이 됐고 따라서 미국이 일본 경제의 지속적 성장에 이해관계를 갖게 됐기 때문이다. 마찬가지로 일본은 기꺼이 미국에 돈을 빌려 줘서 미국이 수입과 수출의 격차를 덮어 둘 수 있도록 했는데, 왜냐하면 그럼으로써 미국 시장에서 일본 상품을 계속 판매

할 수 있었기 때문이다.

그러나 그러한 상호 의존은 어느 국가도 다른 나라의 수출을 떠받치기 위해 무한정 돈을 꾸려 하지는 않는다는 점 때문에 늘 한계가 있기 마련이다. 1985년에 일본은 미국에서 보호무역주의를 요구하는 목소리가 커지자 플라자 합의+를 받아들이지 않을 수 없었다. 일본은 미국 시장에서 완전히 쫓겨나는 위험을 감수하기보다는 대미 수출을 감소시킬 엔화 가치 상승을 수용했다. 실제로 엔화 가치는 사람들의 예상보다 훨씬 더 크게 올랐고, 일본의 제조업에 전례 없는 위기를 불러왔다. 이제 일본은 자신이 1980년대 초에 미국에 위기를 수출했던 것과 꼭 마찬가지로 자국 제조업 부문으로 수출된 위기를 겪고 있었다.

또다시 일본 국가는 투자를 촉진하기 위해 경제에 싼 [이자의] 자금을 쏟아 부었다. 다시 한 번 이런 조치는 잠시 효과가 있었다. 1980년대 후반의 호황기에 일본의 총 자본 스톡은 해마다 6.7퍼센트씩 증가했고, 이것은 미국보다 3분의 2나 빠른 수치였다. 노동생산성은 일본이 미국보다 2배 이상 더 빨리 상승했다. 그러나 결국 호황의 대가를 치를 때가 됐을 때, 그 대가는 과거 어느 때보다 혹독했다. 부동산 가격이 폭등하자 저금리에 의존하고 있던 주가와 소비 지출이 더는 유지될 수 없었다. 1989~1990년에 일본 정부는 주식시장 과열과 부동산 가격 상승을 억제하기 위해 금리를 올렸다. 일본 경제는 32개월 동안 경기후퇴에 빠져 들었고, 이것은 전후 두 번째로 긴 불황이었다. GDP 성장률은 1991~1995년에 연평균 0.8퍼센트에 불과했다. 일본 경제에 수입이 폭증했다. 1994~1995년에 제조업 생산품 가격은 제2차세계대전 이후 가장 큰 폭으로 하락했다.

---

+ Plaza Accord, 1985년 뉴욕의 플라자 호텔에서 열린 선진 5개국 회의에서 엔화 가치 절상을 결정한 것.

일본 경제는 여전히 높은 축적률을 유지하고 있고 미국의 만만찮은 경쟁자 — 특히 중국과의 관계에서 그렇다 — 이기도 하다. 그러나 일본은 고삐 풀린 세계적 경쟁이라는 거센 풍파 속에서 그 지위를 지키기 위해 안간힘을 써야 했다.


## 러시아 : 쇠퇴의 위험

새로운 경제적 불안정성이 전후 시기의 일본과 독일, 그리고 우리가 앞으로 다루게 될 중국 경제의 상대적 강점에서 비롯한 반면, 러시아에서 비롯한 듯한 불안정성은 사뭇 다른 양상을 띤다. 이러한 우려의 원천은 러시아 경제의 성장과 급작스런 추락이다.

그렇다고 해서 일부 냉전 이데올로그들의 주장처럼 러시아 경제가 국가 통제 때문에 늘 실패했다는 말은 아니다. 오히려, 지난 20세기 중반의 수십 년 동안 진행된, 세계경제가 이른바 국가 주도로 발전하던 국면의 대부분 기간에 러시아 경제는 공업화했고 서방 경쟁국들보다 빠른 속도로 계속해서 성장했다. 이 과정에 뭔가 사회주의적인 요소 따위는 전혀 없었다. 러시아 국가가 1917년 혁명의 이데올로기를 차용한 것은 사실이지만 말이다. 자원의 국가 통제는 공업화 과정을 겪고 있는 모든 경제의 특징이었고, 공업화가 늦게 시작되고 경제 상황이 더 경쟁적일수록 경제성장을 위한 국가 통제는 더 중앙집권화하는 경향이 있었다. 이것은 냉전 시기에 두 진영의 어느 쪽이나 마찬가지였다.

게다가 러시아의 국가자본주의 발전의 핵심 특징들은 고립주의·불황·전쟁이 지배한 1930년대~1950년대에 형성됐다. 그 결과는 특별히 폐쇄적이고 자급자족적인 형태의 국가 주도 발전이었는데, 이것은 러시아보다 약간

뒤늦긴 했지만 비슷하게 국가 통제 모델을 따르면서도 적극적으로 세계시장 편입을 추구했던 동남아시아 나라들과 대조적이었다. 그러나 이 전략은 야만적이기는 했지만 꽤 오랫동안 효과가 있었다. CIA의 수치들을 보면 러시아 경제의 생산량은 1950년 미국 생산량의 33퍼센트에서 1970년대 중반에는 60퍼센트에 육박할 만큼 성장했다. 러시아의 1인당 공업 생산량은 1929년에 유럽 평균치의 25퍼센트에서 1980년에는 90퍼센트까지 늘었다.[29]

러시아의 국가 주도 산업화의 위기는 세 가지 이유 때문에 발생했다. 첫째, 성장률은 상대적으로 높았지만 러시아 경제의 전체 규모는 결코 미국을 따라잡지 못했고, 따라서 군비경쟁을 매개로 가해지는 경쟁 압력에 맞서 결코 성공할 수 없었다. 둘째, 세계경제의 전후 회복과 성장이 '자급자족적' 국가 주도 발전 모델을 점점 더 비효율적인 것으로 만들었다는 점이 중요하다. 세계화된 자원 조달·생산·판매가 러시아와 동유럽의 내부화된 모델을 이겼다. 이것은 모든 국가 개입 형태의 위기가 아니라, 세계시장의 틈새로 파고들기보다는 국내 발전에 집중했던 국가 통제 형태들만의 위기였다. 셋째, 이러한 압력들은 1970년대 중반 세계경제 둔화로 더 커졌다.

1989년 베를린 장벽의 붕괴와 함께 러시아와 동유럽 경제는 마침내 개방됐다. 그러나 세계시장으로의 노출이라는 '충격요법'은 나쁜 상황을 재앙으로 만들었을 뿐이다. 1990년대 초에 러시아는 경제 규모가 40~50퍼센트 줄어들었는데, 이것은 평화시에 선진 경제가 겪은 가장 심각한 후퇴였다. 공업 생산의 붕괴는 훨씬 더 심각했다. 가격이 자유화되자 물가가 치솟았다. 예금은 날아갔다. 자본 투자는 75퍼센트나 하락했다. 유엔개발계획(UNDP)은 "시장경제로의 전환"은 "실제로는 대공황"이나 다름없다고 주장했다.[30]

1990년대 중반이 되자 금융 시스템은 어느 정도 안정됐지만, 소련 붕괴 이후 주요 자유주의 인사들 중 한 명인 그리고리 야블린스키는 그 대가를 이렇게 설명했다. "우리는 물가 인상률을 낮췄고, 예산 적자를 줄였다. 그러나 문제는 경제활동이 거의 중단된 것이다." 1990년대 동안 그 밖의 성과라고 할 만한 게 있다면 그것은 원료와 석유 판매, 금융 사기 덕분이었다. 이미 재앙이라 할 만큼 취약해진 러시아 경제가 1998년 동아시아 위기로 타격을 받자 금융 공황, 루블화 평가절하, 은행 시스템 붕괴가 일어났다. 그 결과 평범한 러시아인들은 더 끔찍한 빈곤과 더 심각한 생활수준 저하에 시달려야 했다.[31]

동유럽에 있던 러시아 제국의 몰락, 인접한 옛 소련 공화국들의 독립, 경제의 황폐화 때문에 러시아는 초강대국에서 약해진 지역 강대국으로 전락했다. 베트남과 쿠바에 있던 러시아 군사기지들은 폐쇄된 반면, 러시아는 중앙아시아의 여러 신흥 독립국들에 미군 기지가 들어서는 데 동의했다. 고유가 덕분에 벌어들인 석유 달러는 일본이나 사우디아라비아처럼 미국 공채를 구입하는 데 다시 쓰이고 있다. 이것은 러시아가 직면한 경제 문제를 해결하기보다는 미국의 경기후퇴 추세를 저지하는 데 도움이 된다. 러시아의 가입으로 선진국들의 모임인 G7은 G8이 됐다.

우리가 살펴봤듯이, 러시아의 쇠퇴에서 중요한 사실은 전체 유라시아 대륙이 서방 정부와 기업에 개방되는 '골드러시'가 일어났다는 점이다. 이와 비교하면 클론다이크 강 유역+에서 벌어진 원조 '골드러시'는 새 발의 피다. 이것이 러시아의 전략적 지위에 미친 영향 때문에 세계 체제에 완전히 새로운 불안정성이 창출됐다.

이러한 변화에 대해 러시아 정부와 기업 엘리트들이 냉전 해체 초기에 취한 태도는 다소 무비판적인 친미주의였다. 그러나 그 뒤의 경제적 재앙과

---

+ 1896년 8월 클론다이크 강 지류의 보난자 계곡에서 사금(砂金)이 발견돼 이 지방에 '골드러시'를 몰고 왔다.

러시아 경제의 재건을 지원하는 데서 미국이 보인 무능력 때문에 변화가 불가피했다. 한 가지 결과는 독일이 러시아 경제에 더 중요한 존재가 된 것이다. 이 때문에 러시아의 정책에서 일종의 정신분열증이 나타났다. 보리스 카갈리츠키는 이렇게 말했다. "지난 10년 동안 러시아는 정치적으로는 미국에, 경제적으로는 독일에 의존하게 됐다. …… 미국은 러시아의 정치적 의제를 지배한 반면, 독일은 서서히 러시아의 가장 중요한 무역 상대국이자 해외 투자의 원천이 됐다."[32]

이러한 정신분열증은 경제 파탄과 제국의 몰락으로 러시아인들이 느낀 쓰라린 심정 때문에 더 악화됐고, 이 쓰라린 심정은 민족주의로 표출되고 있다. 현재 러시아인의 약 80퍼센트가 미하일 고르바초프를 1989년 이래 자신들을 덮친 모든 재앙에 책임이 있는 '배신자'로 여긴다. 게다가, 러시아인의 60퍼센트는 미국을 '적국(敵國)'으로 여긴다.

미국이 새로운 제국주의 프로젝트를 밀어붙이는 상황만 아니었다면 이 모든 일들이 더 유쾌하게까지는 아니어도 더 안전하게 억제될 수도 있었을 것이다. 카갈리츠키가 주장하듯이, "이 체제는 독일이 국제 문제에서 저자세를 지속하고 적어도 미국과 연대하는 제스처를 취하는 동안에는 꽤나 잘 작동했다. 그러나 미국과 독일 사이의 견해 차이가 표면에 드러나자 러시아의 지도자들은 어찌할 바를 몰랐다."[33]

이라크 침략은 정확히 이런 상황을 만들어 냈다. 러시아는 더는 초강대국이 아닐지 몰라도 유엔 안보리 상임이사국이자 핵 강대국이었고 이라크에 막대한 돈을 빌려 준 채권국이었다. 프랑스와 독일이 미국의 정책에 점차 거세게 반대하자 러시아는 두 진영 모두에게 전략상 중요해졌다. 게다가 이 '핵심 유럽 국가들'은 자신들 나름대로 석유와 원료 수요가 있고, 이 점에서 그들과 러시아 경제 사이의 유대는 미국이 중동산 석유 공급을 지배하는 것과도 다를 뿐 아니라 그것의 대안이기도 하다. 카갈리츠키가 지적했듯이, 이라크 전쟁을 둘러싼 유엔 내의 다툼이 많은 부분 러시아의 표를 둘러싼 미국과 독일 사이의 다툼이었던 까닭이 바로 이것이다. 전략적·외교적 다툼 때문에 러시아는 "이미 지배 엘리트들이 친미파와 친독일파로 확연히 갈라져 [싸우는] …… 현실의 전장"으로 바뀌었다.[34]

이런 상황은 계속될 듯하다. 푸틴은 미국의 '테러와의 전쟁'이 국내의 억압과 체첸 ― 카프카스의 유전 지대에 있는 러시아의 근거지 ― 에서 계속되는 전쟁에 모두 명분을 제공하기 때문에 좋아한다. 그러나 미국이 주도하는 대규모 경제원조의 혜택도 받지 못하면서 미국 주위를 맴도는 것은 러시아 정부에 매우 큰 대가를 요구한다는 점이 드러나고 있다. 러시아는 계속 종속될 것이고, 그 충성의 대상은 하나가 아니다. 이제 러시아는 대규모 패권 경쟁의 주체일 뿐 아니라 대상이기도 하다. 그래서 세계 체제의 불안정성을 크게 증대시키고 있다.


### 중국의 공업화

중국 경제의 도전은 독일이나 일본 경제의 도전과 질적으로 다르다. 중국 경제는 잠재적으로 그 규모가 훨씬 크다. 유럽연합과 달리 중국은 나라가 통합돼 있고 뚜렷한 민족주의 이데올로기를 지니고 있다. 가장 중요하게는 중국 경제는 이미 공업화가 끝난 '또 다른' 경쟁 상대가 아니다. 중국 경제는 빠르게 대규모로 산업화하고 있어서 [동아시아] 지역과 나아가 세계의 세력 균형을 뒤흔들 수밖에 없다.

또 중국 경제는 러시아 경제와는 다른 방식으로 공업화하고 있다. 스탈린주의 시기의 러시아와 마찬가지로, 중국 경제는 국가 주도의 시초 자본축

**도표 2-1** 중국의 전년 대비 GDP 성장률(단위 : 퍼센트)

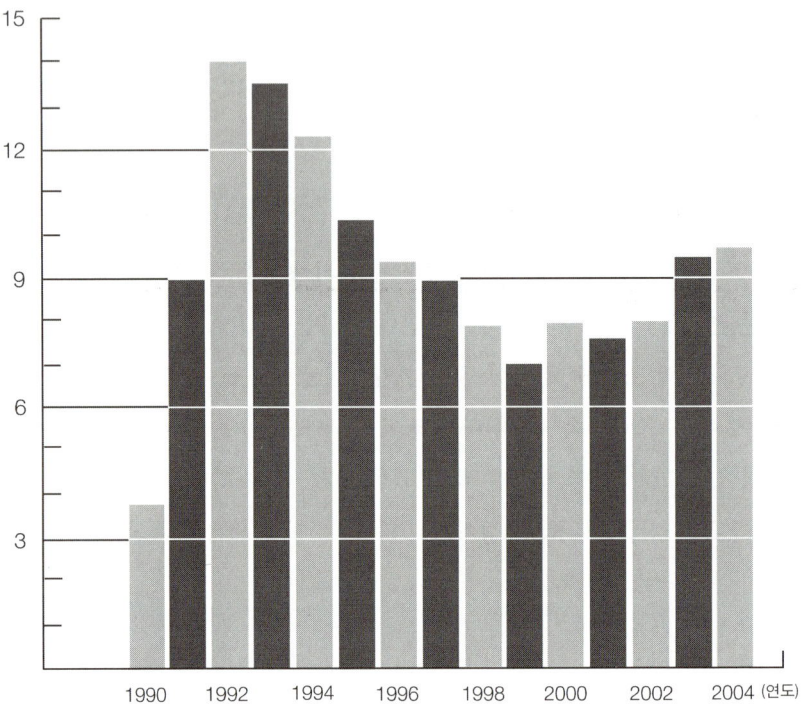

적 단계를 거쳤다. 이제 중국은 러시아보다 더 성공적으로 세계시장으로 방향을 전환했다. 게다가 중국 경제는 여전히 경제 자원들을 통제할 수 있는 대단히 권위주의적인 정부가 이러한 전환을 계속 이끌어 왔다. 이러한 '코카콜라-스탈린주의'+는 특히 인간적 희생이 너무 크기 때문에 불안정한 혼합물일 것이다. 그러나 그것이 지속되는 동안 중국 경제는 신자유주의 시대에 부합하는 시장 지향, 국가의 경제 지도, 국내 억압의 결합체다.

---

+ Stalinism-with-Coke, 시장과 결합된 스탈린주의 체제를 일컫는 비유다.

**도표 2-2** 중국 기업들의 해외 인수 · 합병 규모(단위 : 10억 달러)

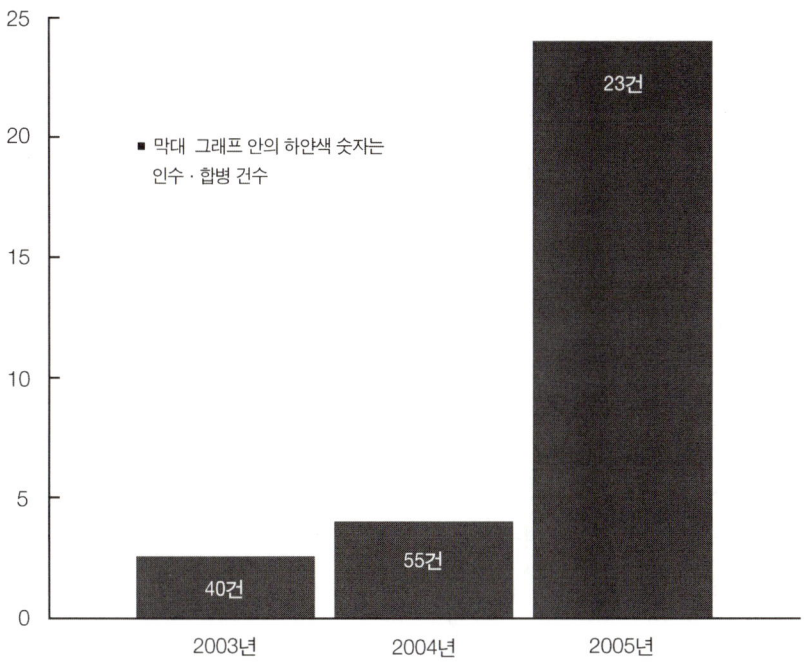

[중국의 부상에 따른 미국의 우려를] 1980년대에 일본과의 경쟁이 격화되던 때 미국이 느꼈던 두려움과 비교하는 것은 도움이 안 된다. 미국 지배층 일부의 그러한 우려들은 전후 장기 호황 동안 일본 경제가 획득한 성과에서 비롯했다. 1990년대 일본 경제의 장기 침체 동안 일본의 경쟁 위협이 줄어들자 그런 우려들은 사라졌다. 중국의 공업화는 완전히 급이 다르다. 중국에 심각한 경제 위기들이 있을 것이라는 데는 의심의 여지가 없다. 그리고 중국의 공업화는 세계경제의 호황–불황 순환에 영향을 받을 것이다. 그러나 중국의 공업화는 많은 호황과 불황을 거치면서도 계속될 훨씬 더 심층

적인 경제 과정이다. 이것은 공업화가 진행 중인 모든 경제의 패턴이다.

역사적으로 중국이 세계경제에서 차지했던 비중을 보면 — 유럽 전역의 공업화 이후 시기를 제외하면 — 전 세계 생산량의 약 4분의 1이다. 만약 공업화가 중국 경제를 세계경제에서 그러한 지위에 다시 올려놓는다면 세계 주요 강대국들 사이의 관계는 상당히 달라질 수밖에 없을 것이다. 미국 내에 서는 이미 이러한 과정이 진행 중이라는 우려의 목소리가 나오고 있다. 어떤 사람이 말했듯이, "중국의 힘은 커지고 있고, 미국은 비록 유일 초강대국이기는 하지만 아시아의 안보를 확실하게 좌우하는 통제력을 잃을 위험에 처해 있다." 미국 정책의 초점이 이라크에 쏠린 상황에서 "아시아 전역의 수출 주도 경기회복을 촉진한 고속 성장 경제로 영향력이 강화된 중국은 미국의 무관심으로 생긴 공백을 메우는 데 주저하지 않았다."[35]

남한의 대(對)중국 교역량이 너무 커서 미국은 대체로 고분고분한 이 동맹국이 북미 갈등에서 미국의 말을 따르도록 만드는 데 애를 먹고 있다. 북한 문제를 맡고 있는 한 외교관은 이렇게 보고했다. "중국은 동북아 지역에서 자신의 경제력을 이용하고 있다. 미국은 자신의 전통적 구실을 유지하려 애쓰고 있다. 그리고 다른 나라들은 전처럼 미국의 지배를 받아들일 태세가 돼 있지 않다. 비록 그런 구실을 인정하기는 하지만 말이다."[36] 이제 중국이 일본을 대신해서 아시아 수출품들의 주요 판매처가 되고, 2004년에 일본의 대중국 교역량이 처음으로 대미 교역량을 추월한 것은 하나의 시대적 징후이다.

그리고 중국의 점증하는 경제적 비중은 중국 기업들의 외국 기업 인수·합병 증가를 보여 주는 <도표 2-2>를 통해 알 수 있듯이 아시아를 뛰어넘어 영향을 미치고 있다. 중국은 전 세계에서 미국 다음으로 많은 규모의 투자를 유치하고 있지만 임금수준은 미국과 일본의 5분의 1에 불과하다. 중국의 성장률은 평균 8~10퍼센트라는 엄청난 수준이고 중국이 세계경제에서 차지하는 비중은 지난 10년 동안 두 배가 됐다. 그래 봐야 겨우 4퍼센트이기는 하지만 말이다. 중국은 세계 석유 공급량의 7퍼센트, 알루미늄의 25퍼센트, 철광석의 30퍼센트, 석탄의 31퍼센트, 철강 생산량의 27퍼센트를 소비한다.[37]

"중국이 흔히 중국의 산업혁명에 쓰일 석유와 다른 천연자원들을 찾아 동남아시아 · 인도 · 라틴아메리카 · 아프리카처럼 서로 멀리 떨어진 지역들에서 친구를 만들어 왔다"는 것은 그리 놀라운 일이 아니다. 다시 한 번 그러한 경제적 관계들은 불가피하게 외교적 · 군사적 수준의 대립으로 이어질 가능성이 있다. "에너지를 매개로 한 중국과 이란의 관계 ― 최근 중국의 한 국영 석유 회사는 향후 30년 동안 석유와 가스를 구매하는 내용의 7백억 달러짜리 계약을 체결했다 ― 는 [이란의] 이슬람 정부가 핵 프로그램을 포기하도록 압력을 넣으려는 유럽연합과 미국의 노력도 복잡하게 만들고 있다."[38] 2004년 9월 중국은 미국이 제안한 유엔의 수단 제재 결의안을 거부했다. 수단과 맺은 석유 계약들 때문이었다. 이미 미국 외교정책 엘리트들 사이에서는 중국에 대해 더 강경한 태도를 취할 것을 촉구하는 목소리들이 나오고 있다. 클린턴 대통령 시절 국무부 동아시아 담당 차관을 지낸 윌리엄 클라크 주니어는 "미국은 중국의 석유 수요에 대해 중국과 논의할 때 더 공세적 태도를 취해서 …… 석유 분배의 공정성을 확보해야 한다"고 말한다.[39]

일부 사람들은 중국의 세계시장으로의 통합을 중-미 관계가 일정 선을 넘어 악화하는 것을 막는 일종의 안전판으로 여긴다. 그리고 중국의 경제성장을 제한하려는 미국의 시도가 성공하면 미국 다국적기업들이 중국 시장과 대중국 투자에서 막대한 손실을 입게 될 것이므로 강력하게 반발할 것이라는 점은 분명 사실이다. 또 중-미의 경제 관계에는 암묵적 거래가 존재한 것도 사실이다. 즉, 중국이 자신이 벌어들인 돈을 미국의 재정 적자 해결을 위해 돈을 꿔 주는 데 다시 사용하는 한, 미국은 밀려드는 중국산 수출품과 그 결과 발생한 중국의 대미 무역 흑자를 너그러이 봐준다. 달리 말해, 미국은 일찍이 중동 산유국들이나 일본 등의 나라들과 발전시켜 온 관계를 반복하고 있는 것이다. 그러나 이러한 양해에는 한계가 있다. 2006년 3월에 <파이낸셜타임스>는 "미국 정부는 …… 중국이 미국 제품에 시장을 개방하는 조치를 즉시 취하지 않으면 양국 경제 관계가 험악해질 것이라고 경고했다. 상무장관 카를로스 구티에레스는 …… 중국이 2천억 달러 규모로 급증한 대미 무역 흑자를 줄이기 위한 의미 있는 조치를 취하기를 기다리는 미국의 인내심이 거의 한계에 이르렀다고 말했다"고 보도했다.[40]

그런데 그러한 경제적 상호 의존이 외교적, 그리고 궁극적으로는 군사적 충돌을 불가능하게 만들 것인지의 문제는 남아 있다. 역사적 증거는 그렇지 않다는 것을 보여 준다. 산업 세계의 경제들은 제1차세계대전 전부터 점차 서로 의존하는 관계가 돼 가고 있었다. 오히려 국제무역은 제1차세계대전 직후나 고립주의가 우세했던 1920년대와 1930년대보다 제1차세계대전 전에 더 빠르게 성장했다. 그러나 심지어 순전히 경제적인 경쟁조차 경제 영역에만 한정될 수 없도록 만든 것은 바로 이러한 상호 의존 — 언제나 경제적 협력뿐 아니라 경제적 경쟁도 수반하는 — 이었다. 그러한 긴장들은 어느 시점에서는 국가들 사이의 갈등으로 비화했다. 제1차세계대전의 경우 전 세계 상당수 국가들이 경제 관계의 토대를 재편하기 위한 무기로 군사 행동을 선택하는 바람에 세계적 충돌이 일어났다.

중국이 공업화하고 있는 세계적 환경은 더 장기적으로는 그러한 충돌의 가능성을 더 크게 만든다. 미국이 대중국 투자와 재정 적자 해결을 위해 중국의 재원 조달에 의존하면 할수록, 미국은 이러한 경제적 생명선을 지키기 위해 자신의 군사력 사용이 더욱더 절실해질 것이다. 나아가 피터 고완이 지적한 것처럼, "러시아·중국의 자본주의 전환에 불가피하게 수반되는 근본적인 지정학적 문제는 …… 미국의 군사적 보호가 필요한 서유럽과 일본에 대한 잠재적 위협으로서의 러시아와 중국의 구실이 더는 쓸모가 없어졌다는 것이다. 그리고 그러한 전환은 이 두 나라와 특별한 관계를 맺어 그 국가들의 노동·상품 시장과 자원·자산에 대한 특권적 접근권을 획득하려는 핵심 국가들 사이의 경쟁 압력을 창출했다. 미국의 관점에서 볼 때 명백한 위험은 일부 또는 모든 동아시아 자본주의들이 미국의 영향력과 경제적 침투를 약화시킬 수 있는 강력한 지역 네트워크 속에서 중국과 동맹을 맺는 한편, 서방에서는 더 응집력이 강화된 유럽연합 내에 확실히 자리 잡은 독일이 러시아와 특별한 관계를 형성할 수도 있다는 것이었다."[41]

## 라틴아메리카 : 뒷마당에서 통제력을 잃다

라틴아메리카가 미국의 헤게모니에 제기한 위협은 경제적이라기보다는 주로 정치적이다. 미국이 지구상에서 중동보다 더 자신의 영향력 유지를 걱정해 온 지역이 바로 라틴아메리카다. 미국의 반혁명 정책은 라틴아메리카에서 가장 유서 깊고 파란만장한 역사를 자랑한다. 그러나 근래에 옛 권위주의 정부들은 신자유주의 경제정책과 독재에 맞선 대륙 전역의 대중 동원에 직면해 물러나야 했다. 한 아르헨티나 작가는 이렇게 썼다.

신자유주의는 사회적 투쟁을 억누르지 못했고, 지배계급은 그 전 수십 년 동안 획득한 것과 같은 승리를 성취할 수 없었다. 그러기는커녕 그들은 안데스 지역과 남부 원뿔 지대에서 대통령을 몇 명씩이나 퇴진시킨 항쟁들에 직면해야 했다. 토지를 둘러싼 직접행동(페루), 원주민 항쟁(에콰도르), 거리 시위(아르헨티나), 봉기 상황(볼리비아), 토지 점거(브라질), 반제국주의 시위(칠레), 새로운 정치 운동(우루과이), 군사 쿠데타에 맞선 저항 등은 지역 곳곳에서 저항의 새로운 순환을 고무했다.[42]

전례 없는 정치적 지각 변동이 일어났다. "지배계급은 자신들이 1990년대에 보였던 자신감을 잃었고 그 핵심 대표자들은 무대에서 사라졌다(아르헨티나의 메넴, 페루의 후지모리, 멕시코의 살리나스, 베네수엘라의 페레스, 볼리비아의 로사다)."[43]

이러한 변화의 가장 분명하고 직접적인 원인은 신자유주의 경제정책의 실패다. 공황 · 저성장 · 파산은 심화하는 불평등, 엘리트들의 부정 축재, 정치적 부패만큼이나 풍토병 같은 것이었다. 라틴아메리카의 투쟁 물결은 주로 국내 정부들에 맞선 정치 투쟁들과 결합되거나 그러한 투쟁으로 발전한 사회적 투쟁들이었다. 그러나 9 · 11 이래로 중요한 국제적 맥락이 더해졌다. 미국 정부가 이라크에 발목을 잡힌 탓에 라틴아메리카에서 저항이 발전할 수 있는 공간이 창출된 것이다. 미국은 '전후' 이라크의 수렁에 너무 깊이 빠져서 자신의 뒷마당에 대한 영향력을 일부 잃었다.

미국에 대한 가장 심각한 위협은 베네수엘라의 우고 차베스 정부였다. 우리는 이미 1장에서 차베스의 베네수엘라 석유 산업 통제가 미국의 정책에 미치는 영향을 살펴봤다. 클라우디오 카츠는 이 점을 강조하며 더 넓은 맥락을 부각한다.

미국은 쿠데타 시도나 콜롬비아의 테러리스트 도발을 무차별적으로 획책하지만, 미국에게는 피노체트 같은 믿을 만한 인물이 전혀 없으며 차베스를 무너뜨리기 위해 "미주기구(OAS) 내의 친구들"에게 의존해야 한다. 부시는 중동의 수렁에 빠져 있는 동안에는 너무 노골적으로 행동할 수 없다. 부시는 감히 차베스와 사담 [후세인]을 비교하려 하지 않는다. 그리고 차베스는 카다피처럼 길들일 수가 없다. 미국은 베네수엘라의 석유가 필요하고 베네수엘라가 석유수출국기구(OPEC)에 적극 개입하고 원유 판로를 중국과 라틴아메리카의 새로운 고객들에게로 돌리려는 시도에 맞서 싸워야 한다.[44]

물론 다른 라틴아메리카 정부들은 결코 차베스처럼 미국에 도전하지 않는다. 다른 곳에서는 전임 권위주의 지도자들이 교체됐는데도, 새로운 '민주' 질서가 대체로 신자유주의 경제정책과 매우 쉽게 양립할 수 있음이 드러나고 있다. 흥미롭게도, 최근의 많은 신자유주의 반대 투쟁들은 새로운 '민주' 정부들을 수립했다. 지금으로서는 동시에 두 곳 이상의 지역에서 대규모 전투를 수행할 수 있다던 미국의 거창한 목표가 라틴아메리카에서 심각한 시련을 겪고 있는 것처럼 보인다. '테러와의 전쟁'을 선언하기 전이었다면, 미국은 라틴아메리카에서 지금처럼 사태가 진행되도록 놔두지 않고 노골적으로든 은밀하게든 더 깊숙이 개입했을 것이다.


## 국민경제들 사이의 경쟁과 세계경제

세계경제의 구조적 관계는 1970년대에 공황의 시작과 함께 변했다. 모든 배를 뜨게 만들었던 성장의 밀물은 빠지기 시작했다. 독일과 일본 경제처럼 가장 많이 가장 빠르게 성장한 경제들은 전례 없는 성장의 시기를 마감했다. 주요 경제들의 이해관계는 여전히 밀접히 연관돼 있었지만, 그들은 이제 전반적 성장 둔화가 어느 한 나라를 재앙적인 파산으로 몰아가지 않도록, 그리하여 체제 전체를 주저앉히지 않도록 확실히 막아야 했다. 각 경제들이 다른 경제들을 희생시켜 자신의 발전을 도모하면서, 그들은 늘 이런 경쟁 관계는 세계경제가 정체하거나 저성장할 때보다 빠르게 성장할 때 유지하기가 더 쉽다는 사실에 직면했다. 지난 15년 동안 주요 경제들 사이의 관계는 이 점을 잘 보여 준다.

1990년대 초에 미국 경제는 일본과 독일 경제가 1950년대 이후 경험한 가장 긴 불황에서 벗어나는 과정을 이끌었다. 그러나 1990년대 중반이 되자 독일과 일본 경제가 미국 경제의 회복을 도왔다. 당시에 미국이 처한 어려움은 부분적으로 일본 경제가 과거 멕시코의 붕괴처럼 세계경제에 타격을 가하는 일이 없게 하려고 미국이 노력한 결과였다.

미국 경제가 대체로 그 주요 경쟁국들의 희생을 통해 회복됐지만, 그 과정은 결국 미국 경제 자체의 희생을 수반했다. 따라서 1990년대 초 미국의 회복 자체는 갈수록 둔화하는 세계 수요, 그리고 특히 그것과 연관돼 세계경제 전반에 강력한 가격 하락 압력을 조성한 제조업 부문의 국제 경쟁 격화 때문에 제한적이었다. 단도직입적으로 말한다면, 상호 의존적인 세계경제에서 미국 경제는 주요 파트너들과 경쟁자들이 겪은 정말 심각한 위기를 쉽사리 견뎌낼 수 없었다. 일본과 독일이 …… 1980년대 초반에 그들 자신이 엄청난 대가를 치르면서 위기에 빠진 미국 제조업을 구출해야 했던 것과 마찬가지로, 미국은 위기에 시달리는 일본의 제조업 부문을 구하기 위한 매우 비슷한 조처를 받아들여야 했다.[45]

장기 호황이 끝나고 일본과 독일의 경제 기적이 끝나자 그들은 미국과 더 동등한 위치에 서게 됐다. 그것은 미국이 압도적으로 우세했던 제2차세계대전 직후의 경제 상황을 종식시켰다. 그러나 그 결과 나타난 세계의 특징은 단지 경쟁의 실패가 아니라 체제의 실패였다. 이제 모든 나라가 어려움에 처했다. 그들은 더 균등해졌지만 자신들을 진흙탕에서 구해낼 능력은 감퇴했다. 선진 경제들은 서로 부담을 떠넘기기 위해 경쟁할 수도, 심지어 부담을 떠넘기는 과정에서 협력할 수도 있었지만, 그들 가운데 어느 누구도 ― 심지어 미국조차 ― 공통된 고민거리를 해결할 수는 없었다.

결과적으로, 어느 누구도 1990년대 말 동남아시아의 공황을 막을 수 없었다. 주류 평론가들은 호황과 불황의 순환이 끝났다고 거듭 선언했지만, 피할 수 없는 결론은 "세계경제도 미국 경제도 장기 침체, 즉 1973년 무렵 시작된 매우 장기간의 저성장 시대를 벗어나는 데 성공했다는 증거는 거의 없고 …… 수익성을 회복하려는 정부와 기업들의 연이은 시도들, 특히 금리 인상, 임금 삭감, 사회 지출 확대의 방법을 동원한 시도들은 실패했다 ……"[46] 는 것이다.

이러한 세계 경기 침체의 증거는 이제 논쟁의 여지가 없을 만큼 강력하다. 경제협력개발기구(OECD)가 실시한 조사에 따르면, 전 세계의 실질 GDP 성장률은 1950~1973년에 4.9퍼센트에서 1973~1989년에 3퍼센트로 하락했는데, 이는 39퍼센트나 줄어든 것이다. 유엔의 수치를 보면, 1960년대에는 5.4퍼센트였던 GDP 성장률이 1970년대에는 4.1퍼센트, 1980년대에는 3퍼센트, 1990년대에는 2.3퍼센트였다.[47]

이러한 조건에서는 경제적 차원에서 비롯한 경쟁 압력은 결국에는 오직 정치적 차원, 즉 국가들 간의 관계 차원에서만 해결될 수 있다. 일반적으로 국가는 기업들의 운명을 궁극적으로 결정하는데, 왜냐하면 경쟁하는 기업들이 요구와 이해관계가 있더라도 국가를 통하지 않고서는 그들 자신의 '일반 의지'를 효과적으로 표현할 수 없기 때문이다. 자본은 다수 자본으로만 존재할 수 있다고 칼 마르크스는 지적했다. 자본주의가 상이한 자본 단위들 ―

구멍가게든 다국적기업이든 — 사이의 경쟁에 기초한 체제라는 점을 인정한다면 이것은 지극히 논리적인 결론이다. 그리고 이것의 논리적 결론은 오직 국가만이 "부르주아지의 공동 업무를 처리하기 위한 집행위원회"가 될 수 있다는 것이다. 국가는 경제적 경쟁 영역에서 비롯한 분쟁들을 최후에는 무력을 통해 중재한다.

게다가 국가는 자신의 전략적·군사적 필요를 발전시키고 이를 나름대로 적절하게 확립하기도 해야 한다. 이것들은 특정 맥락에서는 심지어 가장 강력한 기업들의 경제적 필요와도 단지 부분적으로만 일치할 수도 있다. 우리는 이미 발칸반도 송유관의 사례에서 어떻게 이란을 경유하는 가장 저렴한 송유관 노선을 선호하는 기업들의 경제적 필요가 터키를 경유하는 더 비싸지만 전략적으로 더 바람직한 노선을 선호하는 미국 국가에게 무시당했는지 살펴봤다. 그러한 분쟁들, 그리고 훨씬 더 크고 중요한 분쟁들이 통제되지 않은 경제적 경쟁의 동역학 때문에 계속 발생하게 될 것이다. 그리고 규제가 해체되고 성장이 정체된 조건에서 이러한 경쟁은 국가들과 그 동맹국들 사이의 분쟁을 낳을 수밖에 없을 것이다.

## 결론

미국은 여전히 세계에서 가장 강력한 경제일지 모르지만, 제2차세계대전 이후 한 세대 동안 그랬듯이 장기간의 안정된 자본주의 발전을 지속시킬 능력이 더는 없다. 장기 호황의 종료와 다른 선진 경제들의 부상 때문에 세계시장의 경쟁은 전보다 훨씬 더 치열해졌다. 이러한 경제 조건은 이제 냉전이 끝난 후 등장한 국가 체계 내의 새로운 불안정성과 결합해 1920년대와 1930년대 이후 그 어느 때보다도 휘발성이 높은 상황을 창출했다.

이 새로운 불안정성이 중동만큼 뚜렷한 곳은 없다. 다음 장은 중동 지역과 중동의 가장 귀중한 상품, 즉 석유를 통제하기 위한 서방 제국주의의 투쟁을 검토한다. 이 오랜 충돌에서 군사력, 기업들의 경제적 이해관계, 대중 저항 사이의 상호 관계가 지난 세기의 역사를 결정했다.

# 3장

# 석유와 제국

석유는 단순히 여러 상품들 중 하나가 아니다. 석유는 전 세계에 막대한 양의 에너지를 공급한다. 석유는 열차·비행기·자동차에 동력을 제공한다. 또 석유는 음식물 포장재에서 항공기 창문까지 모든 종류의 플라스틱의 주성분이다. 아마도 훨씬 더 중요한 점은 석유가 현대 농업을 결정적으로 좌우하는 [화학]비료와 농약을 제공한다는 사실이다. 석유는 식량이고 빛이고 열이고 교통수단이다. 석유만한 상품은 눈 씻고 찾아봐도 없다. 정말이지 석유보다 더 중요한 상품은 없다.

석유를 생산하는 기업들은 세계 최대 기업들이고 많은 정부들보다 더 부유하고 강력하다. 2001년에 세계 최대 석유 회사인 엑슨모빌은 1천8백70억 달러를 벌어들였고, 두 번째로 큰 회사인 BP(영국 석유 회사)는 1천7백40억 달러를 벌어들였고, 로열 더치 셸은 1천3백50억 달러를 벌어 3위를 차지했다. 정작 세계에서 가장 크고 수익성 높은 유전 지대를 지닌 사우디아라비아는 석유로 겨우 5백80억 달러를 벌었을 뿐이다.[1] 세계의 가장 첨예한 분쟁 지역들 가운데 많은 곳에서 석유 기업들은 상업적 기능을 수행할 뿐 아니라 다른 국가들과의 논의에서 본국 정부의 손발 노릇을 한다.

가까운 장래에 석유가 현대 자본주의에 덜 중요해질 가망은 거의 없다. 2004년에 세계 석유 소비는 거의 30년 동안 최대였다.[2] 현재 추세라면 석유와 가스 소비는 2025년까지 매년 2퍼센트씩 증가할 것이다. 2025년이 되면 2001년보다 50퍼센트가 많을 것이고 1960년에 사용된 양의 6배에 이를 것이다.[3] 이러한 증가는 부분적으로 중국·러시아·인도의 경제성장에 따른 석유 소비 폭증 — 이 나라들에서는 석유 소비가 곱절 이상 늘 것이다 — 의 결과다. 중국 혼자서만 2004년 이후 석유 수요 증가의 3분의 1을 차지한다.[4]

20세기에 일어난 전쟁들 중 일부는 석유를 둘러싼 것이었고 20세기의 모든 전쟁에서 석유에 대한 접근과 석유 사용은 승리의 중요한 요인이었다.

제1차세계대전 전에 영국 전함들이 석탄을 쓰는 독일 전함보다 더 빨리 항해할 수 있도록 석유로 연료를 공급하기로 한 영국 해군장관 처칠의 결정에서부터 이라크 침략 당시 매주 2백억 배럴의 석유를 연료로 쓴 미군에 이르기까지, 석유는 결정적으로 중요했다.

## 석유 생산이 정점에 도달했나?

석유는 현대 사회에 매우 중요한 상품이어서 고갈되면 엄청난 사회 위기를 낳을 수 있다. 많은 전문가들은 우리가 이미 석유 생산 정점에 있거나 정점에 다가가고 있고, 가까운 장래에 석유 생산이 줄어들기 시작할 것이라고 주장한다. <표 3-1>은 가장 중요한 석유 생산국들과 그 나라들의 잔여 석유 매장량 추정치, 최대 생산년도를 보여 준다.

이 수치들이 정확하다면, 중동의 석유 채취와 카자흐스탄의 얼마 안 되는 석유만이 아직 생산 정점을 지나지 않은 상태다. 분명한 것은 현재 수준의 기술·지질학 지식에 따르면 많은 유전들이 생산 정점을 지났거나 그것에 다가가고 있다는 것이다. 석유 수요의 급격한 증가를 고려할 때 석유 생산을 둘러싼 위기 고조에는 중요한 구조적 요소가 있다.

그러나 몇 가지 중요한 단서를 달아야 한다. 첫째, 정확한 석유 매장량을 파악하기는 매우 어렵다. 기업과 국가가 제공하는 수치들은 공정하게 검증된 것이 아니다. 기업과 국가는 보유량을 과소평가하기보다는 과장하는 경우가 더 많다고 할 수 있다. 따라서 석유 생산 정점의 위기는 우리 생각보다 훨씬 더 빨리 닥칠 수 있다. 예컨대, 1997년에 약 59개 나라는 그 전 해에 끊임없이 석유를 채굴했으면서도 자국의 석유 매장량이 전년과 똑같다고 주장했다. 1985년에 쿠웨이트는 자국의 매장량이 전에 주장했던 것보다 50퍼

표 3-1 석유 매장 분포와 잔여 매장량[5]

| 국가 | 잔여 석유 매장량[A] (단위 : 10억 배럴) | 시추된 석유량[B] (단위 : 10억 배럴) | 석유 생산이 정점에 달하는(또는 달한) 해[C] |
|---|---|---|---|
| 사우디아라비아 | 262 | 97 | 2008 |
| 이라크 | 112 | 28 | 2017 |
| 아부다비 | 98 | 19 | 2011 |
| 쿠웨이트 | 96 | 32 | 2015 |
| 이란 | 90 | 56 | 1974 |
| 베네수엘라 | 78 | 47 | 1970 |
| 러시아 | 60 | 127 | 1987 |
| 미국 | 30 | 172 | 1971 |
| 리비아 | 29 | 23 | 1970 |
| 나이지리아 | 24 | 23 | 2006 |
| 중국 | 18 | 30 | 2003 |
| 카타르 | 15 | 7 | 2000 |
| 멕시코 | 13 | 31 | 2003 |
| 노르웨이 | 10 | 17 | 2001 |
| 카자흐스탄 | 9 | 6 | 2033 |
| 알제리 | 9 | 13 | 1978 |
| 브라질 | 8 | 5 | 1986 |
| 캐나다 | 7 | 19 | 1973 |

(A) BP 2003년 세계 에너지 통계 평가. 셰일유와 타르 샌드는 제외.
(B) 석유정점연구협회, "세계 개관, 정기 석유 생산", 2004년 5월 15일. 셰일유, 타르 샌드, 극지방 생산 석유, 아스팔트, 초(超)중유, 가스 지대에서 추출된 유액, 해저 5백 미터 아래의 석유는 제외.
(C) 석유정점연구협회, "세계 개관, 정기 석유 생산", 2004년 5월 15일.

센트나 더 많다고 발표했다. 그리고 2005년에 쿠웨이트는 20년 동안 계속 채굴했는데도 정확히 동일한 매장량이 여전히 남아 있다고 주장했다. 이런 주장은 OPEC의 생산 쿼터가 지질학적 조사보다는 자체 발표한 매장량을 기준으로 한다는 사실과 더 관련이 있는 듯하다.[6] 그리고 2004년에 셸은 자신이 확보한 석유와 가스의 규모를 무려 3백90만 배럴이나 과장했음을 시인했다. 그러나 유전이 종종 처음 추정치보다 더 많은 석유를 보유하고 있는 것도 사실이다. 예컨대, 1946~1989년에 미국 유전들의 석유 매장량 추정치는 계속해서 상향 조정됐다.

따라서 전 세계 석유의 실제 매장량을 정확히 측정하려는 노력은 매우 부정확할 수밖에 없다. 사실, 조지 몽비오의 주장에 공감하지 않을 수 없다. "세계 석유 공급 문제를 다룬 4천 쪽짜리 보고서를 방금 다 읽었다. 그러나 처음 읽기 시작할 때보다 이 문제를 더 모르게 돼 버렸다. 내가 도달한 단 하나의 확실한 결론은 세계의 유전 지대 위에 앉아 있는 사람들이 거짓말쟁이라는 것뿐이다."[7]

그러나 세계 석유 생산이 정점에 도달했다는 주장에 신중해야 하는 둘째 이유가 있다. 새로운 기술 덕분에 땅에서 더 많은 석유를 채취할 수 있게 됐다. 첨단 '3D' 기술을 이용한 지질 조사 덕분에, 비록 상대적으로 규모가 작을지라도 석유 매장지들의 탐사와 채취가 더 쉬워졌다. 수평봉 시추 기법으로 석유에 대한 접근이 전보다 더 쉬워졌다. 그리고 역설적으로 고유가 덕분에 전에는 수지 타산이 맞지 않았을 유전이 이윤을 남기면서 개발될 수 있다. 예컨대, 캐나다 앨버타 주의 타르 샌드+의 석유 매장량이 사우디아라비아보다 더 많을 수 있다. 유가가 배럴당 20~25달러였던 1980년대에 타르 샌드에서 석유를 추출하는 데 드는 비용은 배럴당 30달러나 됐다. 그러나 그 뒤의 엄청난 유가 폭등 때문에 석유 회사들은 타르 샌드에서 석유를 추출하는 것에 더 매력을 느끼게 됐다. 그리고 새로운 '증기 보조 중력 배출' 시스템 — 드릴 구멍으로 증기를 쏴 타르 샌드를 밖으로 밀어낸다 — 덕분에

---

+ 아스팔트를 채취할 수 있는 역청질의 사암(砂岩).

타르 샌드에서 석유를 생산하는 방식의 비용이 배럴당 5~7달러로 떨어졌다. 앨버타 주의 석유 산업은 캐나다 전체 가스 소비량의 20퍼센트와 앨버타 주에 공급되는 물의 25퍼센트를 소비하면서 환경 파괴를 광범하게 불러일으키고 있다. 그러나 석유 회사 경영진들은 이러한 문제들을 중요하게 여긴 적이 한 번도 없다.

셋째, 새로운 석유 발견 가능성을 배제할 수 없다. 한 세대 전의 북해에서부터 더 최근의 카스피해 텡기스 유전까지 새로운 유전들이 기존 유전 목록에 추가돼 왔다. 그 중 어떤 것도 중동의 유전만한 규모는 아니었고 그만큼 저렴하게 석유를 생산할 수도 없었다. 그리고 심지어 그것들을 모두 합쳐도 급증하는 석유 수요를 상쇄할 만한 규모의 석유를 생산하지 못한다. 그러나 그들과 그 밖에 앞으로 발견될 유전들은 석유 공급 위기의 발전 속도를 늦출 수 있다.

이 모든 이유들 때문에, 다가올 석유 공급 위기가 한 번 닥치면 끝장인 자연적 한계라고 보지는 않는 게 최선이다. 물론 언젠가는 반드시 그러한 한계에 이르겠지만 말이다. [그보다는] 천연자원 위기 문제를 다음과 같이 정식화하는 것이 더 낫다. 현재의 기술 수준과 세계 석유 매장량에 대한 기존 지식에 비춰 볼 때, 수요가 공급을 초과하면서 유가를 끌어올리고 국가와 기업들이 기존 공급선을 지키기 위해 애를 쓰도록 강요할 것이다.

현재 상황에서는 지표면에 남아 있는 석유의 절대적 양만큼이나 국가 체계의 권력 구조와 석유 공급 사이의 관계도 위험하다. 이와 관련해서 결정적인 사실은 미국의 석유 의존도가 전례 없이 커진 때에 미국에서 석유가 고갈되고 있다는 것이다.

인도나 중국처럼 국내 석유 공급이 제한된 국가들에서 석유 수요가 증가하면서 이 국가들은 "여분의 석유가 있는 소수의 석유 생산지들을 놓고 미국·유럽·일본과 다툴 수밖에 없고, 이 매우 불안정한 지역들에서 기존의 경쟁 압력은 더 격화할 것이다." 게다가 절대적이든 특정 국가의 보유량에 비춰 상대적이든 석유 부족은 석유 안보의 군사적 측면을 더욱 부각시킬 것이다.[8]

## 미국과 석유

석유는 현대 미국 자본주의의 핵심이다. 미국의 석유 소비는 세계 전체의 25퍼센트를 차지한다. 석유는 미국 수송의 97퍼센트에 동력을 공급한다. 이것만으로도 전 세계 석유 소비의 7분의 1을 차지한다. 나아가 석유는 미국에서 소비되는 전체 에너지의 40퍼센트를 공급한다.[9] 미군의 경우도 마찬가지다. 미군은 매년 8천5백만 배럴의 석유를 소비하는 미국 최대의 단일 석유 소비자다. 아마도 세계 최대일 것이다. 에이브럼스 탱크가 0.5마일마다 1갤런의 연료를 사용하고 가만히 서 있을 때조차 모터를 공회전하면서 시간당 12갤런의 연료를 태울 정도니 이는 전혀 놀랄 일이 아니다. 어떤 계산에 따르면, 미군 전체의 병사·수송수단·무기를 모두 합한 무게의 70퍼센트가 순전히 연료의 무게라고 한다.[10]

석유는 처음에 미국에서 발견됐다. 석유 생산을 중심으로 성장한 거대 기업들은 석유에 의존하는 거대 자동차 기업들과 공생 관계를 형성했다. 1940년대까지 미국에게 석유는 주로 내부적·국내적 문제였다. 국내 석유 수요가 국내 공급으로 충족됐기 때문이다. 그러나 제2차세계대전이 끝나자 감소 추세의 미국 내 석유 생산이 국내 석유 수요를 충족하지 못할 것임이 분명해졌다. 미국 경제가 석유 수입에 의존하게 된 그 순간부터 석유는 외교 정책의 문제이자 국가 안보의 문제가 됐다.

제2차세계대전 때 미국의 유정(油井)들은 연합군 전체가 전투에서 사용한 연료의 7분의 6을 제공했다. 그러나 1950년대가 되자 미국은 석유의 10퍼센트를 수입하고 있었고, 1960년대에는 그 수치가 18퍼센트로 올랐다. 1970년대에 이 수치는 40퍼센트까지 증가했다. 1988년 4월에, 전에는 상상조차 할 수 없던 일이 벌어졌다. 미국의 석유 수입 의존도가 50퍼센트 선을 넘어선 것이다. 만약 현재 추세가 지속된다면 2025년 즈음 미국의 석유 소비량은 지금보다 50퍼센트가 더 많아질 것이다. 국내 생산은 늘지 않을 것이고 따라서 전체 증가분은 수입 석유로 충당해야 할 것이다.[11]

미국이 초강대국으로 부상하는 과정에서 미국의 정치·군사 지도자들은 미국의 국가 안보 전략에서 석유의 중요성을 거듭 강조했다. 제2차세계대전 동안 미국 대통령 루스벨트는 전시의 연합국들을 지원하기 위한 무기대여 프로그램을 사우디아라비아로 확대하는 주목할 만한 조치를 단행했다. 사우디아라비아를 무기대여법의 적용 범위에 포함시키기 위해 루스벨트는 "사우디아라비아 방어는 미국 방어에 사활적"이라고 선언해야 했다. 1945년이 되자 미 국무부는 트루먼 대통령에게 "사우디아라비아의 석유 자원은 전략적 힘의 거대한 원천이자 인류 역사상 최대의 물질적 전리품들 중 하나"라고 보고했다. 그리고 같은 해 국무부는 "사우디아라비아의 석유 자원은 ······ 이중의 목표를 위해 미국이 계속 통제해야 한다. 그것은 우리의 줄어드는 보유량을 보충하고 대체하는 것이고, 이 잠재적 힘이 비우호적 세력에게 넘어가지 않도록 하는 것이다"고 밝혔다.

이 문제에 대한 미국 정책의 지속성은 놀라울 정도다. 1990년에 당시 국방장관 딕 체니는 상원 군사위원회에 출석해 다음과 같이 말했다. 미국과 사우디아라비아 사이의 유대는 "제2차세계대전 말 프랭클린 델러노 루스벨트 대통령이 압둘라 아지즈 왕과 미국 항공모함 퀸시 호에서 만났던 1945년으로 …… 거슬러 올라갑니다. 당시에 루스벨트 대통령은 미국이 사우디아라비아 왕국의 안보에 영구적이고 지속적인 이해관계를 갖는다고 확언했습니다."[12] 그러나 미국의 전략 목표가 지속적이었다 하더라도 미국이 그러한 전략을 추구해야 했던 조건에는 매우 커다란 변화가 있었다.

### 미국의 중동 석유 전략에 대한 도전

20세기 초 이래 중동의 운명은 석유 산업에 종속돼 왔다. 제1차세계대전 뒤 오스만 제국의 몰락으로 제국주의 강대국들, 특히 프랑스·영국과 석유 회사들은 이 지역의 석유 자원을 나눠 가질 수 있는 절호의 기회를 얻었다. 이라크에서 석유를 발견한 인물이자 터키석유회사를 창업한 아르메니아 채굴업자 칼루스테 굴벤키안이 앵글로-페르시아(BP의 전신), 셸, 뉴저지스탠더드오일(엑슨의 전신), 소코니(모빌) 등의 회사를 한데 모아 건설한 컨소시엄이 이라크석유회사라는 이름으로 이 지역의 석유를 수탈했다. 오스만 제국의 영토가 어디서 시작해 어디서 끝나는지 아무도 몰랐으므로 굴벤키안은 빨간 연필을 들고는 지도 위에 사우디아라비아 전체와 이라크는 물론 다른 많은 지역들을 둘러싸는 붉은 선을 그었다(<지도 3-1>). 이 '붉은 선 협정'으로 중동 대부분 지역에 사실상의 석유 카르텔이 확립됐다.

오스만 제국이 쇠퇴함으로써 생긴 또 다른 결과로서, 같은 기간에 이스라엘 국가의 맹아가 팔레스타인 땅에 형성됐다. 1917년 11월 밸푸어 선언은 영국이 "팔레스타인에 유대인의 민족적 고향을 건설"하는 것을 지지한다고 천명했다. 밸푸어 선언은 팔레스타인 땅에 유대인 정착민이 증가할 것임을 예고했다. 시온주의 운동이 양차 대전 사이에 얼마나 강력해졌던지 리처드 크로스먼은 1946년 팔레스타인의 앞날에 관해 영-미 조사위원회에 보고하

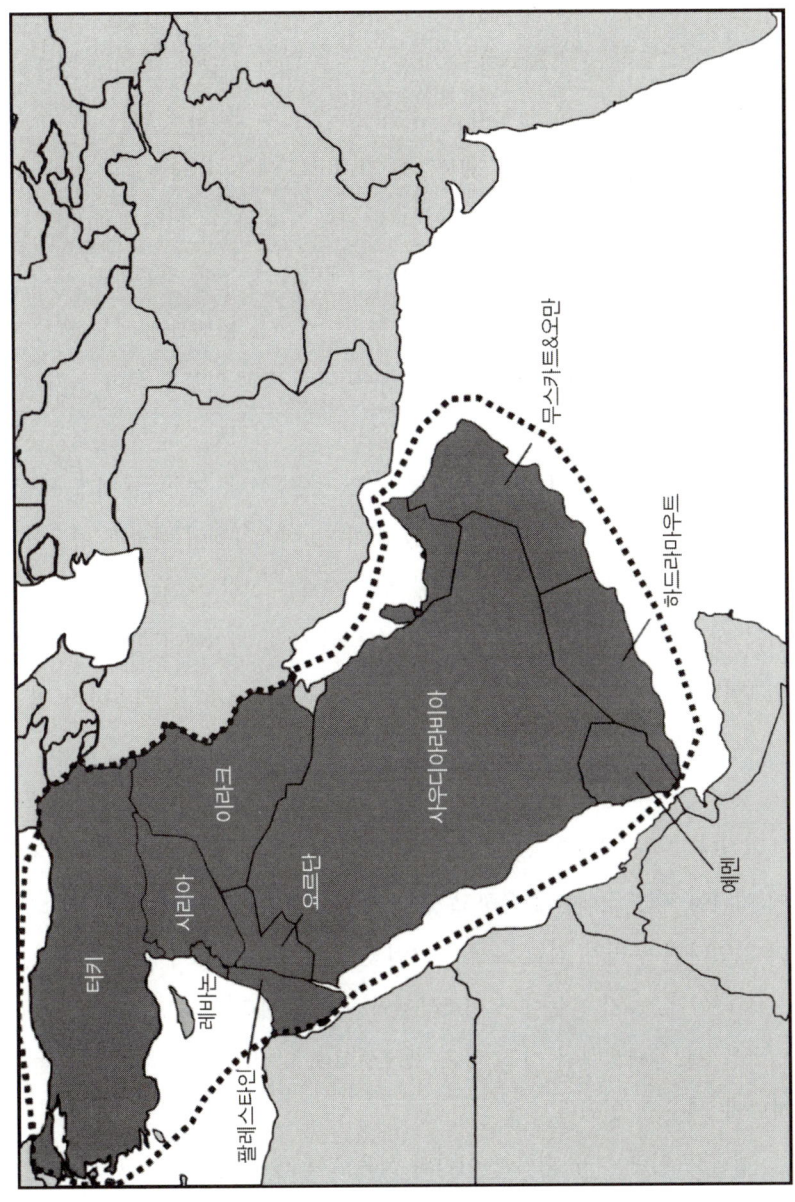

면서, [1929년 창설된 시온주의자들의 국제기구인] 유대인협회에 대해 다음과 같이 말했다. "독자적 예산, 비밀 내각, 군대, 그리고 무엇보다도 보안경찰을 보유한 사실상의 독자적 국가다. 그것은 내가 시금껏 본 가장 효율적이고 역동적이며 강력한 조직이고, 우리(영국)를 두려워하지 않는다."[14] 그리고 그것은 사실로 드러났다. 제국주의 강대국들, 특히 미국은 이스라엘 국가를 수립해 이웃 아랍 국가들에 대한 통제를 지원하고 제2차세계대전 뒤의 반(反)식민주의 충격에 대항할 수 있는 세력을 중동에 창출하려 했다.

1951년에 이스라엘 신문 <하아레츠>는 상황을 완벽하게 서술했다. "중동의 봉건적인 정부들은 민족주의 운동에 너무 많은 양보를 해야 했기 때문에 …… 영국과 미국에 자국의 천연자원과 군사기지를 제공하는 것을 점점 더 주저한다. …… 이스라엘을 강화하는 것은 서방 강대국들에게 도움이 된다. …… 이스라엘은 경비견이 될 것이다. 이스라엘이 미국과 영국의 기대를 거슬러서 아랍 국가들에 대해 적대 정책을 취할 우려는 없다. 그러나 만약 어떤 이유에서든 가끔 서방 강대국들이 애써 외면해야 할 일이 생긴다면, 서방이 용납할 수 없을 만큼 무례한 중동 국가(들)을 처벌하려 할 때 이스라엘은 믿고 의지할 만한 상대가 될 것이다."

1980년에 대통령 로널드 레이건은 같은 논점을 특유의 솔직한 말투로 표현했다. "이스라엘은 전투 경험이 있는 군대 …… 중동에서 실제로 미국에 이익이 되는 군대를 보유하고 있다. 만약 그러한 군대를 보유한 이스라엘이 없었다면 우리가 직접 나서서 그런 군대를 만들어 내야 했을 것이다."[15]

<하아레츠>가 중동에서 이스라엘의 구실을 예견한 바로 그해에 미국과 영국은 제2차세계대전 이후 석유 제국주의에 맞선 가장 중대한 반란들 중 하나와 싸우고 있었다.

앵글로-이란 석유 회사는 이란의 석유로 톡톡히 재미를 보고 있었다. 그

러나 이란은 그렇지 못했다. 앵글로-이란 석유 회사는 1945~1950년에 2억5천만 파운드의 이윤을 기록했다. 이란 정부는 로열티로 9천만 파운드를 받았다. 사실, 영국 정부가 이란 석유에 매긴 세금으로 거둬들인 돈이 이란 정부의 로열티 수입보다 더 많았다.[16] 샤+가 통치한 이란 국가는 불안정했고, 영국의 석유 이익에 따라 국정이 좌우되다 보니 광범하게 반식민주의 정서가 형성됐다. 비슷한 반식민주의 정서 때문에 중동 전역의 다른 석유 회사들이 산유국 정부들에 더 유리한 내용으로 계약을 재협상하는 동안에도 앵글로-이란 석유 회사는 전혀 물러서지 않았다. 그러나 그들의 경쟁자인 아람코(Aramco)가 사우디아라비아에서 새로운 계약을 체결하자 앵글로-이란 석유 회사는 더 버틸 수가 없었다. 그들은 나름대로 개선된 계약을 이란 의회에 제시했다. 그러나 너무 늦었다.

이란 의회의 석유위원회를 이끈 원로 급진주의자는 모하메드 모사데크였다. 그는 "이 비참한 나라의 모든 불행의 근원은 석유 회사"라고 선언했다. 그러나 총리이자 육군참모총장인 라즈마라 장군은 앵글로-이란 석유 회사의 국유화를 거부했다. 나흘 뒤 그는 테헤란의 중앙 모스크에 들어가다가 이슬람주의 투사에게 암살당했다. 모사데크가 새 총리가 됐고 국유화 법안이 통과돼 1951년 5월 1일에 발효됐다.

앵글로-이란 석유 회사의 국유화는 세계적 함의를 갖는 위기였다. 미국 석유보안청은 당시 중동 석유 생산의 40퍼센트를 차지한 이란의 석유가 없으면 1951년 말에 세계 석유 수요가 공급을 초과하게 될 것이라고 추정했다.

군악대가 거대한 아바단 정유 단지에서 마지막으로 영국 국가 연주를 마쳤을 때 영국에게 이 손실은 제국의 쇠락을 보여 주는 뼈아픈 본보기였다.

---

+ Shah, 이란 국왕의 칭호.

영국은 군사 개입을 준비했다. 그러나 행동에 돌입하기 직전에 보류했다.

이렇게 망설인 한 가지 이유는 미국의 태도였다. 한국 전쟁이 막 시작됐고 미국은 이제 세계 정치를 냉전이라는 렌즈를 통해 바라봤다. 그보다 37년 전에 앵글로-이란 석유 회사의 영국 정부 지분을 매입했던 처칠은 미국의 태도에 격분했다. 그는 클레멘트 애틀리에게 다음과 같이 말했다. "미국의 태도에 상당히 충격을 받았다. 미국은 카스피해에서 페르시아만에 이르는 광대한 지역의 중요성을 충분히 파악하지 못한 듯하다. 그 지역이 한반도보다 더 중요하다."[17] 그러나 미국은 정확히 바로 그 점을 깨닫고 있었다. 미국은 무력 개입이 반식민주의 정서를 더욱 고조시켜 소련이 북쪽에서 개입할 명분을 주게 될 것을 우려했다. 그래서 영국의 무력 개입에 반대한 것이었다.

이란을 서방의 품으로 되돌려 놓기 위한 협상은 전혀 성과가 없었다. 그러한 시도들은 모두 이란 내의 강력한 반영(反英) 정서에 부딪혀 결국 좌초했다. 전임자의 운명을 고려할 때 당연한 일이지만, 모사데크는 늘 반식민주의 운동이라는 호랑이 등에 올라타고 싶어 했다. 미국 국무장관 덜레스는 국가안전보장회의에서 모사데크가 공산주의의 앞잡이라고 말한 뒤, 이것은 "자유세계가 이란의 석유라는 막대한 자산을 빼앗겼을 뿐 아니라 …… 소련이 이러한 자산을 차지할 것임을 뜻한다. …… 더욱 나쁜 것은 …… 만약 이란이 공산주의자들에게 넘어간다면 조만간 세계 석유의 약 60퍼센트가 매장돼 있는 중동 전체가 그렇게 될 것이라는 점이다"[18] 하고 말했다.

공공연한 군사행동은 배제됐다. 그러나 은밀한 행동은 배제되지 않았다. 미국과 영국은 모사데크 전복 작전을 공동 승인했다. 그에 따른 쿠데타는 아슬아슬하긴 했지만 결국 성공했다. 이란은 샤와 서방, 특히 미국의 석유 기업들에게 안전한 곳이 됐다.

이러한 사건들에서, 중동에서 여러 차례 되풀이될 패턴 — 비록 그 결과는 다양했지만 ─ 의 원형을 찾아내기는 어렵지 않다. 몇 년이 채 안 돼 1956년에 실시된 또 다른 국유화, 즉 이번에는 수에즈 운하 국유화가 영국을 군사행동으로 몰고 갔다. 당시 운하 통행량의 3분의 2가 석유 수송이었고 유럽 석유 공급의 3분의 2가 수에즈 운하를 경유했다. 이집트를 지배한 영국과 프랑스의 오랜 제국주의 역사 때문에 운하 통행료는 최대 주주가 영국 정부인 유럽의 주주(株主)들에게 대부분 돌아갔다.

나세르의 국유화에 영국 지배계급은 경악했다. 수에즈 운하가 몰수되기 겨우 몇 달 전에 총리 앤서니 이든은 영국을 방문한 소련 대표단에게 이렇게 말했다. "제가 석유에 대해서 완전히 노골적인 태도를 취할 수밖에 없는 이유는 우리가 석유를 위해 싸울 것이기 때문입니다." 그는 이어서 이렇게 말했다. "우리는 석유 없이는 살 수 없습니다. 그리고 …… 목이 졸려 죽을 생각도 전혀 없습니다."[19]

그래서 이번에 영국은 프랑스와 특히 이스라엘의 지원을 받아 군사행동을 추진했다. 이란에서는 비밀리에 추진했던 일을 수에즈에서는 전 세계가 훤히 지켜보는 가운데 추진했다. 미국은 이란에서 군사행동에 반대했던 것과 똑같은 이유, 즉 군사행동은 아랍민족주의에 불을 지를 것이고 중동에서 소련의 영향력을 강화할 가능성이 있다는 이유로 침략에 반대했다. 그래서 나세르가 수에즈 운하를 봉쇄했을 때 미국은 유럽의 석유 공급 부족분을 메워 주지 않았다. 영국 재무장관은 이렇게 외쳤다. "석유 제재라! 이거 끝장이구먼."[20] 그는 아는 것보다 더 많이 말했다. 상황을 주의 깊게 본 사람이라면 누구든지 이제 군기반장은 유럽이 아니라 미국 제국주의라는 사실을 분명히 알 수 있었다. 그리고 부분적으로는 이러한 제국주의의 분열이 이란보다 수에즈에서 더 심각했기 때문에, 나세르는 모사데크보다 일이 더 순조로웠고 적들에게 커다란 패배를 안겼다. 수에즈 위기는 끝났고 영국은 중동에서 밀려났다.

수에즈 사태 이후 모든 것이 변했다. 영국은 다시는 중동에서 주요 강대 국으로 복귀하지 못했다. 그 뒤 영국의 존재는 미국의 졸개에 불과했다. 탈 식민주의 경제 제국주의라는 미국 모델이 이제 대세였다. 유럽 제국들의 직 접 통치는 반식민주의 물결 앞에 무너졌다. 그 대신 미국 제국주의가 경제적 강압, 예속적 지배계급, 극단적인 경우 은밀하거나 공공연한 군사 개입을 통 해 패권을 행사했다.

수에즈의 충격은 아랍민족주의의 부흥에서도 확인할 수 있다. 수에즈 사 건 2년 뒤에 나세르는 이라크에서 영국의 지원을 받는 하심 왕가를 전복하 려는 쿠데타를 지원했다. 1960년에 새로운 민족주의 정부는 석유 회사들에 게 내 준 영업 허가를 취소했고 이라크 유전에 대한 그들의 지분을 파격적으 로 삭감했다. 같은 해에 사우디아라비아·베네수엘라·쿠웨이트·이란·이 라크는 OPEC을 결성했다. BP와 뉴저지스탠더드오일 같은 석유 메이저들의 일련의 가격 인하는 석유 수출국들의 수입(收入)에 타격을 입혔다. OPEC은 그 가격 인하에 대한 석유 수출국들의 대응이었다.

아랍민족주의는 계속 고조돼 1960년대 내내 석유 메이저들에게 압력을 가했다. 시리아는 1964년에 유전 지대를 국유화했고, 2년 뒤에 서방 석유 회사들의 송유관 사용료를 인상했다. 그러나 시리아가 선적세를 인상하고 연체금 지급을 요구하자 석유 회사들의 카르텔은 세금 인상에는 동의했지만 연체금 지급은 거부했다. 시리아는 석유 공급을 중단했다.

미국과 영국의 대응은 사우디아라비아에 대량의 무기를 쏟아 붓는 것이 었다. 이스라엘 총리는 이스라엘에 대한 침입이 계속된다면 이스라엘군이 시리아를 침략할 것이라고 위협했다. 이집트는 아랍의 대응을 주도하며 '지 하드'[성전(聖戰)]를 선언하고 시나이 반도에 군대를 집결시켰다. 1967년 전

쟁은 이스라엘의 신속하고 완벽한 승리로 끝났다.[21]

1967년 전쟁은 아랍민족주의의 극적인 패배였다. 그러나 변화하는 석유 공급 경제 때문에 시간이 흐를수록 OPEC의 힘이 강화됐다. 우리가 앞에서 봤듯이, 미국의 국내 석유 공급은 줄어들고 있었다. OPEC이 결성된 뒤 10년 동안 서방의 석유 수요는 2천1백만 배럴 증가했다. 그 중 3분의 2가 중동산 석유로 충당되고 있었다. OPEC 회원국들은 세계경제에 가장 중요한 것이 미국의 석유가 아니라 자신들의 석유라는 것을 알 수 있었다. 1973년이 되자 원유의 시장가격은 3년 전보다 두 배 뛰었다. 그해에 사우디아라비아의 석유장관 셰이크 아메드 야마니는 이렇게 선언했다. "마침내 때가 왔다. 우리가 우리 상품의 주인이다."[22]

그러나 1973년은 다른 이유에서도 결정적 해였다. OPEC이 유가 인상을 논의하고 있던 바로 그때 이집트와 시리아가 소련의 지원을 받아 이스라엘을 공격해서 욤 키푸르 전쟁[제4차 중동전쟁]이 시작됐다. 미국은 이스라엘을 지원했다. 처음에는 보급품을 공수했고 나중에는 22억 달러의 군사원조에 동의했다. OPEC은 유가를 70퍼센트나 인상해 배럴당 5달러 이상으로 끌어올렸다. 사우디아라비아는 이스라엘을 지원하는 모든 나라에게 석유 공급을 중단하겠다고 발표했다. 다른 아랍 국가들도 똑같이 했다. 유가는 다시 뛰어 배럴당 16달러에 이르렀다.

미국은 더는 부족분을 메우기 위해 국내 석유 생산을 늘릴 수 없었고 닉슨 정부는 미군이 직접 중동의 유전 지대를 장악하기 위한 계획을 세웠다. 아랍 국가들이 서유럽 정부들의 아랍 지지 약속을 받고 수출 금지 조치를 해제했기 때문에 이 계획은 실현되지 않았다. 비록 미국으로의 석유 수송은 1974년까지 재개되지 않았지만 말이다.

결국, 중동에서 제국주의에게 지울 수 없는 상처를 남긴 10년은 그 시작보다 더 고약하게 끝났다. 1979년에 이란 혁명으로 샤가 쫓겨난 것이다. 유전 지대의 파업과 점거, 대규모 거리 시위가 추동한 이 혁명의 첫 제도적 표현은 1905년과 1917년 러시아 혁명에서 등장한 소비에트와 매우 비슷한 민중 평의회, 즉 '쇼라'였다. 그러한 민중 권력 기구들을 발전시키기 위해서는 이란의 좌파보다 정치적으로 더 명확한 좌파가 필요했다. 결국 좌파의 무능력으로 생긴 정치적 공백을 아야톨라 호메이니가 메웠다. 혁명의 마지막 국면에서 한 미국 군무관은 워싱턴에 보내는 지극히 간략하면서도 정확한 전보에서 상황을 이렇게 요약했다. "군대는 항복했고 호메이니가 승리했다. 기밀문서를 모두 파기하라."[23]

외국 석유 회사들이 모두 이란에서 쫓겨났다. 원유 가격은 배럴당 30달러로 치솟았고 위기는 사우디아라비아가 석유 생산을 늘리는 데 동의한 덕분에 겨우 진정됐다. 메이저 석유 회사들은 이제 사우디아라비아·이라크·이란에 직접 접근할 수 없게 됐다. 서방에 대한 석유 공급은 명백히 중동 정부들의 수중에 있었다.


### 카터 독트린에서 이라크 침략까지

중동에서 제국주의가 겪은 이러한 일련의 패배, 특히 이란 혁명의 결과는 광범했고 오래 지속됐다. 첫째, 카터 대통령과 그 후임자들은 중동의 석유에 대한 어떤 위협도 미국의 국익을 직접 위협하는 것으로 간주하겠다고 새삼 강조했다. 둘째, 석유 공급과 군사기지 면에서 미국은 중동의 주요 산유국이자 겉보기에 혁명의 물결에서 벗어나 있는 보수적 국가, 즉 사우디아라비아에 훨씬 더 의존하게 됐다. 셋째, 이란-이라크 전쟁에서 결국 미국은 사담 후세인 정권 쪽으로 결정적으로 '기울었다.' 마지막으로 — 그러나 중요성이 떨어지는 것은 결코 아니다 — 이슬람 급진주의가 이란 혁명으로 크게 힘을 얻었다.

이러한 변화들의 직접적 결과는 미국의 수모로 그치지 않았다. 샤의 미국 입국에 반발한 이란 시위대가 미 대사관으로 쳐들어가 그 직원들을 인질로 잡았을 때 카터 대통령은 이미 이란 혁명의 결과로 국내에서 에너지 위기에 시달리고 있었다. 그 다음 달인 1979년 12월에 소련은 아프가니스탄을 침공했다. 미국은 그 전의 영국과 마찬가지로 소련이 페르시아만에 밀고 들어오는 것을 오랫동안 두려워했다. 이제 이란이 소요에 휩싸이고 그 이웃 나라가 침략당하자 최악의 상황이 벌어지고 있는 것으로 보였다.

카터 독트린은 이에 대한 미국의 정책적 대응이었다. 카터는 연두교서에서 이렇게 주장했다. "페르시아만의 통제권을 획득하려는 그 어떤 외부 세력의 시도도 미국의 사활적 이해관계에 대한 공격으로 간주할 것이고 군사력을 포함해 모든 수단을 이용해 격퇴할 것이다."[24] 일반적 의미에서 이것은 트루먼 이래 역대 대통령들의 독트린을 강력히 재천명한 것에 불과했다. 그러나 1980년의 상황에서 그것은 또한 미국이 중동 지역 대리인들에게 덜 의존하는 한편 직접적 군사 개입에 더욱 의존하게 될 것임을 뜻했다.

그러나 카터 독트린에 따라 행동한 첫 시도는 대통령에게 행운을 가져다주지 않았다. 사실 인질 위기와 아프가니스탄 침공은 카터가 인질 구출을 위한 군사행동 감행을 결정하기 전에 이미 그의 대통령 임기에 어두운 그림자를 드리웠다. 그러나 작전의 운명은 대통령의 운명도 결정했다. 구조팀을 수송하기 위해 테헤란의 미 대사관에 파견된 헬리콥터들이 기계 고장 때문에 도착하지 못하거나 사막의 모래 폭풍 속에서 공중 급유기와 충돌해 추락하자 카터 자신이 임무 중단을 명령했다. 이것은 베트남의 미 대사관 직원들이 옥상에서 헬리콥터를 타고 도망친 이후 미국 제국주의가 겪은, 단일 사건으로는 가장 치욕적인 패배였다.

이란을 잃은 뒤 카터의 후임자들에게 남은 정책은 두 가지였다. (1) 미국의 동맹들, 특히 사우디아라비아를 철저히 무장시키는 것과 (2) 감히 대드는 상대가 있다면, 미국의 직접적 군사 개입에 의존하는 것. 이 중 두 번째는 훨씬 더 어려운 일이었다. 그래서 사우디아라비아는 [미국이] 석유 시장 안정을 위해 의존하는 '생산 조정자' 구실을 했을 뿐 아니라 미국의 핵심 군비 지원 대상국이 됐다. 이 정책은 1979년 사태의 또 다른 결과, 즉 소련의 아프가니스탄 침략에 대항하기 위해 탈레반을 무장시킨 것과 맞물려 치명적 결과를 맞게 된다.

놀라운 운명의 장난처럼, 미국이 진저리를 친 사건인 이란 혁명과, 미국이 꾸민 두 가지 사건, 즉 미국과 사우디아라비아 정부의 동맹과 탈레반의 승리, 이 모든 것이 이슬람 급진주의의 성장에 기여했다. 그리고 이란 혁명에 대처하는 과정에서 미국은 이런 악순환을 더욱 뒤틀어 버렸다. 이란-이라크 전쟁이 발발하자 처음에 미국은 조심스럽게 이라크를 지지했다. 그러나 전세가 이란에게 유리해지자 미국은 이라크의 사담 후세인 쪽으로 크게 '기울'기 시작했다. 이라크에 군사원조와 그 밖의 원조가 제공됐다. 이라크의 인권 유린은 무시되거나 미국의 용서를 받았다. 이란-이라크 전쟁이 끝나고 겨우 2년 뒤 미국이 쿠웨이트 침공을 묵인해 줄 것이라고 사담 후세인이 오판한 것은 이런 사태 전개에 비춰 볼 때 상당히 합리적이었던 셈이다.

후세인이 이란과의 전쟁 때문에 생긴 부채와 파괴에 조금만 덜 시달렸다면, 또는 미국의 사우디아라비아 정책에 조금만 더 주의를 기울였다면, 그는 미국이 쿠웨이트 침공을 결코 용인하지 않을 것이라는 점을 더 쉽게 깨달았을 것이다. 부시 1세는 1990년 8월 8일 TV 방송에 출연해 이 점을 분명히 밝혔다. "우리나라는 지금 석유 소비량의 거의 절반을 수입하고 있고, 석유에 대한 경제적 의존은 중대한 위협에 직면할 수 있습니다. …… 사우디아라비아의 주권 독립은 미국의 이해관계에 결정적으로 중요합니다."[25]

미군과 다국적군은 중동, 특히 사우디아라비아의 기지들로 밀어닥쳤다. 사우디아라비아는 사담 후세인을 물리치면 미군 기지들을 철수한다는 조건으로 여기에 동의했다. [그러나] 그렇게 되지는 않았다. 이것이 오사마 빈 라덴을 더한층 격노하게 했다. 후세인을 쿠웨이트에서 몰아내기 위해 미군보다는 차라리 아프가니스탄은 물론 카슈미르와 보스니아에도 참전했던 베테랑 용사들인 자신의 아랍-아프간 전사들을 활용하라는 빈 라덴의 제안을 사우디아라비아의 지배자들 — 안보 책임자가 아프가니스탄 전쟁을 통해 빈 라덴과 잘 아는 사이였다 — 이 거부한 것 때문에 빈 라덴과 그의 옛 후원자들 사이에는 이미 불화가 생긴 상태였다.

1991년 걸프전의 엄청난 군사적 불균형 때문에 이라크 군대가 손쉽게 격퇴되는 것은 당연했다. 한 미군 조종사는 바스라 대로 위에서 도망치던 이라크 병사와 민간인들이 학살됐을 때 이 끔찍한 광경을 '칠면조 사냥'이라고 묘사했다. 비행 금지 구역, 군사적 침입, 경제제재를 통한 '봉쇄' 정책이 그 뒤 10년 동안 이라크 사회를 완전히 망가뜨렸다. 그러나 미국 역시 전쟁의 대가를 치렀다. 그것은 사우디아라비아와의 관계 악화였다. 우리가 앞 장에서 봤듯이, 1990년대는 미국의 중동 정책의 주요 버팀목들이 무너진 시기였다. 친미 안정성이 손상되지 않은 마지막 요새였던 사우디아라비아가 '믿을 수 없는' 존재가 됐다.

일부 변화는 사우디아라비아의 국내 정치와 연관돼 있었다. 높은 출산율 때문에 사우디아라비아 인구의 75퍼센트가 30세 미만이었고 50퍼센트는 18세 미만이었다. 1981년에 미국과 같은 수준이었던 1인당 소득(2만 8천6백 달러)은 2001년이 되자 고작 6천8백 달러로 폭락했다. 실업이 증가해, 특히 청년과 고학력 성인 남성의 실업률이 10년 사이에 0퍼센트에서 30퍼센트로 뛰었다. 이러한 상황은 고등교육을 받고 불만을 품은 급진주의자들 — 5장에서 보게 되듯이, 반식민주의 시대에 국제적으로 매우 많은 혁명적 상황의 발전에서 결정적 구실을 한 바로 그 집단 — 을 만들어 냈다. 마이클 클레어가 지적했듯이, 사우디아라비아의 경제 상황 때문에 "기대치는 높지만 경제적 기회는 매우 적은, 고등교육을 받고 야심을 품은, 그리고 흔히 소외된 청년들이 넘쳐나게 됐고, 이들은 정치적·종교적 극단주의자들에게 이용당하기 딱 좋은 대상이었다."[26]

그러나 이러한 국내 상황은 국제 정치와 상호 작용하지 않을 수 없었다. 미군 기지의 존재는 피뢰침 구실을 했다. 사우드 왕가는 불만을 돈으로 무마하려 했지만 불만의 분출을 억누를 수 없었다. 앞에서 살펴봤듯이, 이것은 미국에 커다란 딜레마를 안겨 줬다. 이란에 이어 이라크를 잃고 사우디아라비아와 갈수록 관계가 불편해지는 상황에서 미국은 중동의 지도를 획기적으로 다시 그릴 필요가 있었다. 사우디아라비아에서 철수한다면 왕정을 안정시킬 수 있겠지만 이것은 석유와 군사기지의 다른 원천이 확보될 때만 가능한 일이었다. 이러한 '봉쇄' 정책의 관점에서 볼 때 사담 후세인은 쓸모없는 자산이었다. 이라크 정권 교체는 언젠가는 일어날 일이었다. 쌍둥이 빌딩 공격은 그 순간을 재촉했을 뿐이었다.

### 다변화 정책

쌍둥이 빌딩 공격이 있기 몇 달 전인 2001년 5월에 조지 W 부시는 이렇게 선언했다. "다변화는 에너지 안보뿐 아니라 국가 안보를 위해서도 중요하다. 하나의 에너지 공급원, 특히 해외 에너지 공급원에 지나치게 의존하면

가격 폭등과 공급 중단, 그리고 최악의 경우 협박에 취약해진다."[27] 부시 정부가 이러한 주장을 처음으로 한 것은 아니었다. 이것은 미국의 석유 생산 하락이 명백해진 이래 모든 부시 전임자들이 해 온 주장이었다.

미국이 중동을 대체할 대안적 석유 공급지로 기대하는 일부 지역들이 있다. "카스피해는 …… 급성장하는 새로운 공급원이 될 수 있다"고 2001년 미국국가에너지정책 보고서는 주장했다.[28] [에너지 공급원] 다변화 정책 때문에 카스피해 지역에서 미국의 군사 개입이 확대됐다. 카터가 중동 군사 개입 확대라는 자신의 독트린을 구현하기 위해 창설한 미군 중부 사령부는 1999년에 카스피해 연안의 중앙아시아 국가들을 포괄하기 위해 작전 지역을 확대했다. 베를린 장벽의 붕괴로 가능해지고 코소보 전쟁으로 촉진된 이러한 정책은 9·11의 여파로 엄청나게 도움을 받았다. 미 국무부 차관보 A 엘리자베스 존스는 상원 외교관계위원회에서 "우리나라는 이제 9·11 전에는 상상조차 할 수 없었던 방식으로 이 지역과 연결돼 있다"고 말했다. 2002~2004년에 카스피해와 그 인접 지역에 대한 미국의 지원은 그 전 3년보다 50퍼센트 증가했다.[29]

카스피해 지역에서 미국의 다변화 전략이 부딪힌 어려움은 다변화가 안정을 뜻하지는 않는다는 것이다. 미국은 이제, 석유를 찾아서 그리고 옛 유고슬라비아와 아프가니스탄에서 벌인 전쟁의 결과로, 자신의 경쟁자인 옛 제국의 일부이자 태생적으로 불안정한 지역으로 이끌려 들어갔다. 한편 러시아는 여전히 이웃 신생 독립국들에 대한 영향력을 유지하기 위해 악전고투하고 있었다. "특정 외부 세력이 카스피해 연안에서 우리의 지위를 약화시키려 한다는 것을 러시아가 모르고 있는 것은 아니다" 하고 2000년 5월에 러시아 외무장관은 말했다. "어느 누구도 러시아가 자신의 이익을 침해하려는 시도에 단호히 맞서는 것에 놀라지 말아야 한다."[30] 아마도 2002년 12월에 러시아가 키르기스스탄 마나스 국제공항의 미군 기지에서 매우 가까운 키르기스스탄 비슈케크 부근에 전투기 1개 대대와 7백 명의 지원 병력을 배치한 사실만큼 위험한 상황을 잘 보여 주는 것은 없을 것이다.[31]

미국의 다른 잠재적 석유 수입원은 카스피해만큼 불안정하지 않을 수 있다. 그러나 그러한 잠재적 공급원들은 또 그 나름의 어려움이 있다. 베네수엘라에서 벌어진 최근의 정치 격변은 미국에게 적어도 중동에서 벌어진 어떤 일 못지않게 위협적이다. 우고 차베스는 대통령 당선 뒤 석유 산업 사유화 계획을 철회함으로써 미국의 석유 정책 위기에 이미 한몫했다. 물론, 베네수엘라는 OPEC 내의 비(非)아랍 회원국들 중 하나다. 그리고 차베스 정부의 급진 정치 때문에 이 정부는 라틴아메리카에서 반제국주의 정서의 새로운 중심 중 하나가 되고 있다. 이웃 나라인 콜롬비아는 상당한 규모의 미개발 유전을 가진 것으로 추정되는 산유국이다. 그러나 실제로 미국의 콜롬비아산 석유 수입은 1999년 46만 8천 배럴에서 2002년 25만 6천 배럴로 감소했다. 석유 회사들이 콜롬비아의 정치적 안정이 지속되지 않을까 봐 우려하기 때문이다.

따라서 중동산 석유의 공급을 보충하거나 대체할 석유를 찾고 있는 몇몇 중요한 지역에서 미국은 다른 형태의 불안정에 직면해 있고, 그것이 다시 미국으로 하여금 '에너지 안보'를 확보하기 위해 군사력을 사용하도록 부추기고 있다.

지금 미국은 대안적 석유 공급원을 찾아 전 세계를 헤매고 있다. 캐나다의 앨버타 주에서 알래스카 북극국립야생동물보호구역까지, 러시아 유전 지대에서 앙골라와 나이지리아까지, 세계에서 가장 강력한 기업들이 지금 검은 황금의 새로운 매장지를 찾아 돌아다니고 있다. 그러나 이렇게 분주하게 활동하는데도 미국은 여전히 북극국립야생동물보호구역을 둘러싼 논쟁에서 잘 드러나는 한 가지 커다란 문제에 직면해 있다. 심지어 이 거대한 자연 황무지에 부시 정부와 석유 회사들의 주장대로 1백억 배럴의 석유가 매장돼 있다고 해도 그것은 미국의 석유 수입 의존도를 향후 20년 동안 겨우 3퍼센트 낮출 뿐이다. 미국은 단순한 진실, 즉 이용 가능한 석유 공급원들이 미국의 중동 의존을 완전히 해소하지는 못할 것이라는 진실에 직면해 있다.

따라서 다변화를 위해 온갖 노력을 했지만 2002년의 상황은 여전히 다음과 같았다. 캐나다가 미국의 최대 석유 수입원으로서 17퍼센트를 차지했고, 다음으로 사우디아라비아가 13.7퍼센트, 멕시코가 13.5퍼센트, 베네수엘라가 12퍼센트를 차지했다. 그 전 해인 2001년에는 캐나다가 15.4퍼센트, 사우디아라비아가 14퍼센트, 베네수엘라가 13퍼센트, 멕시코가 12.1퍼센트였다. 캐나다는 적어도 2001년부터 줄곧 1위를 고수했다. 2002년에 미국이 페르시아만에서 수입한 양은 미국 전체 석유 수입량의 19.8퍼센트를 차지했다. 같은 해에 전체 수입량의 40퍼센트를 OPEC 회원국들이 공급했고, 여기에는 베네수엘라와 인도네시아 같은 페르시아만 외부 지역 국가들이 포함돼 있다. 더 광범한 국제적 맥락에서는 상황이 다음과 같았다. 2003년에 최대 석유 소비국은 미국(하루 2천만 배럴), 중국(5백60만 배럴), 일본(5백50만 배럴) 순이었다. 최대 석유 수입국은 미국(하루 1천1백10만 배럴), 일본(5백30만 배럴), 독일(2백50만 배럴) 순이었다.[32]

진실은 중동산 석유만큼 풍부하고 채취하기 쉬운, 따라서 수익성이 좋은 석유 공급원은 전 세계 어디에도 없다는 것이다. 심지어 그토록 오랫동안 다변화를 강조한 뒤에도 미국국가에너지정책 보고서는 이렇게 결론 내려야 했다. "중동의 석유 생산은 여전히 세계 석유 안보에 결정적일 것이다. …… 걸프만은 미국의 국제 에너지 정책에서 가장 중요한 초점이 될 것이다."[33] 이러한 다변화 노력은 석유 회사들이 가는 곳마다 총과 탱크를 같이 보내서 지정학적 불안정을 심화시켰다. 에너지 안보와 국가 안보는 미국의 전략적 계획 속에서 하나로 결합됐다.

마지막으로, 그리고 가장 중요한 점은 미국의 국내 석유 수요가 미국이 중동의 석유 생산을 지배하고자 애쓰는 유일한 이유가 결코 아니라는 것이다. 이제 유럽과 중국이 모두 미국보다 더 중동 석유에 의존하고 있을 것이다. 그리고 바로 이것이야말로 미국이 중동에서 자신의 제국주의적 패권을 잃지 않으려고 애쓰는 결정적 이유다. 중동 지배권은 단지 미국의 국내 석유 수요를 충당하기 위한 것만이 아니다. 그것은 미국의 동맹과 경쟁자들의 석유 수입원을 통제하려는 것이기도 하다. 그리고 미국의 압도적 힘이 경제력보다는 군사력에 있기 때문에 중동의 군사화에는 나름의 논리가 있는 셈이다. 그것은 미국의 강점에 근거를 둔 것이고 군대가 문을 차서 열어젖히면 미국 기업들이 따라 들어갈 수 있게 하는 것이다. 이것은 이라크 전쟁을 둘러싼 러시아 · 프랑스 · 독일과 미국 사이의 분열을 이해하는 데 도움이 된다. 유럽 제국주의 열강들의 상황은 미국과 정반대다. 즉, 그들은 경제력이 군사력보다 더 강력하다. 바로 이 때문에 그들은 이라크 위기에 대한 비군사적 해결책을 선호한 것이다. 그들의 처지에서는 비군사적 해결책이 나름대로 합리적 선택이었다. 그 점은 전후 이라크 경제 수탈 과정에서 미국 기업들이 누린 엄청난 특혜를 통해 분명히 드러났다.

### 아랍민족주의에서 이슬람주의의 부흥까지

제1차세계대전 말에 거대 열강들이 오스만 제국 영토를 멋대로 분할해 중동 각국을 만들어 낸 이래로 석유를 약탈하는 제국주의에 맞선 저항은 늘 있었다. 이것은 오늘날 이라크 · 팔레스타인 · 레바논에서 계속되고 있고,

이란·시리아·이집트에도 존재한다. 이것은 지금 중동의 모든 나라에서 당면한 현실 문제다. 전에도 그랬다. 그러나 저항이 취하는 형태나 유력한 이데올로기는 변해 왔다.

다양한 경향의 민족주의는 언제나 널리 받아들여지는 이념이었다. 그리고 제2차세계대전 이후 대부분의 기간에 이러한 민족주의는 흔히 공산주의와 결합됐다. 이것은 주로 두 가지 이유 때문이었다. 첫째, 토착 공산당들은 노동자·농민·빈민 사이에 상당한 실질적 기반이 있었을 뿐 아니라 진심으로 제국주의에 반대했다. 그러나 그들은 이론적 배경 때문에 민족 투쟁과 계급투쟁을 뒤섞는 경향도 있었다. 그들은 토착 자본가 계급의 일부는 제국주의 체제에 반대한다고 상정했고, 따라서 여러 계급을 아우르는 '민중전선[인민전선]' 건설에 자신들의 정치를 종속시키는 경향이 있었다. 둘째, 냉전으로 분할된 세계에서 소련은 흔히 미국 제국주의를 반대하는 세력을 지원하는 것이 자신에게 유리하다고 생각했다. 원조는 제한적이었고 소련 국가의 정치적 이해득실 계산에 달려 있기는 했지만 어쨌든 소련의 지원은 국제 반제국주의 운동에 영향을 미쳤다.

중동 공산당들의 이러한 노선은 대다수 주요국에서 거의 예외 없이 공산당의 파멸로 끝났다. 이라크 공산당의 역사는 공산당과 동맹한 민족주의자들의 연이은 배신의 역사였다. 이란에서는 공산당이 모사데크의 민족주의 운동과의 관계에서 저지른 실수 때문에 1979년 혁명이 일어나기 전까지 운동이 거의 사라지고 말았다. 이집트에서는 공산당이 나세르주의자들에게 종속되는 바람에 민족주의 운동의 군사 지도자들에게 궤멸됐다.

민족주의 물결의 최종 결과도 마찬가지로 좋지 않았다. 1950년대의 아랍 독립국들은 모두 새로운 제국주의 질서에 타협했다. 아랍민족주의 운동들 가운데 가장 강력했던 나세르주의의 급진적 약진은 결국 야만적이고 우스꽝스러운 무바라크 정권으로 끝났다. 1920년대에 코민테른이 주창했던 범아랍 국가라는 영웅적 사상은 이라크와 시리아에서 바트당 독재로 전락하고 말았다.

전투적 이슬람주의의 부상은 이러한 맥락에서 떼어 놓고 설명할 수 없다. 민족주의 프로젝트가 쇠락하고 공산당이라는 대안이 제거된 결과, 반제국주의 정서는 다른 형태로 표출됐다. 1979년 이란 혁명은 이러한 전환에서 가장 중요한 단일 사건이었다.

이란 혁명의 핵심은 석유 노동자들의 파업 투쟁이었지만 1979년 2월쯤에는 이란 사회 전체가 들끓고 있었다. 노동자·여성·농민·소수민족 운동들이 고조되면서 "'민주주의의 분출'은 최고조에 이르렀다. 이란 사회의 모든 영역에서 열띤 논쟁이 벌어졌고, 좌파의 주장을 경청할 태세가 돼 있는 사람들이 엄청나게 늘었다."[34] 혁명의 정치적 지도부 자리를 놓고 아야톨라 호메이니의 이슬람주의 경향과 좌파가 경합했다.

이러한 상황에서 좌파가 효과적으로 지도하기 위해서는 샤에 맞선 온갖 투쟁들의 단결과 정치적 독립성 — 특히 기존 국가에 대한 성공적 도전의 토대가 될 노동자 조직이라는 결정적 문제에서의 정치적 독립성 — 을 결합하는 것이 필요했을 것이다. 그러나 주요 좌파 정당인 투데당은 노동계급의 독자적 지도를 논의하는 것은 이란 사회의 '저발전' 때문에 아직 시기상조라는 낡은 스탈린주의 공식을 공유했다. 그들의 생각으로는 혁명은 먼저 민주주의 단계를 거쳐야 했고, 따라서 그들은 임시정부를 무조건 지지하며 자신의 지지자들을 호메이니 주변의 운동에 용해시켰다.

페다옌은 모사데크 정부를 전복한 쿠데타 직후에 투데당에서 떨어져 나온 세력이었다. 당시 투데당은 1979년에 저지를 실수를 미리 연습이라도 하듯이 민족주의 정부로부터 독자적으로 행동하지 않았다. 그러나 페다옌의 지도자들은 투데당의 정치적 실패를 인식했으면서도 이에 대한 그들의 해결책은 무장 게릴라 투쟁이었다. 1979년에 무장 게릴라 투쟁 전략은 노동계급을 독자적으로 지도하는 데서 투데당만큼이나 무능력했다.

호메이니 운동이 혁명에서 정치적 주도권을 잡게 된 것은 바로 이렇듯 좌파 내에 독립적 조직이 없었기 때문이었다. 마찬가지로 좌파의 광범한 실수에서 비롯한 비슷한 사태들이 다른 곳들, 특히 팔레스타인과 레바논에서 이슬람주의 경향의 성장을 도왔다. 더 넓게 보자면, 5장에서 보게 되듯이, 자생적 혁명의 발전, 제국주의, 정치조직 사이의 관계라는 문제는 1979년 이후 새로운 형태로 다시 등장했다. 결정적으로 이러한 논쟁들은 이란 혁명 10년 뒤에 동유럽 전역을 휩쓴 '벨벳 혁명' 과정에서 되살아났다.


## 결론

중동은 경제적 이유와 전략적 이유에서 모두 서방 제국주의에게 중요하다. 석유가 모든 현대 경제의 핵심이라는 말은 석유 없는 현대 경제가 작동할 수 없다는 직접적 의미에 국한되지 않는다. 석유는 엄청나게 수익성 높은 상품이기도 하다. 심지어 자국 내에서는 딱히 석유가 필요하지 않은 국가일지라도 석유 지배권을 이용해 다른 국가들에게 패권을 행사할 수 있다. 실제로, 미국에게는 중동산 석유를 최대한 많이 통제해야 할 세 가지 이유가 모두 있다. 게다가, 중동은 냉전이 끝난 후 세계의 새로운 제국주의 지도에서 결정적으로 중요한 전략적 지역이다. 중동은 유라시아 대륙의 중심에 있고, 서쪽으로는 유럽, 북쪽으로는 러시아와 중앙아시아 국가들, 북동쪽으로는 인도와 아프가니스탄, 나아가 중국과 연결돼 있다. 제국주의 열강들은 이 지역에서 벌어진 대중 저항을 결코 오랫동안 용납할 수 없었다.

전후 장기 호황이 끝나고 새로운 제국주의가 부상한 효과는 중동에 국한되지 않는다. 세계화는 국가와 경제, 선진국을 포함한 전 세계 모든 사람들 사이의 관계를 재구성했다. 4장에서는 이 과정과 그것이 체제 핵심부에서 전통적 정치조직과 저항에 미친 영향을 살펴본다.

# 4장

# 세계화와 불평등

사람들은 대부분 '세계화'를 다국적기업에 의한 국제 무역·금융·생산의 엄청난 확장으로 이해한다. 이런 의미는 세계경제 변화의 중요한 측면을 포착하고 있다. 그러나 이 세 영역 각각의 서로 다른 발전 속도를 정확히 봐야 한다.

자본주의는 언제나 국제무역 체제였다. 자본주의 체제가 성장하면서 무역의 규모와 범위도 확대됐다. 유럽과 미국이 산업화하면서 1870~1913년에 국제무역이 세 배나 증가했다. 양차 대전 사이에는 보호무역주의 때문에 국제무역이 감소했지만 제2차세계대전 후 미국이 세계경제의 패권을 쥐면서 다시 늘었다. 세계 수출 가치는 1950년 3천1백50억 달러에서 1990년 3조 4천4백70억 달러로 늘었다. 전에는 선진국의 공산품과 덜 발달한 주변국의 원료 사이의 교역이 중요했다면, 제2차세계대전 후에는 선진국 간 공산품 교역이 중심이 됐다.[1]

국제 금융 거래는 훨씬 더 빨리 성장했다. 1973년에 세계무역과 외환 거래의 비율은 1 대 9였다. 1992년에는 1 대 90이 됐다. 국제 은행 대출도 빠른 속도로 늘었다. 세계무역 규모와 비교했을 때 국제 은행 대출은 1965년에는 7.8퍼센트에 불과했으나 1991년에는 104.6퍼센트로 늘었다. 또, 정부 부채 시장도 빠르게 성장했다. 이 때문에 '외국인'들이 보유한 국채의 규모가 폭증했다.[2]

생산의 국제화는 국제무역이나 금융보다 느리게 발전했다. 보통 세계화의 새로운 점은 외국인직접투자(FDI)를 통한 국제적 생산 네트워크 형성이라고 알려져 있다. 세계경제에서 FDI는 1960년 6백80억 달러에서 1992년 1조 9천4백80억 달러로 늘었다. 이로써 같은 기간에 세계 생산에서 FDI의 비중은 4.4퍼센트에서 8.4퍼센트로 늘었다. 그러나 FDI의 90퍼센트 이상이 10여 개 선진국에 집중됐고 66퍼센트가 미국·독일·영국·일본에서 나왔다.[3]

자본주의 체제의 국제적 확장은 대규모 다국적기업들의 힘을 강화했다. 한 통계를 보면 3백대 다국적기업이 FDI의 75퍼센트와 세계 자본의 25퍼센트를 차지한다. 가장 큰 회사 3백50개의 매출액이 선진 자본주의 나라 국민 총생산의 3분의 1을 차지한다.[4] 다국적기업들은 서비스 무역의 75퍼센트를 차지했다. 또 그들은 수출용 작물 재배의 80퍼센트를 지배한다.[5]

물론 세계화에 대한 경제주의 해석들이 주장하는 것과 달리, 우리는 이러한 기업들의 힘이 커진 것을 전적으로 세계시장의 성장 때문으로 돌리지는 말아야 한다. 다국적기업의 힘이 한없이 성장하고 있다는 인상을 강화시킨 중요한 "정치적 돋보기들"이 있었다.

지난 25년 동안 대기업의 힘이 증가한 데는 1970년대 중반에 시작된 노동계급의 잇따른 패배도 꽤나 중요한 요인이었다. 이러한 패배는 1950년대 이후 지배자들 사이에서 유력했던 복지국가 합의를 약화시킨 결정적인 요인이었다. 그러자 세계화를 고무하고 정당화한 신자유주의 경제 정설이 확산될 수 있는 길이 열렸다. 특히 이 과정에서 국가의 개념이 변했다. 정부가 시장을 견제하고 교정하는 존재에서 대기업들의 시녀이자 변호인으로 바뀐 것이다.

그리고 베를린 장벽이 붕괴하고 러시아와 동유럽에 서방식 자본주의가 도입되지 않았다면 세계화 이데올로기가 지난 10년 동안 그토록 영향력을 발휘하지는 못했을 것이다. 무엇보다 만약 산업 세계의 절반에 세계화의 영향이 미치지 못한다면 '세계화'가 무슨 의미가 있겠는가? 그러나 베를린 장벽은 무너지고 동유럽 경제들은 '창조적 파괴'라는 강풍을 맞았다. 시장의 승리는 짧았고 그 결과는 끔찍했으며 그것이 낳은 불안정은 전쟁을 불러온 중요한 요인 중 하나였다.

### 국가와 세계화

세계화 때문에 국가의 구실이 상당히 변한 것은 사실이지만 그렇다고 해서 국가가 약화한 것은 아니다. 국가가 경제에 직접 '개입'하는 것 — 레이건-대처 시기에는 사라졌어야 마땅한 '해악'으로 간주됐다 — 과 관련해서도 현실은 세계화 이데올로기와 다르다. 1990년대 불황기에 미국 연방준비은행이 저축대부조합을 구제한 것, 최근 불황 때 허약한 항공 산업에 보조금을 지급한 것 등 '케인스주의'는 자유 시장 옹호자들이 인정하고 싶은 것보다 훨씬 더 널리 사용되고 있다.

국제적 생산이 증가하면서 국내외에서 국가가 하는 경찰 활동도 전혀 줄지 않았다. 국내 사례 하나만 들겠다. 국제적 생산의 증가로 국제 노동계급과 세계 노동시장이 형성됐다. 그러자 노동자들의 국제 이주가 시작됐다. 마치 19세기 영국에서 초기 공업화로 농촌 인구가 도시의 공장, 북부 도시들, 거대도시로 이동했듯이 말이다. 이 과정을 자본에 유리하게 통제하기 위해 이민과 난민 문제를 다루는 경찰력이 엄청나게 증가했다.

국제적으로도 국가는 다국적기업의 활동에 필수적이다. 제아무리 자유 시장을 맹신하는 사람이라도 동인도회사 같은 기업들이 자체 군대를 보유했던 자본주의 체제 초창기로 돌아가자고 주장하지는 않는다. 자신의 시장이나 생산설비가 국제 경쟁자들 — 다른 국가나 다른 기업 또는 자유 시장의 '우월함'을 깨닫지 못한 반항적인 외국인들 — 에게 위협당하는 모든 자본주의 기업들은 최후의 수단으로 국가의 군사행동이나 군사행동 위협에 의존한다.

이러한 측면에서 보면 국가의 구실은 과거와 비슷한 듯하다. 그러나 세계화는 몇 가지 모순적 경향도 만들어 냈다. 결정적으로, 세계화 때문에 국가가 국제기구나 정부간 기구를 통해 자본주의 체제의 발전을 통제하려고 애쓰는 경향이 강화됐다.

WTO, IMF, 세계은행, 유럽연합, 나토와 그 밖의 비슷한 기구들은 대부분 1945년 이후 미국 주도의 체제를 뒷받침하기 위해 만들어졌지만 세계화 덕분에 새삼 유명해지고 중요해졌다. 국민국가들로 구성된 이 기구들은 국민국가들의 권위를 무시할 수 없다. 이 기구들이 '국제 정부'의 맹아인 것 못지않게 그 안에는 갈등과 혼란이 존재한다. 어쨌든 그것들은 주요 국가들이 시장의 힘이 증대하면서 나타난 통제할 수 없는 힘들에 공동으로 대처하려는 노력의 결과다. 세계화가 초국가(超國家) 경향을 강화시킨 것이다.

그러나 그런 과정에 대한 반발로 민족주의가 부활하고 있기도 하다. 이것은 몇 가지 형태를 취할 수 있다. 세계화로 가난해진 나라나 주요 열강들의 엘리트 클럽에서 배제된 나라들이 민족주의적 정체성을 다시 강조할 수 있다. 이것은 1989년 이후 러시아와 발칸반도 국가들의 정치에서 주된 요소였다. 중국, 이라크, 그리고 수하르토 정권 몰락 후 인도네시아에서도 비슷한 과정이 있었다. 심지어 자본주의 체제의 심장부에서도 평범한 사람들이 국제적 차원의 민간·국가 관료들을 보며 느끼는 두려움, 불안함, 무력감은 오스트리아의 외르크 하이더[극우 자유당 전 당수]나 전 이탈리아 총리 실비오 베를루스코니 등의 반동적 민족주의를 지지하는 것으로 나타날 수 있다.

끊임없이 변하고 예측 불가능한 세계에서 안정된 문화적 정체성을 찾으려는 노력은 현재의 국민국가를 해체하려는 많은 민족주의 운동을 불러일으키기도 한다. 전 세계에는 스코틀랜드 민족주의와 바스크 분리주의처럼 어느 정도 강력하고 진보적인 세력들이 여럿 있다. 정치적 이슬람의 성장도 같은 맥락에서 봐야 한다. 이슬람주의 운동의 성격을 단순히 진보적이라거나 반동적이라고만 평가하는 것은 옳지 않다. 분명 팔레스타인 하마스 투사들이나 알제리 이슬람구국전선(FIS) 투사들의 이슬람은 반동적인 사우드 왕가가 가르치는 이슬람과 다르다. 그러나 우리가 여기서 주로 논의하는 사회적 근원의 측면에서는 서로 비슷한 점도 있다. 즉, 수많은 사람들의 삶에 절대적 영향력을 행사하는 듯한 거대 관료 기구들이 점차 지배하는 사회에서 인간적이고 의미 있는 귀감을 찾으려는 필사적 노력이라는 것이다.

산업 민주주의 나라에서 국가 기능의 변화, 즉 '복지 제공자' 구실의 약화와 '기업 후원자' 구실의 강화는 국가 기구의 민주적 이미지를 공허하게 만들었다.

신자유주의는 이런 변화를 반영한 이데올로기다. 그러나 마거릿 대처가 1979년에 집권한 뒤 신자유주의 이데올로기를 발명한 것은 아니다. 전임 총리 제임스 캘러헌이 이끄는 노동당 정부에서 먼저 시작됐다. 1976년에 IMF가 요구한 긴축정책을 받아들인 것은 노동당 정부였다. 미국 재무부가 주장한 IMF 구제금융의 주요 조건은 수요를 줄여 정부 재정 적자를 감축하라는 것이었다. 금리가 오르고 정부 지출이 삭감됐다. 노동조합이 노동당 정부를 구하기 위해 수용한 '사회적 협약'의 핵심 내용은 임금·일자리·복지 삭감이었다. 콜린 레이스는 이렇게 지적한다.

1976년부터 노동당은 '통화주의자'가 됐다. 노동당 지도자들은 완전고용을 정부 지출로 달성할 수 없고 민간 부문의 성장을 통해 달성해야 한다고 인정했다. 민간투자를 유치하기 위해 가격은 반드시 실질 가치를 반영해야 하고 이를 위해서는 자본주의 체제에서 인플레이션을 '몰아내야' 하며, 자본의 자유로운 이동을 허용해야 한다. 1978년에 재무부 관리들은 자본 통제 [정책의] 폐지를 준비하기 시작했다.[6]

마거릿 대처가 집권했을 당시는 '불만의 겨울'이라는 격렬한 파업이 쓰라린 패배로 끝난 직후였다. 대처는 국제 자본 이동에 대한 규제를 즉시 제거하고 금리를 대폭 올렸다. 대처는 잇따른 대규모 투쟁들에서 법과 대량 실업을 무기 삼아 노동조합의 힘을 꺾으려 했다. 이러한 공세 과정에서 대처는 자기 당의 '국민 통합'파 원로 거물들을 주류에서 몰아냈다. 그 결과 수십 년간 지속된 자유주의적 복지국가 합의가 파괴됐다.

캘러헌과 대처 정부의 행동은 근본적으로 장기 호황의 종말에 대한 대응이었다. 그들의 정책과 레이건 시기 미국 정부의 대동소이한 정책은 세계화의 탈규제화된 세계를 여는 데 기여했다. 콜린 레이스의 지적처럼 "세계경제는 미국과 영국이 이끌거나 압력을 가한 국가들의 창조물이었지만, 일단 세계시장이 형성되고 중요성이 커지자 이와 함께 성장한 시장의 힘이 그런 국가들의 경제에 갈수록 많은 영향을 미치게 됐다."[7]

이러한 변화들은 사회적이고 경제적일 뿐 아니라 정치적이기도 하다. 대처와 존 메이저 정부의 임기가 끝났을 때 영국의 정치체제는 중요한 변화를 겪은 상태였다. 영국 국가를 경제의 탈규제화에 알맞게 고치기 위해서는 국가 기구의 상당한 변화가 필요했다. 권한이 더 집중됐고, 국가 내부의 민주적 공간이 줄고, 사회 운영에서 대기업들이 직접적으로 하는 구실이 크게 증가했다.

이러한 변화는 국영기업의 광범한 사유화에 그치지 않았다. 또, 시장의 규제를 대폭 완화해 국가의 경제 통제 정도를 감소시킨 것에도 그치지 않았다. 국가 자체의 핵심 기능도 변해야 했다.

1975년에 행정기관은 여전히 …… 사회와 경제를 신중하게 관리하고 점진적 사회 변화에 맞게 정책을 적용하는 데 헌신하는 소수의 엘리트 공무원에 의해 운영됐다. 2000년에 이르면 행정기관은 기업가 자질 덕분에 승진한 공무원들이 운영하는 작고 중앙집권적인 정책 생산 부서들과 중앙이나 지방의 다양한 집행 부서들로 쪼개졌다. 그래서 교도소는 매각됐고, 교육표준국 (Ofsted)은 이름도 괴상한 '준(準)독립 비정부기구(quangos)'로 운영됐고, 지역 보건 당국들은 최고 경영자가 실적에 따라 보수를 받는 사기업처럼 운영됐다.[8]

더구나 1975년에 지방정부는 과세와 재정 지출에서 상당한 재량권이 있어서 학교, 공공 서비스, 장기 요양·간호 시설 등을 운영했다. 2000년에는 지방정부가 더는 그런 책임을 지지 않게 됐다.

그런 변화에 항의하려 한 사람들은 서유럽에서 가장 까다로운 노동조합법의 제약을 받았을 뿐 아니라 시민적 자유를 억제하는 신규 법률들 — 1986년 공공질서법, 1994년 형사재판법, 1996년 보안국법, 1997년 경찰법, 2000년 테러방지법 — 의 집중포화를 맞았다. 또, 세계무역센터 공격과 2005년 런던 폭탄 테러 이후 테러를 방지하기 위한 새로운 법들이 정신없이 제정됐다.

국가의 중앙집권화와 이미 좁은 민주적 공간의 축소는 단지 신자유주의 경제정책과 세계화의 영향 때문만은 아니다. 분명히 세계시장이 정한 목표를 성취하기 위해 더 잔인하고 노골적인 방법으로 내국인들을 더 잘 통제할 수 있는 국가가 필요했기 때문이기도 하다. 그러나 1990년대에 국제 제국주의 질서의 성격이 바뀌고, 새로운 제국주의가 등장하고, 미국 다음으로 영국이 계속 2인자 구실을 해 온 군사 분쟁이 잇따른 것도 국가의 내부 구조를 변화시켰다.

20세기 초반에 러시아 마르크스주의자 니콜라이 부하린이 이미 깨달았듯이 다국적기업의 성장과, 그들과 국민국가의 유착은 모두 제국주의 체제의 특성이다. 제국주의의 이러한 두 가지 특징은 모두 의회제를 빈껍데기로 만드는 경향이 있다. 왜냐하면 권력을 행정부와 선출되지 않은 국가 기구에 집중시키기 때문이다. 현대 지배계급은 이제 서로 다른 집단들의 혼합물이라기보다 자국의 가장 큰 경제적 발전소들[거대 기업들]로 집중돼 있다. 심지어 국가를 통해 자신의 의지를 집단적으로 표현하기 전부터 그랬다.

국가 권력의 중요성이 커질수록 국가의 내부 구조도 변한다. 국가는 그 어느 때보다 "지배계급의 집행위원회"에 가깝다. …… 국가 권력이 언제나 '상류층'의 이익을 대변한 것은 사실이다. 그러나 상류층 자체가 약간 무정형의 대중인 한, 조직된 국가 기구는 조직되지 않은 계급(계급들) — 국가 기구를 통해 자신의 이익을 대변하는 — 을 상대했다. 지금은 상황이 완전히 다르다. 국가 기구는 지배계급 일반의 이익을 대변할 뿐 아니라 그들의 집단적 의지도 구현한다. 국가는 더는 지배계급의 원자화된 개인들을 상대하는 것이 아니라 그들의 조직들을 상대해야 한다. …… 이것이 이른바 '의회주의의 위기'의 주된 원인 중 하나다. …… 현재 의회는 장식용 기구에 가깝다. 의회는 기업인 단체들이 사전 준비한 결정들을 통과시키고, 단결된 부르주아지 전체의 집단 의지를 형식적으로 승인할 뿐이다. '강한 권력'은 현대 부르주아지의 이상이 됐다.[9]

부하린은 자본들이 국가와 부딪힐 때 그들 간의 경쟁 때문에 심지어 거대 다국적기업들조차 얼마나 심각하게 분열할 수 있는지를 과소평가했지만, 그럼에도 부하린은 현대 국가와 다국적기업들 사이의 권력 관계에서 일어난 중요한 변화를 지적했다.[10]

국가와 다국적기업의 관계에서 일어난 그러한 변화들이 가져온 한 가지 중요한 정치적 결과로 대중이 자신의 삶을 지배하는 거대 관료 기구들 때문에 느끼는 소외감이 더 깊어졌다. 현대 자본주의의 내재적 특징인 이러한 정치적 소외감은 이제 노동 대중이 직면하는 국가와 민간 기구들의 엄청난 규모 때문에 더 커졌다.

의회를 '아주 많이' 또는 '꽤' 신뢰하는 사람들의 비율은 1983년 54퍼센트에서 보수당 집권 마지막 해인 1996년 10퍼센트로 추락했다. 이 수치는 신노동당 집권 이후 겨우 14퍼센트로 회복했다. 행정기관에 대한 신뢰도도 비슷한 패턴을 보여 준다. [1983년] 46퍼센트에서 1996년 14퍼센트로 추락하고 신노동당 정부 들어 17퍼센트를 기록했다. 여론조사 결과를 보면, 22퍼센트만이 대기업을 신뢰하고 65퍼센트는 불신한다.[11]

평범한 대중들이 그런 기구들에 '영향을 미칠' 방법은 없는 듯하다. 실제로 영향을 미치는 것은 고사하고 불만이나 항의가 그런 기구들에 접수될 가능성도 없어 보인다. 환경오염이 발생하고, 끔찍한 열차 사고가 일어나고, 병원에서 상처를 입거나 목숨을 잃고, 저금한 돈이 날아가고, 노동조건이 갑자기 나빠지는데, 개인적으로 문제를 해결하려는 노력은 흔히 거대 관료 기구의 자동응답 전화 통화로 끝난다. 대부분의 불만을 해소하는 '최상'의 방법은 다른 사람에게 하소연하거나 심지어 분풀이를 하는 것이다. 분풀이 대상이 되는 사람은 예외 없이 다른 노동자이고, 고위 경영진은 고사하고 관리자인 경우는 드물다. 정작 문제의 근원은 고위 경영진의 결정인데 말이다. 이러한 좌절감은 현재 엄청난 수준에 도달해서 직원들이 대중과 직접 접촉하는 서비스 분야에서는 사회보장 사무실의 경우처럼 쇠 그물을 설치해 직원들을 물리적으로 보호하거나, 런던 버스와 지하철의 경우처럼 직원을 공격했을 때 엄청난 대가가 따를 것이라고 경고해야 한다.

이러한 좌절감은 터무니없는 시장 지상주의 용어 사용으로 더 심각해지는데, 그 용어는 언뜻 보면 좌절감을 해소해 주는 듯이 보인다. 이제 열차는 승객이 아니라 '고객'을 나른다. 간호사들은 환자가 아니라 '고객'을 치료한다. 고객을 당혹스럽게 만드는 선택을 제시하는 것은 똑같은 소수의 거대 기업들이다. 고객 헌장은 무엇과도 바꿀 수 없는 고객의 권리를 보장하는 듯하다. 그러나 규칙·검사·목표 설정·회계 등 책임을 명확히 하기 위한 보편적 메커니즘들은 사실상, 문제를 더 악화시킨다. "직원들이 대중에게 좀 더 책임 있는 자세를 취하라고 만들어 놓은 변화들은 사실 직원들이 중앙의 통제에 종속되도록 만든다. 대중의 신뢰를 높이기는커녕 역효과를 얻을 수도 있다"[12]

이러한 소외는 불평등 심화, 노동조건 악화, 복지제도 해체에서 비롯한 더 광범한 소외와 결합돼 이제 정치적 표현체를 찾기 시작했다.

## 중심부의 불평등

이러한 일반적 상황을 가장 명확히 보여 주는 지표가 있다. 바로 불평등의 심화다. 1970년에 미국의 노동자 중위 집단의 소득 대 CEO 연봉의 비율은 1 대 30이었다. 2000년에는 1 대 500이 됐다. 최상위 소득자 0.1퍼센트가 전체 국민소득에서 차지하는 몫이 1978년 2퍼센트에서 1999년 6퍼센트로 늘었다. 같은 기간에 소득 상위 1퍼센트의 몫은 전체 국민소득의 15퍼센트로 상승했는데, 이는 1930년대 수준이다.[13]

거의 모든 나라에서 비슷한 패턴을 볼 수 있다. 1999년 <유엔 인간개발 보고서>는 "동유럽과 독립국가연합(CIS) 국가들에서 사회 불평등이 역사상 가장 빠른 속도로 악화됐다. OECD 국가에서도 1980년대 이후 불평등이 빠르게 확대됐다"[14]고 보고했다.

영국에서도 정부 통계를 보면 최상위 가구 20퍼센트의 소득은 최하위 20퍼센트보다 18배나 많다. 조세와 각종 복지 혜택을 감안하더라도 최상위

**도표 4-1**　영국의 연간 가구 소득(단위 : 1년, 파운드)[15]

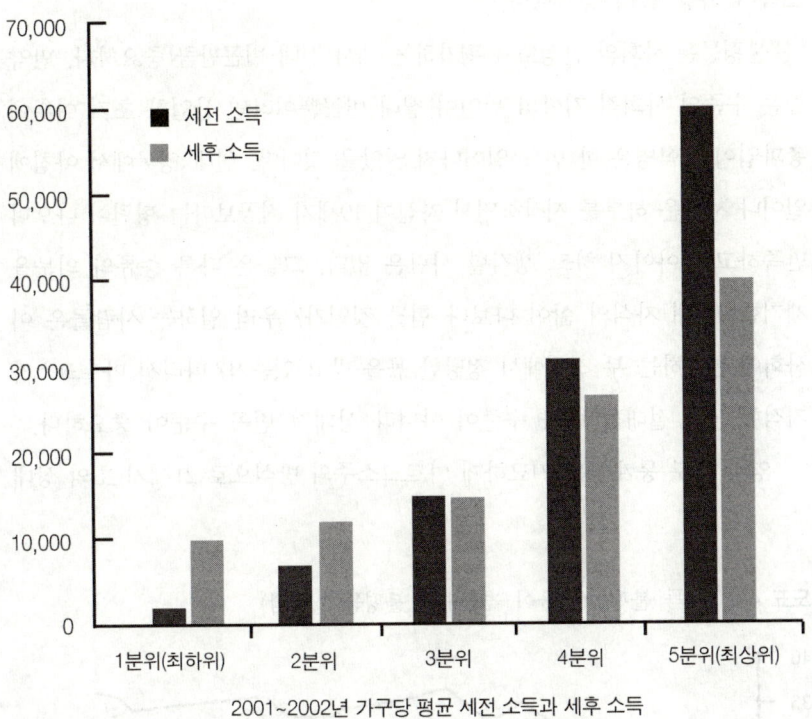

2001~2002년 가구당 평균 세전 소득과 세후 소득

20퍼센트는 최하위 20퍼센트보다 여전히 4배나 부유하다. 그러나 18배나 더 부유한데도 최상위 20퍼센트는 최하위 20퍼센트보다 총소득에서 겨우 두 배 더 많은 세금을 낸다(24퍼센트 대 12퍼센트).

더구나 영국에서는 지난 20년 동안 불평등이 현저히 확대됐다. 가처분소 득에 대한 정부 통계를 보면, 1980년대 후반기에 불평등이 빠르게 확대됐고, 1990년대 중반에 조금 줄었다가 신노동당 정부에서 대처 정부 때만큼 다시 확대됐다. 이것은 "제2차세계대전이 끝난 뒤의 초기 경향과 정반대다. 1940

년대부터 평균 소득이 증가했고, 1970년대 말까지 최하위 소득 집단의 평균 소득이 가장 빨리 증가했다."[16]

불평능은 사회의 안정도를 평가하는 데서 절대 빈곤만큼 중요하다. 만약 높은 수준의 사회적 저항의 원인이 절대 빈곤뿐이라면 산업화 초기 이후에 총파업이나 혁명은 한 번도 일어나지 않았을 것이다. 현대 영국에서 아침에 일어나 새로운 하루를 시작하면서 자신이 19세기 직공보다는 형편이 나으니 만족하고 살아야지 하고 생각할 사람은 없다. 그들은 다른 종류의 의문을 제기한다. 내 자식의 삶이 나보다 힘들 것인가? 우리 일하는 사람들은 이 사회에 존재하는 부 전체에서 정당한 몫을 받고 있는가? 따라서 마르크스가 지적했듯이, 절대적 빈곤 수준이 아니라 상대적 빈곤 수준이 중요하다.

영국 정부 통계청은 기묘하게 마르크스주의 방식으로 21세기 초의 상대

도표 4-2  소득 불평등(비율이 높을수록 불평등이 심함)

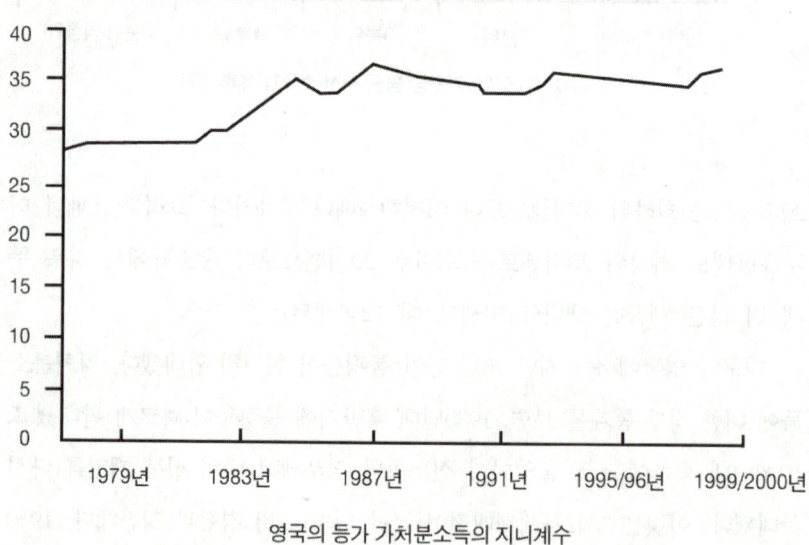

영국의 등가 가처분소득의 지니계수

적 빈곤 수준을 힐끗 보여 준다. 통계청은 일반가계조사의 표본 집단 사람들과 인터뷰하기 위해 '필수품' 목록을 작성했다. 그 목록은 침대, 난방, 습기차지 않은 집, 입원한 가족이나 친구를 방문할 수 있는 능력, 하루 두 끼식사, 처방전 등이다.[18]

이 연구에 따르면 4백만 명이 하루 두 끼를 먹지 못하거나 신선한 야채와 과일을 섭취하지 못한다. 거의 1천만 명이 집 난방을 제대로 하지 못하고습기를 제거하지 못하거나 적절한 실내장식을 하지 못한다. 또 다른 1천만명은 매달 10파운드씩 저축할 여유가 없다. 약 8백만 명은 냉장고나 양탄자같은 필수 가재도구가 없는 채로 살아간다. 그리고 6백50만 명은 너무 가난해서 필수 의류를 구입하지 못한다. 아동은 특히 취약하다. 아동의 17퍼센트가 두 가지 필수품 없이 지내고, 34퍼센트는 적어도 하나가 없이 지낸다.

이러한 상황이 단지 소수의 '하층민'에게만 적용된다고 생각해서는 안된다. 21세기의 동이 틀 때, OECD는 영국인 55퍼센트가 6년 남짓 기간에한 번은 빈곤을 경험했다고 추산했다. 심지어 복지수당을 더하더라도 40퍼센트가 그랬다.[19] 이 수치는 전체 인구를 대상으로 한 것이며 중간계급과상층계급을 포함한다. 만약 빈곤을 경험한 노동계급 비율을 다시 계산한다면(노동계급은 일반적 의미에서 빈곤에 영향을 받는 유일한 계급이다), 노동자 대다수가 6년 남짓 기간에 한 번은 빈곤을 경험한다고 결론지을 수 있을것이다.

그러나 노동 빈민의 일과 후 소비량이 문제의 전부가 아니다. 노동강도강화와 삶의 불안정이 사회 밑바닥에 인화 물질처럼 쌓이고 있다. 레이건-대처 시대에 복지국가 합의의 종식, 공공 서비스 정신의 쇠퇴, 시장 중심소비주의는 많은 작업장의 노동조건에 심대한 영향을 미쳤다. 1980년대에노동조합의 패배로 과거에 많은 노동자들이 누렸던 일상적 작업 환경 통제권이 약해졌다.

단기 계약, 시간제 근무, 교대 시간 유연화, 중간 관리자와 감시자의 대폭 증가, 끊임없는 테스트와 평가, 벌칙 조항 신설, 노동시간 연장, 휴일 축소, 끊임없는 '인력 감축' 등 때문에 많은 사람들에게 노동은 갈수록 힘든 경험이 되고 있다.

이것이 무엇을 뜻하는가? 한 세대 넘게 노동 대중의 삶은 더 힘들고 열악하고 팍팍해졌다. 이것은 자명한 일이다. 그러나 그 정치적 효과는 심대하다. 특히, 사회 반대편의 상황은 완전히 다르기 때문이다.

지배계급과 중간계급 상층은 사뭇 다른 25년을 보냈다. 그들은 더 부자가 됐다. 21세기 초 정부 통계를 보면, 영국 최고 소득자의 소득이 국민소득에서 차지하는 몫이 대처 정부 이후 최고 수준이다. 상위 20퍼센트의 부자들이 전체 가처분 재산의 45퍼센트를 소유한다. 영국 최대 기업들의 고위 경영자 연봉은 지난 10년 동안 92퍼센트가 올랐다. 평균임금 증가분보다 갑절 이상 오른 것이다.[20] 신노동당 집권 후에도 부자는 더 부자가 됐을 뿐 아니라 그 속도도 더 빨라졌다. 보수당 정부 마지막 2년 동안 부자들의 소득은 4.3퍼센트 늘었으나, 신노동당 정부 첫 2년 동안에는 7.1퍼센트가 늘었다.[21]

이것은 중요한 문화적 변화를 가져왔다. 가장 두드러진 것은 복지국가 합의 시기에는 지배계급이 적어도 공개적으로는 지지했던 공공 서비스 정신이 사라진 것이다. 오늘날 득세하고 있는 자유 시장 정신은 노골적인 재산 숭배를 낳았다. 한 보고서는 이렇게 지적했다. "나라의 부가 극소수 특권층에게 재분배되면서 이들 사이에서 '잘나가는 1920년대'식(式) 사고방식이 나타났다. 과시적 소비가 유행하고 있다. 남성잡지 ≪아레나≫는 샴페인, 코카인, 고급 스포츠카의 판매량이 역대 최고를 기록했다고 보도했다."[22]

그러나 중간계급과 상층 계급의 소비보다 더 중요한 것은 그들 스스로 다른 사회 성원들과 괴리되고 있다는 것이다. 이것은 불평등 심화의 필연적 결과이다. 그들은 외부인 출입 금지 주택가에서 주택 도난 경보 장치와 24시간 감시 카메라가 설치된 집에 살면서 베엠베(BMW), 사브, 아우디나 사륜 구동 자동차를 몰고, 수업료는 없지만 계급 차별이 점차 심화되는 학교에 자녀를 보낸다. 또 그들은 2등 칸 요금조차 보통 사람들의 평균임금을 훌쩍 뛰어넘는 '최고 성수기'에도 기차를 탄다. 그리고 그들의 휴가는 노동계급보다 두세 배 더 길고, 그들의 꿈은 조기 퇴직과 해외 별장 취득이다. 진짜 복지국가가 해체되는 동안 부자들만의 복지국가 — 주식 옵션, 후한 연금, 천문학적 퇴직금, 여행 수당, 민간 의료보험, 여행·숙박 경비 보조 등 — 는 갈수록 발전하고 있다.

부자들의 이러한 생활 방식은 오만 가지 방법으로 정당화된다. 영화와 TV 프로그램, 주택(실내외 장식)·정원·휴가·자동차·운동·옷·레스토랑·요리법 등을 분야별로 소개하는 신문 주말 섹션과 라이프스타일 잡지 등이 있다. 그리고 그들의 이런 '힘든 일'을 돕기 위해 청소부, 유모, 보모, 오페어+, 가정교사, 가정부, 요리사, 정원사, 개인 몸 관리사, 운전사, 비서 등 새로운 일용직 가사 노동자들이 나타났다. 사실 1981~1998년에 가사 노동 서비스에 쓰이는 돈은 4배나 증가해 40억 파운드가 됐고, "이런 서비스 이용은 대부분 소득 사다리 최상층과 런던에 집중돼 있다."[23]

중간계급 상층 이상의 사람들은 많은 경우 부하 직원이나 가게 점원이나 가사 노동 보조자로 만나는 것 외에는 노동계급 사람들을 만날 일이 거의 없다. 그들이 오가는 공간은 쾌적하고 사회적으로 통제된 공간이다. 그들은 노동계급의 삶을 거의 알지 못하며 다른 사회 성원들을 잠재적 폭도로 보기

---

+ Au pair, 언어·습관 따위를 습득하기 위해 가사를 도와주고 숙식을 제공받는 젊은 외국 유학생이나 여성.

시작한다. 빈곤과 실업, 열악한 주거 환경, 나쁜 건강, 낮은 성적 등 노동자들의 문제는 개인 탓이라는 것이다. 사회정책은 이제 그런 문제들을 발생시킨 환경을 고치는 것이 아니라 그런 문제들로 고통받는 사람들을 억압하고 견제하는 것이다.

신노동당은 보수당 시절의 '여피(yuppie) 호황'에서 이런 사고방식을 물려받았다. 신노동당은 그런 사고방식을 거의 그대로 받아들였다. 통치 계급들과 다른 사회 성원들 간의 엄청난 간극 때문에 그들 중 일부는 극단적 '사회 다원주의'[사회진화론]을 받아들였다. 그들은 자신이 사회 최상층에 있다는 이유만으로 자신들이 실제로 다른 사람들보다 우월하다고 생각한다. 그들은 자신의 지성, 판단력, 육감, 고상한 취향, 안목 덕분에 현재 자리에 있다고 생각한다. '사회적 배제'로 고통받는 사람들은 스스로 일어설 수 있도록 해야지 그들에게 보조금을 지급해서는 안 된다. 사랑의 매를 들어, 스스로 돕는 사람들을 격려해야 한다. '의존 문화'에 찌든 거지들, '가짜 난민들', '현대화'를 거부하는 자들, '개혁'의 적은 반드시 제거돼야 한다. 다시 말해서, 빅토리아 시대 온정주의가 통치 계급의 지배 이데올로기로 부활한 것이다. 그러나 세상이 실제로 그렇게 돌아가지는 않기 때문에 빅토리아 시대 온정주의의 맞짝인 빅토리아 시대의 위선도 돌아왔다.

지배계급에서는 이런 이데올로기가 보편적이지만 중간계급에서는 그렇지 않다. 중간계급 하층은 보건의료, 연금, 교육, 환경보호, 교통 등을 순전히 또는 주로 개별적으로 해결할 수 없다. 그들도 복지국가에 의존한다. 일부 부서의 책임자, 학교장, 대학 강사, 중간 직급 공무원, 지방정부 관리자 등은 공공 서비스 정신 쇠퇴를 유감으로 생각한다. 비록 본인들이 그런 공공 서비스 해체 과정을 감독하고 있지만 말이다. 그들의 일부 업무도 노동자들을 황폐하게 만든 현대식 테일러주의에 적용을 받기 시작했다. 그래서 일반 국민들 사이에서 신자유주의 경제·사회 정책에 대한 불신이 광범한 것이다.

**세계적 불평등**

자본주의는 항상 빈부 격차를 확대했다. 그래서 세계화의 지치지 않는 찬양자인 <이코노미스트>마저도 "지난 두 세기 동안 세계의 급속한 성장 과정에서 부국과 빈국의 격차도 빠르게 확대됐다"고 인정한다.[24] 세계은행 경제학자들의 연구 결과를 보면, 최부국과 최빈국의 [소득 격차] 비율이 1870년에 거의 8 대 1이었는데, 1960년 38 대 1, 1990년 45 대 1로 늘었다.[25] 가장 부유한 20퍼센트의 국가들이 세계 GNP의 84퍼센트, 세계무역의 84퍼센트, 세계 국내 저축의 85퍼센트를 차지한다. 그들은 세계 목재의 85퍼센트, 세계 가공 금속의 75퍼센트, 세계 에너지의 70퍼센트를 소비한다.[26]

신자유주의 정설의 확대와 그에 따른 규제 완화는 전 세계에서 몇 차례 경제 재앙을 일으켰다. 세계은행 빈곤 통계는 중요한 점을 보여 준다.

순식간에 세계에서 가장 많이 인용되는 경제 지표가 된 이 수치들을 보면, 세계 인구 중 25퍼센트가 최저빈곤선(하루 1달러) 이하를 벌고 약 50퍼센트가 2달러 이하를 번다. 세계에서 가장 가난한 지역인 남아시아와 아프리카 사하라 이남에서 빈곤율은 매우 천천히, 중국과 다른 동아시아에서는 꽤 빠르게 하락하고 있다. 그러나 옛 소련 국가들에서는 급격히 늘었다. 이 통계가 작성된 10년 동안 세계 총 빈민 수는 그대로이거나 늘었다.[27]

지난 50년 동안 부국과 빈국의 격차는 늘었다. 세계화 시대에도 그런 추세는 달라지지 않았다. 1960~1995년에 개발도상국(중국·남한·인도네

시아 포함) 성장률은 연 1.3퍼센트였다. 부국의 경우 연 2.4퍼센트였다.[28]

유엔식량농업기구는 1995~1997년과 1999~2001년 사이에 세계 영양실조 인구수가 1천8백만 명 증가했다고 보고했다. 이 기간에 "개발도상국 전체의 영양실조 인구수는 매년 4백50만 명씩 증가했다." 세계 영양실조 인구 8억 4천2백만 명 중에서 1천만 명은 부국에 산다. "새롭게 기아 인구에 포함된 사람들"의 다수는 영양실조 인구가 늘고 있는 인도와 옛 소련에 살고 있다.[29]

이러한 통계들은 중국처럼 공업화로 생활수준이 일반적으로 나아지고 있는 국가 내부의 빈부 격차를 말해 주지 않는다. 중국에서도 "자유 시장의 관행이 확산되면서 소득과 부의 불평등이 급격히 증가하고 있다."[30] 또, 이런 과정이 지속된 결과로 경제적 불안정, 사회 혼란, 정치적 갈등 등이 나타나고 있다. 그리고 이런 토양에서 전쟁의 씨앗이 자라고 있다.


### 세계화와 '불량국가'

미국과 그 동맹들에게 세계화와 불량국가의 관계는 명확하다. 세계화의 실패가 아니라 일부 국가들이 세계화 물결에 뛰어들지 못한 것 때문에 특정 국가들이 실패했다는 것이다. 대서양위원회[미국의 외교 문제 연구소]의 아시아 프로그램 책임자 배닝 개릿과 엑슨모빌의 국제사업개발 담당 부사장을 지낸 데니스 셔먼은 "왜 비세계화 국가들이 위협이 되는가"라는 글에서 이런 관점을 명확히 표현했다.

셔먼과 개릿은 이렇게 주장했다. "21세기에 미국을 포함한 세계화 국가들의 이익과 안보를 가장 직접 위협하는 국가들은 그들 자신도 아니고 신흥 강대국들도 아니라 쇠퇴하는 국가들, 즉 약하고 실패하고 불량한 국가들이다. 불량국가들은 테러리스트, 마약 왕, 대량살상무기를 원하는 자, 병원균 배양자, 종교 극단주의 신봉자를 위한 안식처가 됐고 청년 실업자 수의 증가라는 인구통계학적 시한폭탄을 안고 있다."

이런 국가들이 존재하게 된 직접 원인은 이들이 세계화된 국제 경제에 참가하지 않았기 때문이라고 한다. "세계화 과정에 성공적으로 편입한 국가들은 크게 번영했지만, 세계화에 효과적으로 참여하지 못했거나 일부러 국제적 고립을 자초한 국가들은 계속 뒤처졌다. 약하고 실패한 국가들은 대체로 자국 영토를 완전히 통제하지 못하고, 필수 서비스를 제공하지 못하고, 자국 국민들이 보기에 정당성이 없고, 광범한 부패와 폭력 범죄가 만연해 있다. 또, 이러한 국가들은 사회 기반 시설이 악화되고 있고 세계화 과정에 미약하게 연결돼 있다."

셔먼과 개릿은 '실패한' 국가와 '불량' 국가를 구분한다. "약하고 실패한 국가들이 국제사회와 자국민에게 가하는 위협은 이 정부들의 취약함에서 비롯한다. 반면에, 불량국가들도 비록 경제가 망가지고 국민이 가난하고 세계화와 단절돼 있을지라도 이 국가들이 가하는 위협은 이 정부들의 강력함에서 비롯한다. 불량국가들은 대량살상무기를 확보하려 하거나 이웃 국가와 자국 내 소수민족 집단에 대한 공격적 군사행동을 통해서 국제사회를 위협한다. 더구나 불량국가들이 경제적으로 계속 뒤처지는 상황에서 이웃 국가나 미국의 위협에 시달리고 있다고 느낄 때, 그들은 대량살상무기가 세력균형의 저울추 구실을 할 수 있다고 생각할지 모른다."

그리고 거대 석유 기업과 결탁한 자들답게 노골적으로 셔먼과 개릿은 세계에서 가장 중요한 분열은 가진 자와 못 가진 자 사이에 있다고 결론짓는다. "이런 경향들 때문에 경계가 모호한 새로운 양극화가 나타났다. 질서·번영·상대적 안정·상호 의존의 세계와 무질서·경제적 쇠퇴·불안정의 세계로 양극화한 것이다. 후자의 세계는 약하고 실패하고 불량한 국가들로 구성되며, 그 국가들은 세계화 과정에 거의 연관돼 있지 않고 그것에서 혜택을 얻고 있지도 않다. ……"[31]

셔먼과 개릿의 분석에는 원인과 결과가 마구 뒤섞여 있다. 세계화는 부국과 빈국의 격차를 줄이기는커녕 오히려 넓혔다. 세계화가 가져온 '창조적 파괴의 폭풍' 때문에 약소국은 자신의 운명을 통제하지 못하고, 독자적 복지체제를 발전시키지 못하고, 따라서 자국 국민들이 보기에 정당성이 없는 것이다.

우리가 이미 앞서 봤듯이, 문제의 일부는 미국이 더는 제2차세계대전 후처럼 세계경제에서 절대적 비중을 차지한 채 세계경제의 안정을 떠받칠 수 없다는 것이다. 그러나 국가들의 '실패'를 막기 위해 자원을 동원할 수 있는데도 시장은 완벽하다는 신자유주의 이데올로기 때문에 국제 경제 질서가 안정되지 않고 있다.

예컨대, 1998년 IMF가 인도네시아에 제공한 '구제 금융'의 총 가치는 쫓겨난 대통령 수하르토 일가의 재산과 비슷했다. 그리고 어느 인도네시아 경제학자의 계산을 보면 외채 8백억 달러의 95퍼센트가 50명 탓이었다. '구조조정' 프로그램에 고통을 받은 2억 명의 인도네시아 사람들의 책임이 아니었다.[32]

세계의 상황도 다르지 않다. 가장 빚을 많이 진 41개국의 외채는 1990년대 미국의 저축대부조합 구제 비용과 비슷하다. 또는, 다른 연구에서 드러났듯이 오늘날 개발도상국들의 외채 문제는 1890년대 미국 철도 회사들의 채무 불이행과 규모가 비슷하다.[33]

자본주의 체제와 체제 옹호론자들은 외채를 탕감하거나 부자들이 자신의 실패를 책임지게 만드는 정치적 대안을 모색할 수 없기 때문에, 개도국 엘리트들조차 오랫동안 간직해 온 발전의 꿈을 포기하고 있다. 이집트 작가 모하메드 시드 아흐메드는 이렇게 결론지었다. "다 끝났다. 남반구와 북반부의 대화는 동서 냉전처럼 꽉 막혀 있다. 발전의 꿈은 사라졌다. 문제 해결을 위한 공통의 언어도, 심지어 공통의 단어도 존재하지 않는다. 남반구, 북반구, 제3세계, 해방, 진보 등의 단어가 더는 아무 의미도 없다."[34]

피할 수 없는 결론은 이렇다. 약한 국가들이 실패한 것은 엘리트들이 진정한 단일 시장이라는 제단(祭壇)을 일부러 숭배하지 않았기 때문이 아니다. 오히려 그들의 실패는 세계 자본주의 체제의 동역학과 제국주의 열강들의 정치적·경제적 선택 때문이다. 그렇다고 해서 그런 약한 국가의 정권들이 잘했다는 말은 아니다. 그들의 약점은 흔히 자국민들에게 매우 끔찍한 결과를 가져다준다. 약한 국가의 지배 엘리트들은 흔히 경제적 협박에 군사 위협으로 대응한다. 그러면 제국주의 열강들은 더 심한 경제제재와 군사 대응으로 압박한다.

그러나 설사 제3세계의 국가 주도형 발전 모델과 선진 국가의 복지국가 모델이 신자유주의 경제 공세로 해체되고 있더라도, 세계화의 대안은 존재한다.

### 반자본주의[운동]의 성장

세계화 과정과 국가 권력의 국제화에 대한 대응 중에 세계 지배 엘리트에 맞선 진정한 대안이 존재한다. 바로 아래로부터의 저항이다. 아래로부터의 저항에는 볼리비아 물 사유화 반대 투쟁 같은 사유화에 반대하는 파업과 시위, 아프리카의 총파업, 세르비아에서 밀로셰비치를 몰아내고 인도네시아에서 수하르토를 몰아낸 거의 봉기 수준의 민중 항쟁 등이 모두 포함된다.

이런 저항의 목표와 방법은 동일하지 않다. 저항의 주체들은 서로 상대방을 동맹으로 여기지 않거나, 상대방의 전략과 전술에 동의하지 않을 수도 있다. 그러나 그런 다양성에도 불구하고 아래로부터의 저항은 지난 10년 동안 점점 더 널리 퍼지고 자기 의식적 형태를 띠어 왔다.

1999년 위대한 시애틀 시위 후 등장한 세계 반자본주의 운동은 공통의 언어를 사용했고 공통의 적을 인식했다. 이것은 지난 번 대투쟁이 패배한 1970년대 중반 이후 그 어떤 국제 저항 운동도 이루지 못한 성과다.

최근의 반자본주의 시위를 보도한 것처럼 보이지만 실제로는 부시의 대통령 취임에 항의하는 시위를 보도한 2001년 1월 <워싱턴포스트> 기사는 이렇게 말했다.

구경꾼들은 환경과 공민권에서 제3세계 외채와 기업 권력에 이르기까지 활동가들의 다양한 관심사에 때로 어리둥절해 한다. 활동가들은 모두 똑같은 투쟁이라고 말한다. …… 씽크탱크의 정책연구원인 데이비드 레비는 "우리는 모두 기업이 이 나라를 통제하는 게 두렵고 혐오스러워 단결했다"고 말했다. …… "정부가 상품이 됐고 대기업이 정부를 사들인다."

이런 시위들은 특히 세계 자본주의 체제에 주목한다. <워싱턴포스트> 보도는 계속된다.

시위대들은 미국 정치를 좌지우지하는 기업들을 위해 국제 금융·무역 기구들이 세계를 상품으로 만들려 한다고 주장했다. …… 쟁점들을 이렇게 보면, 이질적인 운동들이 공통의 적에 맞서 단결할 수 있다. 일례로, '열대우림을 살리자'와 혹사공장 반대 활동가들은 천연자원을 헐값에 팔아치우는 가난한 나라에 대한 기업 투자를 장려하는 무역·개발 정책에 함께 반대할 수 있다. 활동가들은 세계 자본주의가 정의롭지도 않고 효율적이지도 않다고 비판한다.[35]

이런 시위들은 어떻게 등장했을까? 레이건-대처 시대에 전성기였던 친시장 합의가 천천히 깨지는 과정에서 그런 시위들이 나타나기 시작했다. 친시장 합의는 절대적 지지를 받은 적이 없었다. 상당수, 흔히 다수의 노동계급은 항상 그것을 거부했다. 그러나 다만 1980년대 중후반기 호황 때 노동계급 일부와 중간계급 다수와 지배계급 덕분에 친시장 합의가 득세할 수 있었다. 1990년대 동안 동유럽과 러시아에 서방식 자본주의가 도입된 후 발생한 경제 재앙은 친시장 합의의 패권적 지위를 국제적으로 약화시키기 시작했다. 1997년 동남아시아 경제 위기와 뒤이은 러시아의 위기로 시장 이데올로기에 대한 거부 움직임이 강화했다. 또, 1992년 불황으로 체제의 심장부인 유럽과 미국에서 친시장 정책에 대한 대중의 지지가 줄었고, 그 덕분에 사회민주주의 정당들과 민주당이 선거에서 승리했다. 비록 사회민주주의 정당들과 민주당이 신자유주의 경제정책을 계속 사용했지만 말이다.

특히 사유화 경험은 신자유주의 이데올로기의 정당성을 강력하게 해체하는 기능을 했다. 신자유주의 경제정책의 실제 효과 때문에 수많은 사람들의 생활수준이 여러모로 낮아졌다. 노동은 더 힘들어지고 노동시간도 길어지고 일자리는 불안정해졌다. 의료와 교육 서비스의 질이 눈에 띄게 나빠지고, 동시에 조직 구조도 시장 형태로 변했다. 교통도 사기업의 손에서 악화됐다. 공공 주택은 줄고 민간 주택 가격은 치솟았다가 갑자기 폭락해 많은 사람들이 집을 잃거나 빚을 지게 만들었다. 그러고 나면 집값이 다시 올랐다. 초대형 할인매장들이 특히 중소 도시에서 워낙 압도적이어서 비판적 관찰자들은 고속도로 휴게소 같다고 지적했다. 신용카드 빚은 확실히 최신식 전당포 구실을 하고 있다.

전후 호황기나 베버리지와 복지국가의 '공공 문화'는 사실 이상화된 형태와는 현실이 다르기는 했지만, 그나마 이제 훨씬 더 나쁜 것으로 대체됐다. 옛 '버츠컬리즘'[36]의 개량주의적 합의는 사회가 잘못됐다면 자본주의 체제 자체의 문제 때문일지 모른다고 인정하기는 했다. 한 예로, 만약 가난이나 실업이나 제대로 교육받지 못한 아이가 있다면 시장을 규제하거나 법을 고쳐서 그 문제를 해결해야 한다고 인정했다. 그러나 신자유주의는 시장이 재화와 서비스를 분배하는 가장 완벽한 방법이라고 가정한다. 시장에 '개입'하려는 시도는 모두 체제의 효율성을 떨어뜨릴 뿐이다. '개혁'은 모두 시장의 자율성을 강화하는 것이어야 한다. 스탈린주의와 '옛 노동당' 이데올로기에 대한 오늘날 사회민주주의의 비판은 이런 전제 위에 서 있다. 이것은 대처가 '심약한' 국민통합과 보수당원들을 비판할 때 이용한 가정과 동일하다.

따라서 마거릿 대처뿐 아니라 신노동당도 빈곤, 실업, 교육 실패는 시장의 실패일 리 없었다. 사실 그런 실패는 두 가지 원인 밖에 없다고 생각했다. 첫째 원인은 시장이 아직 충분히 자유롭지 않기 때문이다. 만약 사유화가 상황을 호전시키지 못하면, 그 대안은 더 많은 사유화와 경쟁의 심화여야 한다. 둘째 원인은 개인이었다. 누군가가 일자리를 잃었는데 그것이 시장의 잘못이 아니라면, 결국 실업자 개인의 잘못일 수밖에 없다. 그들이 '시장의 필요에 맞게' 자기 계발을 못했거나 '복지 의존적'이거나, 아니면 더 노골적이지만 흔한 말로 그들이 '거지'이기 때문이다. 마찬가지로, '개혁된' 학교가 목표를 달성하지 못한다면 그것은 '개혁' 체제의 작동을 방해한 교사나 학부모나 학생의 책임이다. 그런 학교는 교육표준국(Ofsted)의 감사를 받거나, 폐쇄되거나, 학교 구조를 더 친시장적으로 바꾸거나, 아니면 아예 학교를

사기업에 넘겨야 한다.[37]

　문제가 무엇이든 이런 논리는 피해자에게 범죄의 책임을 떠넘기는 것이다. 이런 논리는 속죄양 삼는 문화를 부추기고, 극단으로 가면 걸인 · 노숙자 · 난민 · 흑인을 모두 악마로 몰아갈 수 있다. 그러나 [이런 악마화가 다른 노동계급에게]는 조금 덜 노골적일지 몰라도 노동계급 전체에게는 끔찍한 영향을 미칠 것이다. 이런 신자유주의의 '시장 도덕성'은 자본주의의 실패의 책임을 노동 대중끼리 서로 떠넘기게 하려는 시도다. 사회 서비스 노동자들이 실업 노동자를 비난하도록, 학부모가 교사를 비난하도록 이간질하는 것이다. 신자유주의 '시장 도덕성'은 우리가 이웃보다 조금 나은 교육 · 의료 · 교통 서비스를 살 수 있다면 우리는 '괜찮고' 이웃이 '문제'라고 생각하게끔 만들려 한다.

　반자본주의 운동의 커다란 장점은 많은 노동 대중이 지난 20년 동안 꾹꾹 참아 온 이 세계에 대한 분노를 표현한 것이다. 반자본주의 운동은 노동자들이 비난받을 대상이 아니라고 말했다. 이 운동은 많은 사람들이 이미 어렴풋이 생각해 왔던 것을 지적했다. 즉, 노동자들 때문에 체제가 실패한 것이 아니라 자본주의 체제가 노동자들을 망가뜨렸다는 것이다. 더구나 이 운동은 바로 여기, 즉 자본주의 체제의 심장부에서 수많은 사람들이 체제의 우선순위를 거부하고 있음을 노동자들에게 보여 줬다.


### 반자본주의와 최신 노동당 노선

　현대 사회민주주의 정당들은 거의 예외 없이 신자유주의 경제 정설을 지지한다. 그 지도자들은 냉전 시대 골수 사회민주주의 우파들도 깜짝 놀랄 만큼 '친시장적'이고 '친기업적'이다. 그 결과 현재 노동당에 투표하는 노동자들 대다수와 사회민주주의 지도자들의 정책 사이에는 엄청난 간극이 있다.

레이건-대처 '혁명'은 권력자 집단 전체의 정치 스펙트럼을 오른쪽으로 이동시켰다. 신자유주의적 자유 시장 이데올로기가 득세했고 사회주의 사상은 무시됐다. 스탈린주의 국가들을 사회주의와 동일시한 견해가 널리 퍼져 있었기 때문에, 이 국가들의 붕괴는 지배계급과 사회민주주의 옹호자들의 편견을 강화했다. 또, 노동당 좌파를 포함해 스탈린주의에 영향을 받은 좌파들도 실의에 빠졌다. 1980년대 말에 경제 호황이 끝나자 그런 우경화 물결은 잦아들었고, 우경화에 영향을 받은 노동계급 일부에서도 우경화 물결은 가라앉았다. 그 과정에서 드러난 사실은 노동조합과 노동당이 옛 노동당식(式) 복지국가 합의를 방어할 의지가 많이 약해졌는데도, 그런 복지국가 합의가 대부분 그대로 남아 있었다는 것이다. 바로 그때 1980년대의 '도가 지나친 일들'에 대한 혐오감이 폭발해 대중은 복지국가 일반과 특히 국민의료보험(NHS)에 대한 공격, 그리고 사유화에 저항했다.

1990년대에는 대중의 의식이 대체로 좌경화했고, 따라서 신노동당식 사회민주주의 지도자들과 그들의 전통적 지지자들 사이의 간극이 드러났다. 이런 균열은 많은 주요 쟁점을 둘러싸고 드러났다. 신자유주의적 사회민주주의자들은 자본주의 사기업들이 시장에서 더 효율적으로 경쟁할 수 있도록 돕는 것이 국가의 핵심 구실이라고 생각했다. 노동당 지지자 대다수는 무한정의 이윤 추구가 사회에 가하는 해악을 제한하는 것이 국가의 구실이라고 생각했다. 새로운 사회민주주의 지도자들은 이윤 추구, 엄청난 연봉과 보너스, 기업 경영자들을 국가 기구나 복지 기구의 요직에 임명하는 것을 옹호했다. 대다수 노동자들은 그런 움직임에 반대했다. 신노동당 이데올로그들은 철저한 사유화 지지자들이었다. 그들에게 투표한 사람들은 점차 격렬하게 사유화에 반대했다. 신노동당 정치인들은 복지국가가 낭비이며 지출을 줄여야 한다고 생각했다. 그러나 대다수 노동자들은 복지 예산이 부족하다고 생각했다. 신자유주의자들은 노동조합에 적대적이지만 대다수 노동자들은 안그렇다.

1997년 총선에서 노동당이 압승한 뒤에도 정부와 지지자들 사이의 그런 견해 차이는 여전했다. 영국인의 사회적 태도를 조사한 정부 자체 보고서의 한 장인 "노동계급과 신노동당 : 이별하는가?"를 봐도 이것을 알 수 있다. 이것을 보면, 노동계급의 83퍼센트가 "소득 격차가 너무 크다"고 답했다. 노동자의 57퍼센트는 "정부가 의료·교육·사회복지에 더 많은 돈을 써야 한다"고 답했다. 또, "세금을 더 내더라도" 정부가 그렇게 해야 한다고 답한 노동자가 약 40퍼센트였고 반대는 29퍼센트에 불과했다.[38] 사실 이런 문제 들에서는 많은 중간계급 사람들 역시 노동계급과 비슷한 의견을 갖고 있다. 일부 중간계급은 오랜 사유화와 복지 삭감을 경험한 뒤, 많은 노동계급 대중 이 오래 전에 내린 결론과 같은 결론을 내리고 있다.

주류 정치권에 대한 이러한 환멸이 우익 반동의 득세로 이어질 수 있다는 모순된 징후들이 있었다. 영국국민당(BNP)[나치 정당]의 지방의회 진출과 최근 신노동당 정부의 난민 공격이 그런 징후들이다. 이 위협은 유럽에서 더 심각하다. 프랑스의 르펜, 벨기에의 극우정당 블람스 블록, 독일의 신나치, 오스트리아의 하이더가 떠오른 것이 그런 위험을 보여 주는 예들이다. 그러나 영국에서, 특히 프랑스에서 더 두드러진 경향은 대중 의식의 좌경화였다. 물론 이 흐름은 변할 수 있다. 그리고 좌경화를 유지하려면 우익의 위협이 등장할 때마다 적극적으로 맞서고 물리쳐야 한다. 지금까지는 그랬다.

이와 연관된 사실은 일부 사회 쟁점들, 즉 '가족' 문제, 이민, 인종, 법질 서 등에서는 노동당 지도부가 많은 노동자들의 의식에 더 가까이 있다는 것이다. 영국인의 사회적 태도를 조사한 결과를 보면, "두 종류의 계급 관련 쟁점이 있고, 따라서 노동계급과 신노동당 사이의 간극이 벌어질 잠재적 원천이 두 가지 있다. 하나는 분배와 연관된 전통적 경제 쟁점들로, 이 문제에서 노동계급은 '좌파'다. 다른 하나는 관용·도덕·전통주의·편견·민족주의와 연관된 쟁점들인데, 이 문제에서 노동계급은 '우파'다."[39] 그리고 때때로 보수당과 노동당의 다양한 정치인들이 지지 기반을 재건하고자 이 쟁점들에 대한 대중 여론을 동원하려 했다. 때로는 그들이 부분적 성공을 거두기도 했다. 아동지원청이나 제28조+의 초기 단계나 최근 난민 신청자에 대한 위협의 초기 단계에서 그랬다. 그러나 좌파의 반발과 정책 실행 단계에서 나타난 명백한 불의(不義) 때문에 흔히 정부와 정부 지지자들의 이데올로기적 우위가 뒤집히곤 했다.

더 근본적으로 모든 사회민주주의 정당이 성공하려면 반드시 풀어야 하는 문제들(복지국가사회보장 제도가 가장 대표적이다)에 대한 노동계급의 일치된 의견은 변함없이 신자유주의 의제에 단호히 반대하는 것이다. 그리고 그 때문에 사회민주주의 정당의 정책과 대다수 노동자들의 의식의 격차는 더 줄지 않고 있다.

이것은 대다수 노동자들이 사회주의 의식을 가지고 있다는 의미가 아니다. 또, 특히 정부를 꾸릴 수 있는 대안이 보수당뿐인데도 노동자들이 선거에서 노동당을 지지하지 않을 것이라는 말도 아니다. 1970년대 이후 노동계급의 개량주의 의식은 놀랄 만큼 일관되게 지속됐다. 그러나 주류 개량주의는 그런 염원을 더는 실현시킬 수 없다. 그 결과 현재 '개량주의' 의식은 정치적 대표성의 위기를 겪고 있다. 어떤 주류 정치인도 노동계급의 전통적 필요를 충족시킬 선거 강령을 내놓으려 하지 않을 것이다. 어떤 면에서 이 말은 언제나 진실이었다. 노동당은 언제나 노동자들의 염원을 부분적으로만

---

+ 지방정부에서 동성애자의 승진을 금지한 1988년의 지방자치법 제28조.

대변했고, 집권한 뒤에는 그 중에서도 일부만을 실현했다. 그러나 어쨌든 일치하는 부분이 있었다. 지금은 일치하는 부분이 많이 사라졌다. 노동당 지지는 갈수록 노동당 정책 자체에 대한 긍정적 지지보다는 보수당에 대한 두려움에 의존하고 있다. 노동자들은 노동당을 적극 지지해서가 아니라 보수당에 반대해서 노동당에 투표한다. 아니면, 아예 기권한다.

신노동당 정부에서 재보선과 지방선거 투표율은 영국에 보통선거가 도입된 이후 가장 낮았다. 보수당 지지자들보다 노동당 지지자들의 기권율이 높았고, 노동당의 핵심 근거지에서 기권율이 가장 높았다.[40]

따라서 많은 노동자들은 무거운 마음으로 노동당에 투표하거나 아예 투표하지 않는다. 이 두 집단에는 자본주의 체제가 과연 얼마나 민주적인지를 묻기 시작한 사람들이 꽤 많다. 어떤 조사를 보면, "정부 장관들이 대중보다 기업의 이익을 더 중시하는 것은 매우 심각한 문제"라고 답한 사람들이 58퍼센트였다. 29퍼센트는 "사소한 문제"라고 답했고, 오직 6퍼센트만이 "문제가 되지 않는다"고 답했다. 49퍼센트는 정부의 재정 비리가 심각한 문제라고 답했고, 39퍼센트가 사소한 문제라고 답했다. 문제가 아니라고 답한 사람들은 역시 6퍼센트뿐이었다. 그러나 의회제 자체에 대한 신뢰가 줄어든 것이 아마 가장 중요한 사실일 것이다. 1999년에 정부 시스템이 잘 돌아가고 있다고 답한 사람들은 겨우 41퍼센트였다. 이 비율은 2001년에 31퍼센트로 떨어졌다.[41] <도표 4-3>은 이런 분위기를 더 잘 보여 준다.

이라크 전쟁은 신노동당과 의회제 둘 다에 대한 환멸을 더 크게 만들었다. 특히 2003년 2월 15일 전쟁저지연합이 주최한 시위에서 2백만 명과 함께했던 우리 같은 사람들이 보기에는, 우리 주위 사람들의 정치적 열정은 지난 선거에서 기록된 영국의 현대 민주주의 역사상 최저 투표율과 극명하게 대비된다. 이것은 정치적 '무관심' 때문이 아니었다. 많은 사람들이 의회

**도표 4-3**  민주주의에 대한 신뢰 상실 [42]

■ 질문 : 당신은 이 나라가 더 민주적으로 되고 있다고 생각하십니까?
         아니면 덜 민주적으로 되고 있다고 생각하십니까?

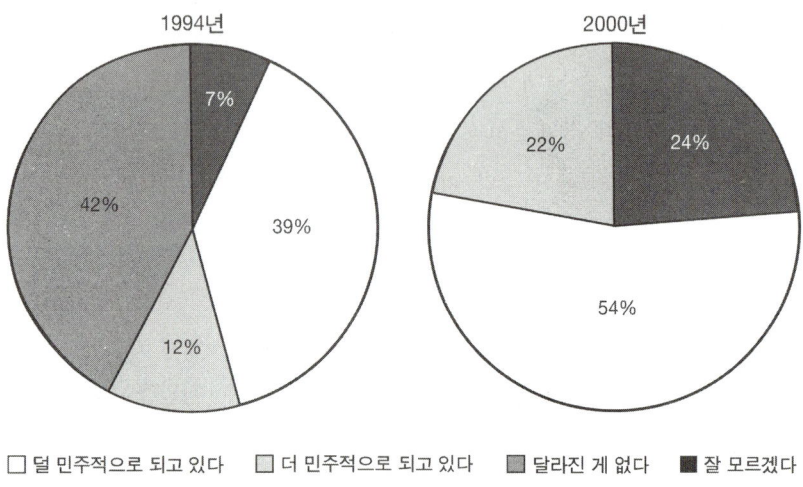

밖 정치에 열심히 참가했다. 그러나 주류 정당이 시위 참가자들과 그들을 지지한 수많은 사람들의 견해를 반영할 것이라고 믿은 사람은 거의 없었다.

또, 이 과정은 노동당의 핵심 조직이 약화되는 것으로 나타났다. 노동당 정부 집권 기간에 노동당 당원 수는 계속 줄었다. 심지어 노동당의 아성이었던 스코틀랜드에서도 당원 수가 "현대 역사상 가장 낮은 수준으로 떨어져 스코틀랜드 당원 수는 1만 8천8백 명에 불과하다. 1997년 총선 전에 보수당 정권을 끝장내자는 열광적 분위기에서 스코틀랜드 노동당 당원 수는 3만 명에 달했다."[43] 지구당 모임에 참석하는 당원 수는 더 적다. 선거 때 선거운동을 돕는 사람은 그보다 더 적다. 지방의회 의원들은 노동당을 탈당해 자유당이나 보수당으로 가지 않고 무소속으로 남는다. 소수는 새로운 정치적 근거지를 찾기 시작했다. 그 과정에서 그들은 비록 전통적 개량주의 의식에서 출발했지만 전통적 개량주의 조직이 더는 그런 의식을 담는 그릇이 되지 못한다는 사실 때문에 더 좌파적인 결론을 끌어내기 시작한다.


## 노동당 노선의 위기

노동당이 단지 현재의 위기 때문에 몰락하지는 않을 것이다. 왜 그런지 이해하려면 노동자들이 애초에 노동당 노선을 지지하게 된 근본 이유를 살펴봐야 한다. 이를 위해서는 자본주의 사회에서 노동자들이 처한 사회적 위치에 주목해야 한다. 노동자들은 모순적 위치에 처해 있다. 한편으로, 노동자들의 집단 노동은 사회적 생산의 기초이다. 자본주의 초창기에 노동자들의 노동 없이는 증기기관이나 제니 방적기를 가동할 수 없고 배가 항해할 수 없었듯이, 오늘날에도 노동자들의 노동 없이는 발전소가 전력을 생산할 수 없고 자동차나 비행기를 만들 수 없고 초대형 할인매장이 상품을 팔 수 없다. 그래서 노동자들은 자본주의 체제의 운명을 좌우할 수 있는 엄청난 잠재력을 가지고 있다.

다른 한편으로, 노동자들은 자신의 임금노동을 생산수단의 소유자인 자본가에게 팔지 않고서는 생산수단에 접근할 수 없다. 자본주의 초기에 그랬고 오늘날에도 그렇다. 과거에 모든 공장이 그랬고 오늘날 모든 발전소가 그렇듯이, 과거에 모든 섬유 공장이 그랬고 오늘날 모든 자동차 공장이 그렇듯이, 과거에 모든 백화점이 그랬고 오늘날 모든 초대형 할인매장이 그렇듯이, 임금을 받고 일하는 데 동의하지 않는 노동자들에게는 생산수단에 접근할 수 있는 기회를 주지 않는다. 그래서 고용주들이 주로 노동시간, 노동의 종류, 노동조건, 임금률을 결정한다. 노동할 능력을 고용주에게 팔아야 하기 때문에, 노동자들은 자신의 운명을 스스로 결정할 수 없고 '노동시장'의 예측할 수 없는 변화 앞에서 무기력하다고 믿게 된다.

이것이 노동자들이 모순적 의식을 가지게 되는 근본 이유다. 노동자들은 부의 생산자이며, 잠재적으로 자본주의 사회에서 가장 강력한 계급이고, 노동자들의 경제적·정치적 행동에 따라 사회의 방향이 변한다. 그와 동시에 노동자들은 시장의 힘이 허락할 때만 일할 수 있고, 자신의 운명이 비인격적 힘에 달려 있고, 자신이 생산한 부에 종속돼 있다고 끊임없이 느낀다.

이런 상황이 노동자들의 정신에 반영되는 최초의 형태는 그러한 모순적 욕구들을 절충하려 하는 의식이다. 한편으로 자본주의 사회를 바꾸려는 욕구가 있고, 다른 한편에는 그런 변화가 지배계급이 정한 한계를 넘어서서는 안 된다는 생각이 있다. 개량주의는 그런 의식의 가장 독특한 형태 중 하나다. 개량주의는 사회가 변해야 하지만 그 변화는 오직 자본주의 체제의 경제·정치 제도 안에서만 진행돼야 한다는 생각을 구체화하고 체계화한다. 노동자 착취 조건을 개선하려는 염원인 노동조합주의는 그런 생각을 표현한 대표적 예다. 그러나 노동조합주의는 주로 경제 영역에서 나타나기 때문에 노동자들이 어떤 형태의 정치조직을 건설해야 하는가 하는 문제에 답하지 못한다. 개량주의 정당은 그런 대안 중 하나일 뿐이지만 많은 노동자들은 처음에 그것을 가장 그럴듯한 대안으로 받아들인다.

바로 이런 이유 때문에 때로는 더 좌파적이거나 때로는 더 우파적인 개량주의 의식이 오랫동안 노동계급 다수의 의식을 지배하게 된다. 따라서 혁명적 사상과 노골적인 반동·보수 사상은 오랫동안 노동계급 내에서 소수 경향이다.

그러나 개량주의 의식을 이렇게 설명하는 데는 한 가지 문제가 있다. 이 분석에 따르면 개량주의는 노동자 다수의 '본성'이라고 결론지을 수 있다. 그러나 역사적 경험을 보면 그렇지 않았다.

역사적 변화의 결정적 순간에 노동자 다수는 자신들이 만든 기구들로 제도화된 자신들의 힘을 직접 사용해서 기존 사회를 변혁할 수 있다고 믿게 된다. 1917년 러시아에서, 1918~1923년 독일에서, 1936년 스페인에서, 1956년 헝가리에서, 1980~1981년 폴란드에서 그런 일이 발생했다. 노동자 이데올로기의 개량주의적 절충을 파괴한 이런 일들과 또 이보다 규모가 더 작은 많은 위기들은 자본주의 체제의 근본적인 경제적 불안정성 때문에 발생했다. 자본주의 체제 안에서 원하는 것의 일부를 얻을 수 있다는 생각은 자본주의가 노동계급 대중의 경제적·사회적·정치적 염원을 충족시킬 수 없을 때 도전받는다.

때때로 자본주의 체제는 경제적·사회적·정치적으로 매우 불안정해서 노동계급의 개량주의 의식을 뒷받침하는 계급 타협을 무너뜨린다. 노동당은 지금 그런 위기의 사슬에 매여 있다. 지난 25년 넘게 자본주의 체제는 위기의 책임을 노동계급에게 떠넘기려 해 왔다. 경제성장률은 전후 호황기보다 훨씬 더 낮아졌을 뿐 아니라 1990년대 성장률이 1980년대보다 낮았다. <파이낸셜타임스>는 "1980년대에는 경기 순환 정점 사이의 경제성장률이 연평균 3.3퍼센트였지만 1990년대에는 3.1퍼센트였다"[44]고 지적했다.

노동당은 노동자들에 대한 오랜 공격이 낳은 결과와 씨름하고 있다. 노동당의 단기 정책들은 실패했고, 체제는 대중교통·의료·교육 등 핵심 분야에서 더 실질적인 재건 사업을 벌일 자원을 가지고 있지 않다. 이 때문에 많은 노동당 지지자들의 처지는 보수당 집권기와 별로 다르지 않다. 사실, 일부의 처지는 더 나빠졌다. 1995~1996년과 1997~1998년 사이에 최저 소득층(국민 전체 평균의 5분의 2보다 소득이 작은 사람들)의 수는 1백만 명 넘게 늘어 8백만 명이 됐다. 1998년에는 1천4백만 명이 정부가 규정한 빈곤선

이하의 소득을 벌었다. 여기에는 약 4백40만 명의 아동도 포함됐는데, 1979년에 이들의 수는 1백70만 명에 불과했다. 노동당 3기 정부 때 빈곤 아동의 수가 줄었지만 정부의 원래 목표보다 훨씬 적게 줄었다. 실업률은 빈곤에 영향을 많이 미친다. 그리고 노동당 정부는 실업급여 신청자 수를 기준으로 공식 실업률이 25년 만에 최저라고 자랑하지만, 유급 노동을 하고 싶어도 일자리를 구하지 못한 사람의 실제 수는 현재 4백만 명에 달한다.[45]

심지어 노동당 집권 기간이 운 좋게도 경기 순환 상승기와 겹치고 정부 재원이 증가했는데도, 노동당 장관들은 그러한 구조적 문제들을 효과적으로 해결하지 못했다. 신정책연구소의 공동 소장인 피터 켄웨이는 이렇게 지적했다.

최근 발표된 예산이 빈곤과 사회적 배제의 흐름을 되돌릴 수 있을지는 두고 봐야 한다. 그러나 그런 수치들은 경기 호전과 실업률 하락만으로는 부족하다는 것을 증명한다. 이 문제들을 해결하기 위한 정부 정책들이 효과를 내기 시작했지만, 빈곤 수준은 1990년대 초의 최고점과 비슷한 수준이다.[46]

빈곤 지수의 최고점은 1990년대 초에 기록했는데, 단지 보수당 정부의 장기 집권 때문만이 아니라 1990년대 초에 경제가 심각한 불황에 빠졌기 때문이었다. 지금까지 노동당은 주로 1997년 동남아시아와 러시아의 경제 위기가 서방 선진국들로 확산되는 것을 막기 위한 미국의 경기부양책 덕분에 그런 힘든 시기를 겪지 않고 통치했다. 그러나 노동당이 그런 위기를 영원히 피할 수는 없을 것이다. 모든 불황은 노동당 투표자들의 물질적 생활수준을 악화시킬 것이고 신노동당 이데올로기 사전의 가장 소중한 신화들에 큰 타격을 입힐 것이다.

그런 신화 중 하나는 경제 호황이 '신경제' 덕분이라는 것이다. 신노동당은 미국의 이른바 경제 전문가들과 클린턴의 정치 참모들한테서 '신경제'론을 통째로 사들였다. 이 이론에 따르면 경기 순환은 끝났고 새로운 유연한 시장과 신기술 기업들 덕분에 다시 벌어지는 일도 없을 것이다. 고든 브라운은 종종 1980년대 말 나이젤 로슨[당시 재무장관]이 전후 가장 심각한 불황 직전에 한 연설을 그대로 반복하는 듯할 때가 있었다. 그런데, 전에 신경제론을 찬양했던 자들이 이제는 신경제에 대한 의구심을 표시하고 있다. <파이낸셜타임스>는 이렇게 주장했다.

경기 순환은 여전히 살아 있다. 이것은 전혀 놀랄 일이 아니다. …… 신뢰할 수 있는 통화정책을 가진 유연한 경제에서도 경기 순환은 발생할 수 있다. 그리고 빈번히 발생했다. 필요한 것은 신용 확대와 주가 상승으로 부양되는 대규모 투자 증대뿐이다. 사실, 경기 순환이 죽었다는 믿음이 확고할수록 경기 순환의 가능성과 신빙성은 더욱 커진다.[47]

이제 <파이낸셜타임스>는 신노동당의 또 다른 경제적 상징인 이른바 '닷컴(dot.com)' 소생 능력도 별로 믿지 않는다.

인터넷 열풍은 '남해 회사 거품 사건'+만큼이나 비이성적이다. 정보 기술 발달이 산업혁명 이후 가장 위대한 변화라는 것은 무식한 주장이다. 1880~1940년의 기술 변화가 변화의 폭과 깊이에서 그 뒤의 모든 변화를 훨씬 능가한다.

---

+ 1720년에 영국에서 수많은 투자가들을 파산시킨 투기 사건.

그런 변화들의 예로 새로운 에너지 자원(전기와 석유), 새로운 산업(자동차와 제약), 신제품(자동차, 세탁기, 전화, 라디오, 텔레비전, 페니실린) 등이 있었다. 이 변화는 생산물과 생산 방법을 혁신했다. 또, 사람들의 생활 방식도 바꿨다. 이에 비하면 개인용 컴퓨터[피씨]나 심지어 인터넷도 뭐 그렇게 대단한 것인가?[48]

1970년대에 전후 호황이 끝나고 그에 따라 경제성장률이 떨어지면서 이렇다 할 개량을 제공할 수 있는 능력이 약해졌다. 복지국가 합의와 정부가 노동조합 요구를 일부 수용하는 것은 과거지사가 됐다. 노동당 조직에 대한 능동적 참가는 사상 최저 수준이다. 노동조합 활동가와 지구당 활동가와 노동당 노선의 관계는 제2차세계대전 이후 가장 약하다. 그 결과로 정치제도 전반에 대한 대중의 회의(懷疑)가 사상 최고 수준이다.

그렇지만 노동당 노선은 죽지 않았다. 노동조합의 7백만 노동자들은 아직 개량주의 프로젝트에 헌신하는 노조 지도자들을 존중하고 그들의 영향을 받는다. 역겨운 보수당에 대한 거부감은 여전히 계급의식적 노동자들의 충성심을 확보하는 유력한 수단이다. 노동당 노선의 위기를 노동계급의 일보 전진으로 연결하려면 개량주의 조직을 대안 조직으로 대체하기 위해 적극적으로 노력해야 한다. 사회민주주의는 그냥 사라지지 않는다. 대안 조직으로 구체화된 더 우월한 사상이 사회민주주의를 적극적으로 대체해야 한다. 개량주의 노동자들은 비록 노동당 지도자들이 자신들의 가장 소중한 염원을 배신했을지라도, 자신들이 노동당에 가입해서 얻을 수 있으리라고 생각했던 것들을 다른 방법으로 더 확실히 얻을 수 있다고 확신할 때에만 노동당을 떠날 것이다.

## 결론

1970년대 중반부터 시작된 경제성장률 하락과 신자유주의 공세는 제3세계와 선진 세계에서 모두 불평등을 확대했다. 체제의 핵심에 존재하는 이런 경제적 약점 때문에 세계의 갈등이 심화하고 선진국에서 사회 분열이 확대되고 있다. 국가의 재구성으로 국가가 일부 사회 복지 기능을 포기하면서 이런 긴장이 더 고조됐다.

신자유주의에 맞서는 저항도 전 세계에서 나타났다. 그런 저항은 체제의 심장부에서도 전통적 사회민주주의 조직이 노동 대중 다수의 충성심을 확보할 수 있는 능력을 떨어뜨렸다. 이제 신자유주의에 맞선 저항과 새로운 제국주의를 거부하는 대중의 저항이 결합되고 있다. 세계의 일부 지역에서는 똑같은 발전 과정이 기존 질서에 대한 혁명적 도전을 낳았다. 1989년 이후의 그런 저항들은 흔히 민주주의 혁명의 형태를 띠었고, 정치 좌파와 우파는 모두 그런 혁명을 환영했다. 다음 장에서는 그런 혁명적 과정들의 경험을 검토하고 그것들을 과거 혁명들과 비교한 뒤, 현대 세계의 혁명적 변혁 가능성을 평가해 보겠다.

# 5장

# 저들의 민주주의와 우리의 민주주의

21세기 초에 양대 이데올로기 진영은 저마다 민주주의의 후계자를 자처하고 있다. 자본주의 이데올로기 옹호자들은 민주주의의 사회적·경제적 내용이 '자유' 시장과 사회적 불평등이라고 생각한다. 자본주의 이데올로기를 반대하는 자들은 민주주의가 다소 모호하긴 하지만, 사회적·경제적 정의(正義)이며, 따라서 무제한의 기업 지배를 제한하는 것이라고 생각한다. 후자는 매우 넓은 의미에서 사회주의적이다. 비록 사회주의의 국가자본주의 모델과 개량주의 모델이 거의 사라져서 이제는 소수의 활동가들만이 자신을 사회주의자라고 부르지만 말이다.

냉전 종식 후 민주주의는 새로운 의미를 얻었다. 냉전 종식으로, 서방 정부들이 더는 권위주의 체제에 맞서 싸운 민주화 운동에게 자동으로 '공산주의' 딱지를 붙이지 못하게 됐다. 민주화 운동과 반제국주의 운동은 여전히 서방의 이익을 위협할 수 있지만, 이제 더는 그런 운동들을 '소련 진영'이 꾸민 음모의 산물로 여길 수만은 없게 됐다. 그렇다고 해서 보통 사람들의 민주적 염원이 사라졌다는 말은 아니다.

사실 민주주의가 노동 대중의 목표라는 점 때문에 지배 엘리트들은 그들 자신의 민주주의 개념을 "자본주의를 위한 최상의 통치 형태"로 재정립해야 했다. 베를린 장벽 붕괴 직후 프랜시스 후쿠야마는 자본주의 경제와 의회[민주주의] 정부가 사회를 다스리는 최상의 유일한 형태라고 썼고, 그 뒤 서방 정치인들은 점차 '민주적 가치들'이 세계화된 시장의 천생연분이라고 주장했다.

미국과 영국 정부는 유고슬라비아·걸프만·아프가니스탄·아프리카에 대한 군사 개입을 정당화하려고 '민주주의적 제국주의' 이데올로기 개발에 앞장섰다. 미국 정부는 '민주적' 모델을 본떠 중동을 변화시키는 것이 자신의 목적이라고 주장했다. 동유럽 블록을 무너뜨린 '벨벳 혁명'이 시발점 구실을 했다. 이 모델은 레바논에서 우즈베키스탄까지 많은 지역에 적용됐다. 심지어 이집트 대통령 무바라크 같은 미국의 오랜 우방들도 '민주화 이행'을 해야 한다는 압력을 받았다. 물론 적이냐 친구냐에 따라 부드러운 외교적 압력에서 전면적인 침략까지 압력의 정도는 서로 달랐다.

그러나 오늘날 새로운 민주주의 개념들도 모든 민주화 운동에서 제기되는 '사회 문제'를 숨길 수 없다. 모든 운동의 발전 과정에서는 마르크스가 말한 '소유 문제'가 전면에 제기된다. 17세기 영국 혁명 후부터 민주화 진영 안에는 민주적 권리를 정치 영역에 한정하려는 경향(자본주의 사회관계와 양립할 수 있는)과 민주주의를 사회경제 영역까지 확장하려는 경향(궁극적으로 자본주의 규범과 양립할 수 없는) 사이에 투쟁이 있었다. 마르크스는 1848년 혁명에서 똑같은 동역학을 발견했고 현대 노동계급이 등장하면서 그런 투쟁이 더 치열해졌다고 지적했다. 20세기 초에 러시아 사회주의자들도 민주주의 혁명과 사회혁명의 관계라는 비슷한 문제와 씨름했다.

최근 혁명적 운동이 기존 질서에 계속 도전했다. 1989년에 동유럽 국가들이 부분적으로는 아래로부터의 대중운동 때문에 붕괴했다. 비슷한 시기 남아프리카공화국에서는 아프리카국민회의(ANC)가 주도하는 대중운동이 아파르트헤이트 체제를 무너뜨렸다. 이 운동의 중심에는 조직 노동계급이 있었다. 1990년대 말에는 인도네시아에서 수하르토 장군의 32년 독재가 종식됐다. 새 천년 시작 무렵에는 세르비아와 몇몇 중앙아시아 국가들에서 자국 정부를 타도한 새로운 '벨벳 혁명'이 일어났다.

이런 혁명적 항쟁의 목표는 민주주의였다. 견고한 의회민주주의가 수립되지 않은 경우도 흔하지만 자본주의 사회관계 자체가 바뀐 경우는 전혀 없었다. 이것은 프랜시스 후쿠야마가 먼저 주장하고 조지 W 부시가 나중에 따라한 것처럼, 자유민주주의와 자본주의 경제관계들이 역사적 변화의 뛰어

넘을 수 없는 한계이기 때문인가? 아니면 이 운동들이 자신의 가능성에 도달하지 못한 것은 좌파의 힘과 이데올로기 같은 주관적 요인이 주된 이유였는가?

이런 문제들에 답하려면 우리는 먼저 부르주아 혁명의 혁명적 도전이 자본주의 경제관계와 의회주의 공화국을 성취하는 데 한정될 수밖에 없었던 시대를 살펴봐야 한다. 이 시대는 1640년대 영국 혁명에서 1776년 미국 혁명을 거쳐 1789년 프랑스 혁명으로 이어진다. 둘째, 우리는 조직 노동계급이 등장해서 부르주아 혁명의 한계를 뛰어넘어 사회주의 사회를 건설하는 혁명적 변화의 전망을 연 시대를 살펴봐야 한다. 나는 패배가 노동자들에게서 그런 가능성을 앗아간 경우와 그런 결과를 낳는 데서 정치 지도부가 한 구실을 살펴볼 것이다.

이 모든 상황에서 자본축적 동역학이 여전히 거대한 사회적 위기를 낳고, 이런 위기가 심대한 사회 변혁으로 이어진다. 19세기 후반 이탈리아와 독일의 통일, 20세기 후반 반식민지 투쟁 물결이 바로 그 본보기다. 더 최근의 혁명들에서 사회주의 혁명과 민주주의 혁명이라는 서로 경쟁하는 두 전략의 충돌, 그리고 이런 혁명들과 더 광범한 계급 구조나 자본축적 조건의 다양한 관계를 고찰하기 위해, 위의 변혁들 중 20세기 후반의 반식민지 혁명에서 중간계급의 핵심 부문이 한 구실을 살펴볼 것이다. 이런 고찰을 통해 아래로부터의 혁명적 운동의 운명과 서방 지배자들의 '민주주의 요구'의 관계가 드러날 것이다.

## 고전 부르주아 혁명들 : 영국 혁명, 미국 혁명, 프랑스 혁명

위대한 부르주아 혁명의 역사는 모든 혁명의 핵심인 급진화 과정을 보여 준다. 부르주아 혁명을 일으킨 사람들은 처음 싸움을 시작할 때 기존 체제를 강제로 무너뜨릴 생각은 없었다. 혁명 과정에서 거듭된 내부 위기 때문에 그들은 그럴 수밖에 없다고 생각했다. 이런 양극화 현상은 부르주아 혁명뿐 아니라 현대의 위대한 혁명들에서도 나타났다.

그러나 두 종류의 혁명의 차이가 명확히 드러나는 지점이 있다. 이것은 혁명이 일어나는 사회·경제 상황의 차이 ― 전(前)자본주의 사회구조에 맞선 부르주아 혁명, 발전된 공업 자본주의에 맞선 현대 혁명 ― 와 관련 있다. 이런 구조는 혁명 운동에서 가장 급진적이고 앞서 나가는 강령들을 가로막는 실천적 장벽이 돼 궁극적으로 혁명 과정에 한계를 부과한다.

알렉시스 드 토크빌은 "부패한 정부에게 가장 위험한 순간은 개혁을 시작하는 순간이다" 하고 말했다.[1] 그러나 찰스 1세의 운명은 개혁에 저항하는 것도 그만큼 위험하다는 것을 보여 준다. 찰스 1세가 사회·경제 변화를 거슬러 절대왕정을 단호히 유지하고 강화하려 한 것이 영국 혁명의 직접 원인이었다. 마르크스는 찰스 1세가 국가의 재정 위기 타개책으로 도입한 선박세+의 납부를 존 햄프던이 거부한 것을 이렇게 평가했다.

> 찰스 1세를 단두대에 앉힌 것은 존 햄프던이 아니라 찰스 1세 자신의 고집, 봉건 신분들에 대한 의존, 신흥 사회의 긴급한 요구를 억누르려는 그의 주제넘은 노력이었다. 납세 거부는 왕과 대중 사이에 존재하는 불화의 표시이자 정부와 대중의 갈등이 위험한 수준에 도달했다는 증거였을 뿐이다.[2]

1776년 미국 혁명에서는 영국과 미국의 식민지 관계 때문에 혁명 세력과 혁명의 발전 과정이 완전히 다른 성격을 띠게 된다. 1763년에 영국은 북아

---

+ 원래 해상 방위를 위해 해안 도시 등에 일시적으로 부과했던 세금. 그러나 찰스 1세가 내륙지방에도 부과해 거센 반대에 부딪혔다.

메리카 식민지를 둘러싼 프랑스와의 전쟁에서 승리했다. 그러나 전쟁 부채 때문에 영국 지배계급은 자신의 식민지 지배권을 강화하려 했다. 다시 한번, 새로운 세금이 발화점이 됐다.

1764년의 통화법과 설탕법은 식민지 상인들이 자신의 통화가 아니라 영국 화폐로만 지불하도록 했고, 전과 달리 영국 제국의 다른 지역에서 생산됐더라도 [북아메리카로] 수입되는 설탕에는 세금을 부과했다. 1765년 인지세법은 수입인지를 구입하지 않은 거래를 모두 불법으로 규정했다. 법률·교회·정치·상업 서류들, 여권, 주사위, 트럼프 카드, 책, 신문, 광고 등이 모두 이 법에 따라 과세 대상이 됐다. 더구나 이 법에는 직접적인 정치적 의도가 있었다. 이 법에 따라 징수된 돈은 전처럼 식민지 의회의 수중에 들어가는 것이 아니라 영국이 임명한 주지사들이 직접 관리하게 됐다. 여기서 대표 없이 과세 없다는 말이 나왔다.

1789년 프랑스 혁명이 폭과 깊이에서 독특한 이유들 중 하나는 기존 질서에 맞선 부르주아지의 축적된 경험이 프랑스 혁명으로 집중됐기 때문이다.[3] 프랑스 혁명은 10여 년 전의 미국 혁명처럼 존 로크의 정치 이론과 계몽주의 전통 — 영국 혁명에서 많은 자극을 받았다 — 에서 영감을 얻었다. 그러나 이런 이데올로기의 영향은 프랑스 혁명이 그토록 멀리 나아간 주요 원인이 아니다. 근본 원인은 혁명이 일어난 사회·경제 상황에 있었다. 프랑스는 1640년대 영국이나 1770년대 미국보다 경제적으로 훨씬 선진적인 사회였다.

1789년 프랑스의 공업과 상업이 국민생산에서 차지하는 비중(각각 18퍼센트와 12퍼센트)은 1780년대 잉글랜드나 웨일스와 비슷했다. 심지어 국민소득에서 농업이 차지하는 비중(49퍼센트)도 잉글랜드나 웨일스보다 단지 9퍼센트만 높았다.[4]

그러나 이것은 반쪽 얘기일 뿐이다. 영국과 달리 프랑스의 사회·정치 발전은 경제 발전에 완전히 역행했다. 프랑스의 계급 구조는 여전히 봉건제의 그늘에서 벗어나지 못했다. 절대왕성은 대다수 부르주아시(와 심지어 일부 귀족들)을 압도했다. 그러나 가장 중요한 분단선은 귀족 전체와 부르주아지가 이끄는 나머지 사회집단 사이에 그어져 있었다. 부르주아지의 첫 번째 선언이자 결집 호소였던 아베 시에예스의 유명한 소책자 <제3신분이란 무엇인가?>에는 이런 불평이 적혀 있다.

교회·사법부·군대를 독점한 신분이 행정부의 모든 부서도 차지했다. 귀족들은 다른 국민들 위에 군림하면서 끈끈한 동료애로 서로 편의를 봐준다. 그들의 도적질은 남기는 것이 없다. 귀족들이 진정으로 이 나라를 통치하고 있다.[5]

영국·미국·프랑스 혁명에서 혁명 진영과 기존 질서 사이의 갈등을 거듭거듭 심화시키고 혁명 지도부 내부에 위기를 초래한 것은 아래로부터의 동원이었다.

영국에서 1640년 찰스 1세의 장기의회(長期議會) 소집부터 1642년 내전 발발 때까지, 의회의 광범한 반정부 세력은 국왕에 대항하기 위해 무장 충돌도 불사해야 한다는 사람들과, 기존 질서에 대한 저항을 부추겨 내전으로 나아가느니 차라리 국왕 편에 서겠다는 사람들로 양분됐다. 의회의 반정부 세력에게 행동하도록 압력을 넣은 것은 하인과 노동자의 지원을 받은 소장인·소상인 등 최하층 '중산층'으로 이뤄진 런던 군중이었다. 또, 런던 군중은 국왕과 그 지지자들을 격퇴해서 그들이 스스로 반동적 정치 세력임을 분명히 드러내게 만들었다.[6] 이런 3자 분열은 부르주아 혁명의 특징이다.[7]

미국에서는 인지세법 도입 전부터 영국에 반대하는 상인, 전문 직업인, 노예 소유주, 장인, 일꾼, 농민, 하인, 선원 등으로 구성된 동맹이 등장했다. 그들의 소책자와 연설은 처음에는 조심스러웠지만 영국 제국의 위기를 연달아 겪으며 대담해져서 저항에서 혁명으로, 항의에서 독립 전쟁으로 전진했다. 인지세법 반대로 1단계 급진화가 시작됐다. '인지세법회의' 소속 식민지 대표 9인은 뉴욕 시에서 모여 영국 왕에게 보내는 강경한 논조의 결의문과 청원을 통과시켰다. 한편 대표들을 파견한 도시들에서는 '자유의 아들'이라는 조직들이 분노를 터뜨리며 세금 징수관들을 혼내주고 있었다. 다양한 '자유의 아들' 조직들 중 최초의 조직은 '보스턴의 아홉 명의 애국자들'이었는데 도장공, 놋쇠 세공인, 보석상, 식자공 등이 회원이었다. 샘 애덤스 같은 사람이 이런 장인들에 합류했고 나중에는 톰 페인도 합세했다. 지식인인 톰 페인은 장인들과 아주 가깝게 어울리며 지냈지만, 상인들과 노예주들의 혁명적 연합도 톰 페인을 존경하고 두려워했다.

대중 동원은 승리를 거뒀고 인지세법은 도입 1년 만에 폐지됐다. 그러나 영국은 아메리카 대륙의 식민지들을 결코 포기하지 않으려 했다. 인지세법이 철회되자마자 선언법(宣言法)이 제정됐는데, 이 법에 따르면 "영국은 어떤 경우에도 …… 아메리카 대륙의 식민지와 국민들에게 구속력을 갖는 법"을 만들 수 있었다.[8] 1767년에 영국 재무장관 찰스 타운센드는 염료·종이·납·유리·차에 세금을 매기는 법을 통과시켰다. 식민지 미국은 1770년까지 조세 저항으로 대응했다. 이 기간 내내 인지세법에 대응해 나타난 '자유의 아들' 같은 조직들이 계속해서 대중을 동원했다. 그런 대중 행동은 타운센드 세금의 철회를 촉진한 사건인 1770년 3월 5일 보스턴 학살에서 절정에 이르렀다. 영국 병사들이 성난 시위 군중에게 발포해 5명을 사살했다. 사망자들은 운동의 사회적 단면을 정확히 보여 준다. 그들은 아프리카계

원주민 선원, 항해사, 제혁공, 밧줄 제작자, 상아세공사의 도제였다. 그들의 죽음은 혁명적 동맹의 기층과 지도자들의 결속을 강화하는 데 일조했다.

미국의 운동은 보스턴 항구에 정박 중인 배에서 모호크 인디언으로 가장한 시위대들이 타운센드 세금이 부과되는 유일한 상품인 홍차를 바다로 내던진 1773년 12월 보스턴 차 사건 후 더 급진화했다. 심지어 1774년 대륙회의가 열리기 전에, 10년 전 인지세법에 저항하기 위해 만들어진 '자유의 아들' 회원과 비슷한 부류의 사람들, 때로는 동일인으로 구성된 '연락위원회'는 새로운 혁명적 메시지를 식민지 전역에 퍼뜨렸다.

프랑스는 부르주아 혁명 가운데 가장 위대하고 철저했지만 1789년에는 프랑스 부르주아지의 지도자 가운데 어느 누구도 기존 질서를 해체하려면 얼마나 엄청난 투쟁이 필요한지를 알지 못했다.[9] 처음에는 일부 귀족들도 기존 질서를 개혁하는 데 기꺼이 동참하는 듯했다. 그러나 왕이 삼부회 소집을 명해야 했던 1789년 5월 5일에 그 '귀족 혁명'은 벽에 부딪혔다.

이런 첫 번째 내부 위기 상황에서 제3신분은 명목상으로 귀족과 성직자가 아닌 국민 전체를 대표했다. 사실 그들은 부르주아지를 대변했다. 6백10명의 제3신분 대표들 가운데 최대 규모의 단일 집단(약 25퍼센트)은 이후 수많은 자본주의 의회에서 그랬듯이, 부자들을 대변하는 직업 종사자들인 변호사들이었다. 실제로, 제조업자는 약 13퍼센트였고, 5퍼센트는 전문직이었다. 오직 7~9퍼센트만이 농업 종사자들이었다.[10]

당시 제3신분은 사회 통치 기구 전체를 파괴하지 않은 채 왕에게 개혁 실시를 강제하려던 운동의 지도자를 자임했다. 프랑스 혁명의 첫 번째 급진화는 바스티유 감옥이 함락되고 최초의 농민 투쟁이 벌어졌는데도 제3신분 일부가 혁명 진영을 떠나 다수파인 성직자와 귀족으로 넘어갔을 때 시작됐다.

영국·미국·프랑스 혁명은 각각 아래로부터의 압력과 구체제의 비타협성 때문에 혁명 지도부가 혁신되면서 두 번째 급진화를 경험했다.

영국 혁명에서 1642~1645년에 내전이 발발했을 때 의회 세력의 분열이 더 심해졌다. 한편에는 왕과 어쩌면 왕정 자체를 무너뜨릴 때까지 내전을 계속해야 한다는 사람들이 있었다. 이들은 올리버 크롬웰과 헨리 아이어턴을 중심으로 뭉친 독립파였다. 다른 한편에는 상황이 달라졌는데도 또다시 타협을 얻어낼 정도로 왕을 약화시키는 데 만족해야 한다고 여전히 주장하는 장로파가 있었다. 사실 장로파는 스스로 '왕과 의회'를 위해 싸운다고 주장했다. 크롬웰은 이런 온건파들에게 이렇게 대꾸했다. "저는 왕과 의회를 위해 싸울 의무가 저에게 있다는 등의 혼란스런 말로 여러분을 기만하지 않을 것입니다. 만약 왕이 적의 몸통이 됐다면, 저는 어느 서민에게 하듯이 즉시 총을 뽑아서 왕을 사살할 것입니다."[11] 혁명의 이 단계에서 결정적 조처는 크롬웰이 사회 하층민들을 동원해 신형군을 창건한 것이었다.

미국 혁명의 두 번째 급진화는 1775년에 무너진 왕당파 정부를 대체한 대중 위원회들이 식민지에서 "미국의 대의와 안녕에 영향을 미칠 수 있는 모든 일"을 처리하는 실질적 권력으로 등장하면서 시작됐다. 위원회들은 민병대를 모집하고, 보급품을 조직하고, 혁명의 적을 재판하고 구금하며, 상품과 가격을 통제했다. 그들은 대중 집회를 열어 "시민의 여론을 수렴했다." 그들은 임시 의회 구성을 위한 선거를 호소하고 선거에서 급진파가 승리하도록 함으로써, 영국이 지배권을 되찾으려는 기도를 좌절시켰다. 1776년 1월에 톰 페인은 혁명적 선언인 ≪상식≫을 발행했다. ≪상식≫은 평범한 수공업자들과 농민들이 쓰는 쉬운 말로 운동이 영국과 확실히 단절할 것을 촉구했다. 15만 부가 팔린 이 책의 주장은 혁명가들이 저항은 독립으로 이어져야 한다고 다른 사람들을 설득해야 할 때마다 되풀이됐다.

이런 10년 동안의 급진화 때문에, 영국에 맞선 저항을 계속 지도하려 애쓰던 명망가들은 경각심을 품지 않을 수 없었다. 비록 그런 대중 선동 없이 는 영국을 물리칠 수 없음을 알았지만 말이다. 그들은 독립 전쟁 덕분에 이 운동을 일정한 테두리 안에 가둘 수 있었다. 1642~1645년의 영국과 달리, 그것은 내전이 아니라 식민지 독립 전쟁이었다. 따라서 전쟁의 효과는 영국 의 신형군 창설이나 프랑스 혁명 때와 달리 혁명 진영의 더한층 양극화로 이어지지 않았다. 일단 전쟁이 시작되자 조지 워싱턴 휘하의 식민군은 렉싱 턴에서 벌어진 첫 전투 때 사용했던 게릴라 전술을 정규군 규율 — 장교단을 지배하는 부자들과 권력자들이 강요한 — 로 대체했다. 반면에 신형군 창설 은 의회에 머물렀던 귀족들에 맞선 '내부 쿠데타'라는 일종의 자기 부정 과 정이 필요했다.

프랑스에서 혁명의 둘째 단계는 타협을 모색하는 오랜 노력이 1791년 6월 21일 왕이 바렌으로 도망가면서 물거품이 된 후에 시작됐다. 타협을 열 렬히 추구했던 사람조차 합의가 불가능함을 깨달았다. 귀족들은 이제 공개 적으로 국내에서 반혁명을 선동했고 유럽의 왕들에게 프랑스를 침략하라고 부추겼다. 전쟁이 벌어지면 온 나라가 기존 지배계급을 중심으로 단결할 것 이라고 기대했기 때문이다. 루이 16세는 "우리는 내전이 아니라 외국의 침 략을 당할 것이고 그러면 상황이 호전될 것이다" 하고 말했다.[12]

이런 위협에 대한 민중의 대응은 귀족뿐 아니라 기존 혁명 지도부도 놀 라게 만들었다. 1792년에 일어난 국내외 반혁명 위협에 맞선 대중 시위는 왕정의 운명을 결정지었을 뿐 아니라 혁명을 더 급진화시켰다. 자신들의 출 신 지역 이름을 따온 지롱드파 당원들은 이제 '수동적 시민들', 즉 평범한 하층민들을 동원해 국가와 혁명을 방어해야 한다고 주장했다. 그러나 상퀼 로트와 격앙파+의 기치 아래 동원된 대중은 지롱드파가 지지할 수 없는 요 구들도 내걸었다. 1792년 5월 파리에서 '붉은 신부(神父)' 자크 루는 곡식을 사재기한 자들을 사형에 처하라고 요구했다. 그는 1년 뒤에 "부자들이 다른 사람들의 삶과 죽음을 좌우할 수 있는 권한을 독점하는 한은 평등은 뜬구름 잡는 소리에 불과하다"[13]고 말했다. 이 메시지는 파리의 행정 단위인 '지구' 별 집회와 소모임, 정치 클럽, 좌파 신문 등 직접민주주의 방법을 통해 파리 전역으로 퍼졌다.

끊임없는 농민 항쟁뿐 아니라 새롭게 급진화한 민중 계급들, 즉 소부르 주아지와 직인들과 그 밑의 노동자들 때문에, 지롱드파 ─ 바로 얼마 전에만 해도 혁명의 가장 급진적 지도부였고 당통이 그 지도자였다 ─ 와 산악파(로 베스피에르와 자코뱅파가 이끄는 좌파 의원들이며 국민공회에서 높은 곳의 좌석을 차지했기 때문에 이렇게 불린다)가 분열했다. 지롱드파는 1년 전에 제정된 헌법의 제한적 선거제도와 왕정을 무너뜨린 1792년 8월 10일의 혁명 운동 당시 옆으로 비켜서 있었다. 그 운동을 회피한 것은 치명적이었고, 지롱드파는 왕과 똑같은 운명에 빠졌다.

자코뱅파는 8월 10일 승리의 수혜자였다. 그러나 자코뱅파 자신들은 서로 다른 두 계급, 즉 소부르주아지·장인들과 이들이 고용한 일용 노동자와 도제의 지지에 의존했다. 이런 동맹과 그것을 뒷받침한 대중 동원은 1793~1794년에 절정에 달했다. 1793년에 이르러 자코뱅파 혁명 정부는 마침내 적대 세력인 귀족들을 효과적으로 확실히 처리할 수 있을 만큼 강한 정부를 만들었다. 부분적으로 이것은 대중의 요구를 받아들여 생필품(과 임금)의 최고가격을 정하는 법을 제정했기 때문이다. 그러나 승리의 순간에 그 승리를 가능하게 한 자코뱅파와 상퀼로트의 동맹이 깨졌다.

자코뱅파는 그런 식으로 부르주아지를 제약하는 경제정책도, 상퀼로트

---

+ Enragés, 극좌파 혁명 세력으로서 앙라제라고도 한다.

만을 '민중'으로 해석해 자코뱅파의 주된 기반인 일부 부르주아지를 배제하는 것도 용납할 수 없었다. 조르주 뤼데는 이렇게 지적했다. "그런 사람들[상퀼로트]의 정치사상과 사회적 염원이 의회에 앉아 있던 자산가, 법률가, 의사, 교사, 기업인이나 심지어 지방의 자코뱅파 클럽·협회 등을 주름잡던 하층 변호사, 상인, 공무원의 정치사상이나 사회적 염원과 중요한 부분들에서 달랐다는 것은 전혀 놀라운 일이 아니다."[14]

영국·미국·프랑스 혁명에서 혁명 지도자들의 최종 분열은 계급 모순과 경제적 한계를 드러냈다. 영국 신형군의 여러 연대에서 선출된 수평파와 '선동가들'+의 급진 민주주의는 크롬웰과 아이어턴이 이끄는 '중산층'의 중핵에게 패배했다. 미국 혁명에서는 노예 소유주들과 자본가 계급이 이겼다. 프랑스 혁명에서는 상퀼로트와 자코뱅파가 반혁명에 패배했다.

찰스 1세의 처형 전에, 수평파 지도자 존 릴번은 크롬웰에게 소환돼 국무회의 석상에서 수평파의 급진 민주주의 강령인 <인민 협정>을 끊임없이 선동한 것에 대해 해명해야 했다. 릴번은 매우 단호했다. 크롬웰은 릴번에게 물러가라고 말했다. 릴번은 옆방에서 크롬웰이 이렇게 말하는 것을 들었다. "제가 말하지 않았습니까. 저들을 분쇄하는 것 외에 다른 방법이 없습니다. 그렇지 않으면 저들이 여러분을 분쇄할 것입니다. …… 그래서 여러분과 같은 이성적인 사람들이 저렇게 가장 어리석은 자들 때문에, 저런 비열하고 한심한 인간들 때문에 몰락해서야 되겠습니까. 그러니 다시 한 번 말하지만 저들을 분쇄해야 합니다."[15] 크롬웰은 자신이 말한 대로 행동했고, 몇 달 뒤 군대 수평파의 반란은 급진적 인사 세 명이 버퍼드 교회 뜰에서 사살당하는 것으로 막을 내렸다.

---

+ Agitators, 신형군 내의 급진적 사병들로 구성된 조직.

그러나 동일한 사태 전개와 계속된 좌파의 도전 때문에 크롬웰은 왕과의 타협을 포기하고 국왕 처형을 거쳐 공화국 수립으로 가는 길을 택할 수밖에 없었다. 이때 영국 혁명을 다시 한 번 급진화하려는 시도가 있었다. 디거파가 10여 개의 '공산주의' 공동체 ― 서리 주(州)의 세인트조지스힐이 가장 유명하다 ― 를 건설하려 한 것이 그것이다. 디거파의 가장 저명한 대변인인 제라드 윈스턴리가 말했듯이 디거파의 강령은 존 릴번과 수평파가 제시한 민주주의를 넘어 사회적·경제적 평등 문제를 제기했다. 그러나 대중의 급진화가 절정에 달했을 때조차 경제 발전의 한계 때문에 디거파의 급진적 소망을 실현할 수 있는 사회 계급이 존재하지 않았다. 디거파는 후세의 급진주의자들에게 정치적·사회적·경제적 자유의 소망을 물려줬다. 비록 자신의 시대에는 그것을 실현할 수 있는 수단이 존재하지 않았지만 말이다.

영국 혁명과 미국 혁명에서 일부 대중은 전쟁에서 누가 이기든 자신의 처지는 별로 변하지 않을 '부자들의 전쟁'이라고 (이해할 만하지만) 잘못 생각했다. 다만, 미국 혁명의 경우 전쟁에 대한 대중적 환멸이 영국 혁명보다 더 컸다. 가난한 농장 일꾼이자 퇴역 군인인 대니얼 셰이스가 1786년 반란을 주도하며 잠시 동안 대중 급진화의 물결을 다시 불러일으키는 듯했다. 반란군은 영국군에게 썼던 매우 효과적인 전술을 똑같이 사용해 지방 군청 청사를 무력으로 폐쇄했다. 그러나 1774년에는 그들의 동맹이었던 보스턴 급진주의자들이 이제는 분열했다. 일부는 보수 상인들과 손잡고 주 정부를 운영하고 있었는데, 그들이 민병대를 보내 셰이스 무리들을 진압했다. 샘 애덤스도 그런 경우였는데, 그는 '소요[진압]법' 제정과 인신보호영장의 효력 중단을 지원해 당국이 포로들을 재판에 회부하지 않고도 구금할 수 있게 해 줬다. 패배한 셰이스 지지자 중 한 명은 "저는 지도자 중 한 명이었습니다. 그러나 정말 잘못했습니다. …… 너그럽게 용서해 주십시오"[16] 하고 애원했다. 애덤스는 이 말을 듣고 냉정하게 이렇게 말했다. "왕정에서는 반역 죄가 용서받거나 가볍게 처벌될 수도 있겠지만, 공화국의 법에 감히 도전한 자는 죽어 마땅하다."[17] 셰이스 반란은 <인민 협정> 같은 명확한 강령이나 릴번의 조직 같은 정치적 역량이 없었다. 그러나 셰이스의 사례는 버퍼드에서 수평파가 패배한 것과 비슷하다.

승리한 미국의 지배계급 — 연방주의자 알렉산더 해밀턴과 제임스 매디슨이 지도하는 — 은 영국 혁명 때 크롬웰처럼 강력한 통일 국가를 건설하려 했다. 영국·미국 혁명에서 모두 부르주아지는 장기적으로 자신들에게 더 유리한 이런 구조 속에 확실한 기반을 다졌다. 1689년 영국에서 지배계급은 스튜어트 왕조의 왕권 강화 노력을 무산시켰고, 1832년에 이르러 산업 부르주아지는 옛 동료였던 지주 계급에 대해 완전한 헤게모니를 확립했다. 미국에서 혁명의 결말은 서막보다 훨씬 극적이었다. 두 번째 미국 혁명인 남북전쟁은 남부 노예제 대토지 소유자들의 권력을 철저하게 파괴했다.

혁명 진영 내에서 계급 기반과 정치 강령의 차이는 프랑스 혁명에서 가장 컸다. 상퀼로트는 대자본가 집단에 맞서 싸우는 쁘띠부르주아들과 수공업 노동자들을 한 조직 안에 단결시켰다. 상퀼로트는 노동계급 조직을 건설할 수 없었다. 노동계급이 아직 고유한 요구를 제시하고 독자적 운동을 발전시킬 능력이 없었기 때문이다. 그러나 상퀼로트는 보통 사람들, 즉 임금노동자, 도제, 자본을 소유하지 못한 장인의 경제적 고통을 대변했다. 상퀼로트는 자본가들의 재산에 대한 규제와 소자산가들의 공화국을 원했다. 그러나 소자산가들은 소자본가들이기도 했고(또는 소자본가들의 영향을 받았다), 그래서 자본축적을 일관되게 제한할 수 없었다.[18]

프랑스판 수평파라 할 수 있는 자코뱅 지도부는 귀족들의 끈질긴 저항에 맞설 수 있는 세력을 상퀼로트에서 발견했다. 그러나 귀족들의 저항에 맞설 필요가 사라지자 자코뱅파는 크롬웰이 수평파에게 했던 것보다 훨씬 더 가혹하게 '악마'[상퀼로트를 말한다]와의 계약을 파기했다. 크롬웰이 수평파를 진압한 대가를 치른 것은 그가 10년의 임기를 다 채우고 죽은 뒤에야 일어난 반혁명 때였다. 로베스피에르는 상퀼로트를 진압한 뒤 몇 달이 채 안 돼 테르미도르 반동(새로운 혁명력에 따른 달 이름, 구력에 따르면 1794년 7월 27일)으로 그 대가를 치러야 했다.

급진 좌파는 다시 한 번 빛나는, 그러나 짧은 불꽃을 피워 올렸다. 윈스턴리와 셰이스의 발자국을 따라 바뵈프가 나타난 것이다. 그러나 이런 "혁명 후의 혁명"은 혁명과는 달랐다. 상퀼로트의 강령이 궁극적으로, 자본주의의 모순에 대한 반쯤 등장한 수공업 노동계급의 향수 어린 대응을 표현한 것이었다면, 바뵈프의 '평등파의 음모'는 공상적 공산주의에 가까웠고 디거파와 공통점이 있었다. 물론 당시 프랑스 임금노동자 계급은 17세기 영국보다 훨씬 더 발달해 있었다. 더구나, '평등파의 음모'라는 조직은 오해를 자아내는 명칭에도 불구하고 지금까지 확인할 수 있는 한, 현대 노동계급 정치조직의 맹아를 최초로 보여 줬다.[19]

역사에는 이렇게 미래를 암시하는 사회 운동과 개인들이 많다. 레오나르도 다빈치의 '헬리콥터' 설계도는 미래에 나타날 것을 예시한 대표적 예이며, 심지어 그런 꿈을 이룰 수 있는 일부 기술적 원리들도 보여 줬다. 다빈치의 설계도가 실현되기 위해서는 수백 년의 경제 발전이 필요했다. 디거파와 '평등파의 음모'도 마찬가지다. 따라서 우리는 다빈치의 천재성을 무시할 수 없듯이, 윈스턴리와 바뵈프의 천재성도 인정해야 한다. 우리는 그들의 미래에 대한 구상과 그런 구상을 실현할 수 있는 물질적 수단 — 오늘날 우리가 알고 있는 — 을 서로 결합시키려 한다.

### 1848년에는 무엇이 달라졌나?

심지어 1848년 혁명이 일어나기 전부터 마르크스와 엥겔스는 두 가지 점을 명확히 지적했다. 첫째, 앞으로 일어날 혁명은 부르주아 혁명이다. 즉, 그것은 자본주의 국가, 아마 민주적이고 공화적인 형태의 자본주의 국가로 귀결될 것이다. 둘째, 구질서를 결정적으로 청산할 때까지 부르주아지를 밀어붙여야 한다. 부르주아지는 성장하는 노동계급의 힘 때문에 혁명의 힘이 완전히 분출하면 봉건 국가와 함께 자신도 타도당할까 봐 두려워하기 때문이다. 마르크스와 엥겔스는 독일 혁명이 "17세기 영국이나 18세기 프랑스보다 훨씬 발달된 프롤레타리아트가 존재하는 훨씬 선진적인 조건에서 일어날 것"이고, "곧이어 일어날 프롤레타리아 혁명의 전주곡"[20]이 될 것이라고 생각했다.

따라서 1848년 혁명의 초기 단계에 마르크스와 엥겔스는 민주주의 혁명의 가장 왼쪽에 있었다. 그러나 1848년 혁명 발발 직전에 쓴 《공산당 선언》에서조차 노동계급은 "부르주아지가 혁명적으로 행동하는 한은 그들과 함께 싸워야 한다"고 촉구하면서도, 동시에 사회주의자들은 "부르주아지와 프롤레타리아 사이에 존재하는 적대 관계를 노동계급에게 최대한 명확하게 설명해야 한다"[21]고 주장했다. 혁명 초기에 마르크스와 엥겔스의 태도는 "함께 구체제를 공격하기 위해 부르주아지와는 독립적으로 하층 계급들을 조직하면서 좌파적·독립적 원칙을 바탕으로 부르주아지를 격려하고, 1793~1794년 프랑스 자코뱅 정부의 경험에서 드러나듯이 부르주아지가 겁을 집어 먹고 도망칠 낌새를 보이면 이러한 프롤레타리아트·쁘띠부르주아지·농민의 민주주의 동맹이 일시적으로 [혁명의] 선두에 설 수 있도록 준비하는 것"이었다.[22]

그러나 1848년 혁명이 진행되면서 마르크스와 엥겔스의 이런 생각은 상당한 변화를 겪었다. 독일 혁명의 최초 3개월 동안에는 부르주아지가 비록 우유부단할지라도 그들을 밀어붙여 결정적 행동을 취하게 만들 수 있을 듯했다. 그러나 혁명이 진행될수록 부르주아지는 더 소심하고 혼란스런 모습을 보였다. '6월 사건'에서 부르주아지와 그들의 민주주의 대변인들 대다수를 포함한 착취 계급들은 모두 반동의 편에 섰다. 마르크스와 엥겔스는 노동자와 농민 같은 피착취 계급만이 혁명을 전진시킬 수 있다는 결론을 내렸다. 마르크스는 <노이에 라이니셰 차이퉁>(신라인신문) — 이 신문을 후원하던 부르주아들은 신문의 급진적 주장에 놀라 후원을 중단했다 — 에 이렇게 썼다.

독일의 부르주아지는 너무도 굼뜨고, 무르고, 느리게 발전했기 때문에, 그들이 봉건제 · 절대주의와 대결하려는 바로 그 순간에 …… 프롤레타리아트, 그리고 프롤레타리아트와 연결된 도시 주민 전체가 부르주아지 자신과 대결하려 하고 있음을 깨닫게 됐다. …… 1789년의 프랑스 부르주아지와 달리 프로이센의 부르주아지는 현대 사회 전체를 대표하는 계급이 아니었다. …… 모종의 신분 수준으로 전락한 그들은 …… 처음부터 민중을 배신할 작정이었다.[23]

자신들이 처음 예상한 것보다 훨씬 더 심각한 부르주아지의 배신을 겪은 마르크스와 엥겔스는 전략적 태도를 바꿨다. 이제 마르크스와 엥겔스는 노동계급의 독자적 행동이 필수적이고, 이론 문제뿐 아니라 전술 문제에서도 부르주아 민주주의자들에 대해 더 비판적 태도를 취해야 한다고 결론지었다. 마르크스는 노동자들이 부르주아 민주주의자들에 대해 어떤 태도를 취해야 하는지에 대해 오늘날도 여전히 유효한 지적을 했다.

노동자들은 민주주의자들의 제안을 그 논리적 극단 — 민주주의자들은 어떤 경우에도 개량주의적이고 혁명적이지 않은 방식으로 행동할 것이다 — 까지 밀어붙여 그 제안들을 사유재산에 대한 직접 공격으로 전환시켜야 한다. 예를 들어, 쁘띠부르주아지가 철도와 공장의 매입을 제안한다면, 노동자들은 반동 세력의 재산인 철도와 공장을 보상 없이 그냥 몰수해야 한다고 주장해야 한다. 만약 민주주의자들이 비례세를 제안한다면, 노동자들은 누진세를 제안해야 한다. 만약 민주주의자들 자신이 온건한 누진세를 제안한다면, 노동자들은 그 세율을 대자본이 파멸할 만큼 높게 하라고 요구해야 한다. 만약 민주주의자들 자신이 국가 채무의 조정을 제안한다면, 노동자들은 국가 파산을 요구해야 한다. 그러므로 노동자들의 요구는 민주주의자들의 조처와 양보에 따라 조정돼야 한다.[24]

혁명이 전진하면서 혁명 진영 내부에서 계급적 차이에 따른 정치적 분열이 심해졌다.

이 서로 다른 계급들의 연합 — 어느 정도는 모든 혁명의 필수조건이다 — 이 오래 지속될 수 없다는 것은 모든 혁명의 숙명이다. 공동의 적을 물리치고 승리하자마자 승리자들은 서로 다른 진영으로 분열해 자기들끼리 서로 무기를 겨누게 된다. 낡고 복잡한 사회 유기체에서 혁명을 그토록 강력한 사회적·정치적 진보의 동력으로 만드는 것은 바로 이런 계급 적대 관계의 급속하고 격렬한 발전이다.[25]

이런 양극화에 대응해 마르크스는 혁명가들이 독자적인 노동계급 정치 조직을 건설하는 데 집중해야 한다고 주장했다. 그는 이런 움직임이 강력할 수록 부르주아 민주주의자들이 정부에 입각했건 아니건 왼쪽으로 움직일 것이라고 예상했다. 마르크스는 노동자 운동이 아주 강력해져서 자유주의적 민주주의자들에 맞서 혁명을 일으킬 수 있기를 바랐다. 이제 마르크스는 그것이 사회주의 혁명일 것이라고 믿었다. 마르크스는 1848년 혁명 전에는 그렇게 생각하지 않았다.

이 새로운 관점 덕분에 마르크스는 국가 기구가 한 계급의 수중에서 다른 계급으로 옮겨갈 수 있는 중립적 도구가 아니므로, 노동계급이 자산 계급의 국가 기구에 반대해 자신만의 국가 기구를 건설해야 한다고 결론지었다. 파업위원회, 노동자들의 지역 대표 기구, 대중회의 등 그런 새로운 기구들은 구질서에 맞선 투쟁 과정에서 나타날 것이다. 가능한 경우에는 주위에서 구할 수 있는 무기나 군대에서 뺏은 무기로 무장한 노동자 민병대도 건설해야 한다. 마르크스는 이런 "대항 국가" 기구들을 "혁명적 지역 평의회"나 "혁명적 노동자 정부"라고 불렀으며, 이것은 부르주아 국가와 오랫동안 공존할 수 없고 노동자들이 부르주아 국가를 파괴하거나 부르주아 국가가 노동자 권력 기구들을 파괴하는 결정적 대결을 치를 것이라고 지적했다.

> 독일 노동자들은 …… 자신들의 계급적 이해관계를 분명히 인식함으로써, 최대한 빨리 자신들의 독립적인 정치적 견해를 채택함으로써, 민주주의적 쁘띠부르주아지의 위선적 공문구에 현혹돼 프롤레타리아트의 독자적 정당 건설 필요성을 단 한순간도 의심하는 일이 없도록 함으로써, 자신들의 최종 승리에 최대한 기여해야 한다. 그들의 전투 구호는 '연속혁명'이어야 한다.[26]

따라서 마르크스가 1850년에 연속혁명론을 최초로 주장한 셈이다. 혁명 시작부터, 심지어 노동자 정당이 '민주주의 요구들'을 지지하는 동안에도,

노동계급의 독자적 사회주의 조직을 건설해 먼저 이중권력의 형성과 그 뒤의 사회주의 혁명을 목표로 하는 전략적 태도를 견지해야 한다는 생각의 기원은 바로 여기에 있다.


## 위로부터의 부르주아 혁명들

부르주아지가 혁명적 계급으로 활동할 의지와 능력이 있었던 시기는 1848년 혁명으로 종말을 맞았다. 그 뒤 부르주아지는 구질서에 맞선 공공연한 혁명에서 대중을 동원하려는 노력을 하지 않았다. 그렇다고 해서 이제 부르주아지가 정치적 실세가 됐다는 말은 아니다. 심지어 선진국들에서조차 그렇지 않았다. 또 역동적 자본축적 과정이 중단됐다는 말도 아니다. 부르주아 혁명의 영향으로 자본축적의 속도가 빨라졌고 전보다 더 완전한 세계시장이 형성됐다. 또, 부르주아지가 국민 대중의 정치 지도자 구실을 내켜하지 않는다고 해서 구질서에 맞선 민중 항쟁이 끝난 것도 아니었다.

오히려 1848년에 시작돼 19세기를 관통한 두 가지 큰 흐름이 있었다. 하나는 점점 더 계급의식적인 노동계급의 행동·조직과 연관된 민중 항쟁들이 지속된 것이다. 이런 흐름은 1871년에 파리코뮌으로 최초의 성공적인 노동자 혁명이 잠깐 만개했을 때 절정에 달했다. 그러나 그런 수준에 미치지 못하더라도 1880년대 영국의 신노동조합 운동이나 19세기 말까지 유럽 전역에서 마르크스주의에 영향받은 노동조합들과 사회민주주의 정당들이 성장한 것에서 대중적 노동계급 행동이 지속된 것을 볼 수 있다.

1848년 이후의 두 번째 변화 과정은 부르주아지가 자본축적이 진행 중인 새로운 환경에 알맞은 정치·국가 형태를 발전시키려 끊임없이 노력한 것이었다. 자본가들의 요구를 충족시키기 위한 국가 통일과 그에 따른 국가 기구의 조정 — 영국·미국·프랑스 혁명의 핵심 성과 — 은 이제 모든 자본가 계급의 절실한 필요가 됐다. 특히 후발 주자들은 선구자들이 저마다 혁명으로 얻은 경쟁 우위의 효과를 점차 분명히 깨닫게 됐다.

미국 남북전쟁 당시 링컨은 남부에 맞선 군사 투쟁에 대중을 동원해 북부 부르주아지의 상(像)에 맞게 미국 자본주의 전체를 재편했다. 그 과정에서 링컨은 지배계급을 강제로 통합하고, 그들이 서쪽으로 태평양까지 진출해야 한다는 자신의 '명백한 사명'+을 완수할 수 있게 했다. 이탈리아의 국가 통일과 부르주아 국가의 형성에는 가리발디와 마치니가 주도한 대중 동원이 있었으나, 이것은 카보우르의 입헌주의의 틀을 넘지 않았다. 독일에서는 나폴레옹3세의 군대 덕분에 비스마르크가 국가 건설 과업의 기반을 다질 수 있었다. 1848년 혁명 패배 때문에 그 과정은 19세기 말 사회민주당과 조직 노동계급의 등장 전까지 별다른 대중 저항 없이 진행될 수 있었다.

이 과정을 짧게 정리한 이유는 부르주아지가 비록 혁명적 행동 방식을 포기했을지라도, 대규모 사회 변화를 포함해서 자신들의 정치적 목표를 추구하는 것을 결코 멈추지 않았음을 보여 주기 위해서다. 또, 그들은 자기 밑에 있는 사회 계급들의 에너지를 이용하는 것을 완전히 포기한 것도 아니었다. 다만, 그런 계급들이 혁명의 지도부로 올라서는 것을 허용하지 않았을 뿐이다. 부르주아는 그들의 행동을 두려워하면서도 대중운동으로 발생한 격변을 이용하려 했다.[27]

## 사회주의 혁명과 민주주의 혁명에 대한 레닌과 트로츠키의 견해

러시아 혁명에 연관된 사회세력들에 대한 레닌의 원래 평가는 ≪민주주

+ 미국이 북아메리카 전체를 지배할 운명을 갖고 있다는 주장을 말한다.

의 혁명에서 사회민주주의의 두 가지 전술≫에 담겨 있다. 이 책은 1917년 전에 나왔다. 사실 이 책은 레닌이 1905년 혁명의 교훈을 완전히 소화하기 도 전에 나왔다. 어떤 측면에서 이 책은 1850년 마르크스와 엥겔스보다 정 치적으로 덜 발전된 후퇴한 주장을 담고 있다. 레닌은 ≪두 가지 전술≫에서 러시아의 사회·경제 조건이 충분히 성숙하지 않아 다가올 혁명은 사회주의 혁명이 아닐 것이라고 주장했다. 다가올 혁명은 내용적으로 부르주아 혁명 일 것이다.

> 러시아의 경제 발전 수준(객관적 조건)과 광범한 프롤레타리아 대중의 계급 의식과 조직화 수준(객관적 조건과 떼려야 뗄 수 없이 결합된 주관적 조건) 때문에 노동계급이 당장 완전히 해방될 수는 없다. 가장 무지한 사람들만이 지금 일어나고 있는 혁명의 부르주아적 성격을 외면할 수 있다.[28]

레닌은 러시아 부르주아지가 너무 유약해서 1640년대 영국 부르주아지 나 1790년대 프랑스 부르주아지와 달리 민주주의 혁명을 주도하지 못할 것 이라고 생각했다. 따라서 차르 왕정을 몰아내고 민주주의 공화국을 건설할 봉기를 노동계급이 주도해야 할 것이다. 그러나 노동계급이 이런 임무를 수 행할 수 있으려면 동요하는 부르주아 민주주의자들이나 노동계급 조직 안에 있는 그들의 동조자인 멘셰비키와 타협하지 않는 정치 전략을 고수하는 혁 명정당의 지도를 받아야 한다.

이 주장은 분명히 많은 장점이 있었다. 먼저 비록 사회주의가 다가올 혁명의 당면 목표는 아니지만 민주주의 혁명에서 노동계급이 주도적 구실을 해야 하고, 사회주의 선전을 수행하는 혁명정당을 건설해야 한다고 주장하 고 있다. 그리고 이 전략은 부르주아 민주주의자들인 입헌민주당과 멘셰비키에 대한 날카로운 비판과 정치적 독립이 필요했다.

　그러나 이런 중요한 지적에도 불구하고, ≪두 가지 전술≫은 레닌의 지지자를 자처하면서도 그의 혁명적 비타협성을 공유하지 않는 자들의 끊임없는 후퇴를 정당화하는 데 악용될 수 있다는 약점이 있다. 그러므로 만약 다가올 혁명이 부르주아 민주주의에 그친다면, 만약 '민주주의 독재'가 다가올 혁명이 도달할 수 있는 최고 단계라면 노동계급은 민주주의 혁명의 극좌파이자 가장 왼쪽에 있고 가장 일관된 집단에 그칠 것이다. 다시 말해서, 노동계급의 정치적 대표체들은 영국 혁명 당시 수평파나 프랑스 혁명 당시 상퀼로트의 구실을 할 것이다. 여기에는 혁명정당이 노동계급의 의식과 행동을 과소평가해 독자적 사회주의 선동을 포기하고 자신의 구호를 민주주의 과제에 한정할 수 있는 잠재적 위험이 있다. 만약 그런 상황이 발생하면 혁명정당은 노동계급의 열망을 구체화하는 전략을 마련하지 못하고 오히려 노동계급의 발전을 방해하는 집단이 될 수도 있다. 아니면, 혁명정당은 노동계급의 에너지를 그들이 실제로 얻을 수 있는 것보다 훨씬 못한 목표들을 성취하는 데 쏟을 수도 있다.

　트로츠키는 1906년 저작 ≪평가와 전망≫에서 만약 노동계급이 다가올 혁명에서 주도 집단이 된다면, 그들은 단지 민주주의 요구들에서 멈추지 않을 것이라는 매우 혁신적인 주장을 했다. 트로츠키는 노동자들은 노동자들의 무장, 자본가 재산 몰수, 노동자 평의회로 권력 이양을 요구할 것이라고 예상했다. 자본주의 공업의 발달로 차르 왕정은 치명적 위기에 빠져 있었다. 비록 러시아 공업이 규모에서 영국이나 독일에 미치지 못했지만 이미 존재하는 공업은 매우 발달된 형태였다. 따라서 상트페테르부르크의 푸틸로프 공장(1917년에 '볼셰비키의 아성'이 됐다)은 세계에서 가장 크고 당시의 최첨단 기술을 사용하는 공장 중 하나였다. 트로츠키는 이것을 '불균등·결합 발전'이라고 불렀다. 이것은 자본주의의 가장 선진적 형태가 흔히 국제 투자를 통해 저발전 국가의 중심으로 이식된 것을 뜻한다.[29]

트로츠키는 러시아 부르주아지가 너무 소심해서 민주주의 혁명을 주도할 수 없을 것이라는 레닌의 의견에 동의했다. 신흥 공업을 중심으로 성장한 노동계급이 차르 왕정뿐 아니라 부르주아지도 타도할까 봐 두려워하기 때문이라는 이유에서였다. 노동계급은 부르주아 민주주의 요구들에서 멈추지 않을 것이다. 노동계급이 싸우기 시작하면 파업, 총파업, 노동자 평회의 등 노동계급의 고유한 방법을 사용할 수밖에 없다. 그러나 이런 투쟁 방법들은 차르 왕정만 위협하는 것이 아니라 부르주아지도 위협한다. 노동자들은 "누가 국가를 통치할 것인가?" 하는 질문만이 아니라 "누가 공장을 운영할 것인가?" 하는 질문도 던질 것이다. 따라서 다가올 혁명은 단순한 정치(즉, 민주주의)혁명이 아니라 사회혁명(즉, 정치·경제 혁명)이 될 것이다.

트로츠키는 러시아의 후진성에도 불구하고 러시아 사회주의 혁명이 유지될 수 있음을 보여 주면서 분석을 끝낸다. 러시아는 세계경제의 일부이고 자본주의의 위기는 국제적이기 때문에, 러시아 혁명이 서구의 선진 자본주의 사회들로 확산될 수 있으므로 러시아의 후진성에도 불구하고 러시아 사회주의 혁명이 유지될 수 있다는 것이다. 혁명을 연속적으로 만듦으로써 사회주의 사회를 발전시킬 수 있는 물질적 기반을 제공할 수 있다. 즉, 민주주의 혁명은 노동계급의 주도력과 그 국제적 차원 때문에 즉시 사회주의 혁명으로 발전한다.

이런 전망은 1917년에 정확하게 실현됐다. 그러나 1917년에 볼셰비키는 여전히 《두 가지 전술》의 관점을 가지고 행동했다. 그래서 볼셰비키가 1917년 2~4월에 임시정부와 멘셰비키를 추수한 것이다. 그래서 레닌이 러시아로 돌아와 핀란드 역에서 두 번째 혁명, 즉 사회주의 혁명을 요구했을 때 볼셰비키 지도자들이 모두 레닌이 미쳤다고 생각했다. 그래서 처음에 레닌의 <4월 테제>는 볼셰비키 지도자들 사이에서 아무런 지지를 얻지 못했다. 사실, 레닌은 트로츠키의 연속혁명론을 받아들였던 것이다.

## 러시아 혁명

1917년 러시아 혁명이 1848년 혁명의 방식에 새로 덧붙인 주요 특징은 일부 사회주의자들이 혁명을 제한하려는 쁘띠부르주아 민주주의자들의 노력을 처음부터 의식적으로 도왔다는 것이다. 멘셰비키와 사회혁명당뿐 아니라 1917년 3월에 레닌이 러시아로 돌아오기 전까지 스탈린과 당의 다른 지도자들을 포함한 상당수의 볼셰비키가 임시정부를 기꺼이 지지했다. 멘셰비키와 사회혁명당은 처음에는 페트로그라드 소비에트에 있는 자신의 대표자들을 통해 이런 구실을 했지만, 4월에는 임시정부에 공식적으로 합류했다. 일부 당원들의 불만에도 불구하고, 볼셰비키는 임시정부에 참가하지 않은 채 임시정부를 지지했다.

오직 트로츠키(와 마르크스)의 연속혁명론을 받아들인 레닌의 <4월 테제>만이 볼셰비키를 재무장시킬 수 있었다. 그때부터 볼셰비키는 임시정부에 반대하고 소비에트 강화에만 집중했다. 소비에트가 노동계급의 독자 조직이었기 때문이다. 트로츠키는 이렇게 말했다.

과거의 모든 혁명에서 바리케이드에서 싸운 것은 노동자와 도제, 그리고 일부 학생들이었고, 병사들은 이들 편으로 넘어왔다. 그러나 나중에 권력을 장악한 것은 창문을 통해 조심스럽게 바리케이드를 지켜보고 있던 강력한 부르주아지였다. 그러나 1917년 2월혁명은 과거 혁명들과 달랐는데, 혁명적 계급의 탁월한 사회적 성격과 정치적 수준, 봉기한 대중의 자유주의 부르주아지를 향한 적대감에 가득 찬 불신, 승리의 순간에 바로 등장한 새로운 혁

명적 권력 기관, 즉 대중의 무장력을 바탕으로 수립된 소비에트 등이 2월혁명의 특징이었다.[30]

소비에트의 권력을 강화시켰기 때문에 볼셰비키는 임시정부를 전복하려는 코르닐로프 쿠데타도 패배시키고 1917년 10월에 사회주의 혁명도 성공시킬 수 있었다. 그러나 승리는 도전받았고 연속혁명 전략도 마찬가지였다. 혁명적 사회주의와 스탈린주의 사이의 엄청난 단절은 바로 이 문제를 둘러싸고 발생했다. 국제주의는 10월혁명의 핵심이었고 추상적 도덕률이 아니라 러시아 혁명의 생존 수단이었다. 레닌은 러시아 혁명이 서구로 확산될 때만 생존할 수 있다고, 10월혁명 전에도 후에도 거듭거듭 강조했다.

러시아 혁명이 고립되고 만다면, 다른 나라들에서 혁명적 운동이 일어나지 않는다면, 우리 혁명의 최종 승리도 가망 없는 일이라는 사실은 불을 보듯 뻔하다. …… 우리를 이 모든 어려움에서 구해줄 수 있는 것은, 다시 말하지만, 전 유럽의 혁명이다.[31]

트로츠키도 1905년 혁명 뒤 자신이 ≪평가와 전망≫에서 처음 한 예측을 반복하며 이렇게 말했다.

유럽의 민중이 봉기해 제국주의를 분쇄하지 않는다면, 우리가 분쇄될 것이다. 이 점은 의심의 여지가 없다. 러시아 혁명이 서구에서 투쟁의 분출을 촉발하든지, 만국의 자본가들이 우리의 투쟁을 질식사시키든지, 둘 중 하나다.[32]

이것은 레닌과 트로츠키만의 생각도 아니었다. "유럽 혁명은 …… 일부

낙관주의자들만의 자신감 있는 예측이 아니라 모든 볼셰비키가 공유하는 것이었다."[33] 다른 무엇보다 레닌과 트로츠키는 러시아 혁명이 독일로 확산되기를 바랐다. 그랬다면 국제적 계급 세력 저울 전체가 바뀌었을 뿐 아니라, 제국주의 열강들이 러시아 혁명에 개입할 수도 없었을 것이고, 혁명 정부가 브레스트-리토프스크 평화조약에서 방대한 영토를 양보하지 않아도 됐을 것이다. 또, 그것은 혁명 후 러시아의 국내 상황도 바꿔 놓았을 것이다. 공업이 회복돼 노동계급의 수와 자신감도 회복됐을 것이다. 배고픈 도시에 공급할 곡식과 교환할 공산품을 농촌으로 보내 러시아 혁명이 의지했던 농민과의 동맹도 유지됐을 것이다.

그러나 그런 국제적 승리가 없었기 때문에 러시아 혁명은 고립됐다. 내전, 제국주의 열강의 침입, 굶주림, 기아로 학살당한 러시아 노동계급은 아주 천천히 회복됐다. 농민의 식량을 무력으로 징발해야 했다. 마침내 혁명 정부는 시장을 일부 되살려야 했고(신경제정책), 그로부터 이익을 챙기는 관료들과 부농들이 나타났다. 사실, 관료들은 혁명적 기구들이 훼손된 러시아 사회에서 유일하게 안정적인 집단이었다. 혁명적 기구들은 노동계급이 그 기구들을 지키기 위해 끔찍한 대가를 치르며 투쟁하는 과정에서 훼손됐다.

이런 상황에서 스탈린주의 경향이 관료 집단 안에서 두드러지기 시작했다. 그들은 국제주의 사상에 반대하는 사회집단을 대표하게 됐다. 스탈린의 구호는 '일국사회주의'였다. 트로츠키는 10월혁명이 달성하려 했고 달성할 수 있었던 원칙인 국제주의를 옹호했다. 이미 앞서 봤듯이, 트로츠키와 레닌은 러시아 혁명이 기껏해야 자본주의 경제와 의회주의 공화국을 건설할 민주주의 혁명이 아니라 사회주의 혁명이 되려면, 러시아 혁명이 선진 공업국들로 확산돼야 한다는 것을 알고 있었다. 제3인터내셔널은 바로 이런 이론적 기초 위에서 건설됐다.

일단 스탈린이 국내 사회주의 혁명의 가능성과 혁명의 국제적 확산을 통한 혁명 방어 투쟁 사이의 연관성을 제거하자, 10월혁명 당시 볼셰비키 혁명 정책의 기초 전체가 무너졌다. 스탈린의 '일국사회주의'론은 러시아 국가가 "혼자서도 잘할 수 있다"고 주장하며 트로츠키가 "농민을 과소평가했다"고 비난했다. 국제 영역에서 '일국사회주의'론은 볼셰비키의 정책을 1917년 당시 멘셰비키의 견해로 되돌려 놓았다. 스탈린이 이제 제3세계 전체에 선전하는 혁명 모델은 '2단계' 혁명이었다. 먼저 민주주의 혁명 단계에서 노동계급은 광범한 동맹을 위해 특히 사회주의 염원을 희생해야 한다. 이 단계가 끝난 뒤에야 사회주의 요구들을 제기할 수 있다는 것이다.

스탈린의 주장은 순전히 민족[국민]의 테두리 안에서 활동하는 진보 세력들의 다계급 동맹으로 '민주주의 혁명'을 성공시킬 수 있기 때문에, 혁명이 승리하기 위해 국제 노동계급이 꼭 필요한 것은 아니라는 것이다. 따라서 사회주의자들이 미래 혁명에서 노동계급이 농민이나 '진보적 부르주아 분파'와 동맹해야 한다고 주장하는 것이 가능해졌다. 1927년 중국과 1936년 스페인에서 그런 동맹은 노동계급 혁명을 부르주아 민족주의자(장제스)나 부르주아 의회주의자들(스페인의 공화주의 정당들)에게 종속시킴으로써 재앙을 낳았다. 중국이든 스페인이든 그 결과는 반혁명과 독재였다.


### 러시아 혁명 패배 후의 부르주아 혁명

양차 대전 사이에 노동계급 운동이 몇 차례 결정적 패배를 당하면서 파시즘이 승리했다. 이탈리아에서 러시아 혁명 직후 발생한 '붉은 2년'의 혁명적 투쟁은 1920년대에 무솔리니가 파시즘 체제를 공고히 하면서 막을 내렸다. 독일 혁명의 열기는 식는 데 더 오래 걸렸지만, 결국 스탈린주의자들이 지배한 독일 공산당이 바이마르공화국의 위기를 노동계급에 유리하게 해결하지 못하자, 1933년 히틀러의 집권으로 가는 길이 열렸다. 그 다음 해 '붉은 비엔나'에서 노동자들의 때늦은 항쟁은 파시스트가 권력을 잡으면서 진압됐다. 1936년 스페인 혁명과 프랑스 '민중전선' 정부 선출을 전후한 투쟁은 나치를 저지할 수 있다는 희망을 잠시 줬지만, 코민테른의 개입으로 그런 기회가 산산조각 났다. 그래서 또 다른 세계전쟁이 발생할 수 있는 환경이 조성됐다.

전쟁이 낳은 파괴와 전쟁이 끝난 후 일어난 대중의 좌파적 투쟁 물결을 공산당들이 자제시킨 것 때문에(특히, 이탈리아에서), 제1차세계대전 말에 널리 퍼졌던 혁명적 분위기가 제2차세계대전 후에는 굉장히 억제된 형태로만 나타났다. 더구나 양차 대전 사이 기간보다 높은 수준의 군비 지출이 지속된 덕분에 자본주의 역사상 전례 없는 30년 장기 호황이 이어졌다. 이런 점에서 제2차세계대전 후 시기는 위기가 반복됐던 1920~1930년대와는 달랐다. 장기 호황기에 국제 환경도 변했다. 옛 유럽 열강들은 제2차세계대전에서 이겼든 졌든 전쟁이 끝났을 때 경제적으로 피폐했다. 그들은 새롭게 우월한 지위를 확보한 미국 기업들의 시장 개방 압력과 반식민지 저항의 성장으로 자신의 제국을 유지할 수 없었다. 20세기 후반에는 엄청난 탈식민화가 일어났다. 물론 옛 식민지 민중에게는 제국주의 국가들의 경제 권력도 과거의 직접 지배만큼이나 위협적인 것으로 드러났지만 말이다.

이런 거대한 탈식민지 물결은 국제 노동계급이 전에 겪은 패배나 장기 호황에 따른 경제성장과 맞물려서 혁명적 과정의 동역학에 독특하고 새로운 특징을 부여했다. 이 새로운 변화들 때문에 트로츠키 연속혁명론의 기본 가정들에 의문이 제기됐다. 트로츠키의 이론은 두 가지 기본 사상에 기초를 뒀다. 하나는, 부르주아지가 오늘날 자신의 혁명적 과거를 반복할 수 없기 때문에, 전자본주의적 지배계급이나 식민지 지배계급의 조직적 방해를 극복하고 통일되고 자주적인 자본주의 국가를 건설하는 과제를 완수할 수 없다는 사실이다. 둘째는, 그 때문에 만들어진 정치적 공백을 노동계급이 메우고 민주주의 혁명과 사회주의 혁명의 문제를 한꺼번에 해결할 수 있다는 것이다. 그러나 만약 첫째 조건인 부르주아의 객관적 허약함이 여전히 사실인 반면, 둘째 조건인 노동계급의 주관적 가능성이 현실에서 나타나지 않는다면 어떤 일이 벌어질까?

## 중간계급 혁명의 간부

트로츠키는 제2차세계대전 후 이런 상황을 만든 새로운 조건들을 예측할 수 없었다. 어쨌든 그러한 조건은 새로운 분석을 요구했다. 이러한 분석은 토니 클리프의 선구적 논문인 "일탈한 연속혁명"에서 제시됐다.[34] 클리프는 1949년 중국 혁명과 1959년 쿠바 혁명을 분석하면서, 노동계급이 구질서에 도전할 수 없는데도 구질서가 광범한 사회적 위기 때문에 해체되는 상황에서 다른 사회세력이 중요한 정치적 구실을 할 수 있다고 지적했다. 흔히 이런 상황에서 농민들이 대중 동원에 필요한 세력을 제공할 수 있지만, 현대의 혁명이 압도적으로 도시의 사건들이라는 점 때문에 농민들은 고유하거나 효과적인 정치적 지도력을 제공할 수 없었다. 그러나 일부 중간계급 인텔리겐치아 ― 법률가, 국가관료, 교사, 문필가, 중소기업인, 학자 ― 가 그런 지도력을 제공할 수 있다.

중간계급 인텔리겐치아 집단의 과거 형태는 흔히 고전 부르주아 혁명의 실질적 지도부에서 중요한 요소였다. 대(大)부르주아지는 자신의 정치적 대변인들을 직접 배출하지 않는 경우가 많다. 중간계급은 사회의 일반적 이데올로기를 형성하는 일에 전문적으로 종사하는 경우가 많고 자신들이 이끌려는 국민 대중과도 더 가깝다. 그러므로 그들은 소수의 대부르주아들보다 부르주아 정치 강령을 정치적으로 더 잘 대변한다. 이것은 오늘날에도 마찬가지다. 지배계급에게는 루퍼트 머독과 동료 부자들이 직접 자신들을 대변하는 것보다 대학 교육을 받은 식료품 장수의 딸인 마거릿 대처(와 하원을 좌지우지하는 변호사들)가 자신들을 대변해 주는 것이 훨씬 낫다.

클리프 이론의 큰 장점은 오늘날의 '개발도상'국에서 이 계급의 사람들이 갖는 정치적 특징을 분석한 데 있다. 개발도상국 사회에서는 노동계급이 움직이지 않을 때 인텔리겐치아가 대중운동의 지도자 구실을 하는 경향이 있다. 그러나 이런 상황에서 일어나는 혁명은 현대화를 추구하는 민족주의적 반식민지 혁명이지 사회주의 혁명은 아니다.

> 인텔리겐치아는 …… 자국의 기술적 후진성에 민감하다. 20세기의 과학기술 세계를 접한 그들은 자국의 후진성에 숨이 막힐 지경이다.[35]

따라서 인텔리겐치아는 제국주의 앞에서 '미숙하고', '부패하고', '비겁한' 지배계급 때문에 나라가 이 모양 이 꼴이라고 비난하며 그들에게 도전한다. 인텔리겐치아는 새로운 신을 찾고, '민중'이라는 추상적 개념에서, 특히 스스로 조직하는 데 굉장한 어려움을 겪는 사람들인 농민들 속에서 그런 신을 발견한다.

지식인들의 정신생활도 위기에 처해 있다. 전통적 관행이 해체되고 질서가 무너지는 것을 보며, 그들은 불안해하고 뿌리가 없다고 느끼고 확고한 가치관이 없음을 안타까워한다. 와해되는 문화 때문에 사회적·정치적 공백을 메울 총체적이고 역동적인 새로운 통합, 즉 종교적 열정과 전투적 민족주의를 결합할 새로운 통합에 대한 강력한 요구가 등장한다.[36]

그러나 '민중'의 일부가 되고 민족의 굴욕을 끝장내려는 욕구는 대중이 너무 후진적이거나 무관심해서 혁명을 스스로 성취할 수 없다는 자기 우월감이나 엘리트 의식과 언제나 결합돼 있다.

그들은 사회공학의 효율성을 포함해 효율성을 매우 신봉한다. 그들은 위로부터의 개혁을 바라며, 자기 의식적이고 자유롭게 연합한 대중이 해방 투쟁으로 스스로 새로운 세계를 건설하는 쪽보다는, 자신들이 대중에게 새로운 세계를 선사하면 대중은 자신들에게 고마워하는 쪽을 훨씬 더 좋아한다. 그들은 자국을 정체에서 벗어나게 할 방안에는 관심이 많지만 민주주의에는 관심이 거의 없다. 그들은 산업화·자본축적·민족부흥 염원의 화신들이다. 그들의 힘은 다른 계급들의 취약성, 정치적 무능력과 직결돼 있다.[37]

이런 정치적 특징 때문에 30년 장기 호황 동안 이 사회 계급은 권위주의적 국가 주도형 자본축적 모델에 이끌렸다. 중국은 이 경향을 가장 극단적으로 보여 줬을 뿐이다. 그러나 클리프가 지적했듯이, "다른 식민지 혁명들 ─ 가나, 인도, 이집트, 인도네시아, 알제리 등 ─ 은 전형(典型)에서 약간 벗어난다. 그러나 …… 그들을 전형의 관점에서 볼 때, 그리고 전형과 비교할 때 가장 잘 이해할 수 있다."[38]

이집트에서 이 사회 계급은 주요 민족주의 정당인 와프트당의 초창기부터 당의 핵심 세력이었다. 베이닌과 록만은 고전인 《노동자와 나일강》에서 이렇게 지적했다. "와프트당은 중간 규모의 농지 소유자, 도시 에펜디야

[effendiyya, 서구화된 언론인 · 교사 · 변호사 · 대학생 등 — 존 리즈] 등 농촌과 도시 중간계급의 이익을 직접 대변하는 부르주아 민족주의 정당이다. 최고 지도부는 주로 부유한 사람들이었지만 와프트당의 정치 활동가들은 도시 중간계급 출신들이었다." 그러나 와프트당의 급진적 미사여구 덕분에 에펜디야 정치 활동가들은 "양차 대전 사이에 노동운동에서 중요한 구실을 할 수 있었다."[39]

클리프는 이집트와 시리아의 나세르주의와 [이라크] 바트당 정권의 사회적 기반이 "군장교 · 공무원 · 교사, 상인과 부유한 수공업자의 아들, 부농, 소규모 지주 등이었다"며 "'아랍 사회주의'의 특징은 이 어중간한 지위에서 비롯한다"고 주장했다. 나세르와 바트당은 모두 "봉건제 · 제국주의 · 독점 자본주의에 대한 비판"을 받아들였다. "그들은 주요 경제 부문을 국가 소유로 전환해야 한다고 주장했다." 그러나 이런 관점은 노동계급의 행동이 사회주의의 핵심이라는 것을 거부했기 때문에 이들이 말한 국가 소유는 사회주의와 아무런 상관이 없었다.[40]

이런 모순된 태도는 중간계급의 위치에서 비롯한다. "국영 기업과 계획에 대한 중간계급의 태도는 사실 매우 이중적이다. 국가 관료 체제의 일부로서 그들은 국영 기업의 급속한 발전을 추구한다. 그러나 소(小)자산가의 아들 · 형제 · 친척으로서 그들은 민간 부문이 국영 부문을 수탈하도록 방치한다. 그러므로 이집트 경제는 국가자본주의의 관료적 타성과 사적 자본주의의 투기 활동 둘 다에 고통받는다."[41]

전후 탈식민지 혁명들이 완결되고, 장기 호황도 끝나고, 동유럽 정권들의 심각한 위기가 시작되자, 이런 모델은 매력을 잃었다. 그러나 대중운동의 핵심 목표를 현대화로 여기는 계급은 사라지지 않았다. 그리고 그들은 더는 스탈린주의에서 파생된 경제 모델을 고수하지 않았지만, 자신들의 정치 전략에서는 여전히 국가를 중요한 도구로 생각했다. 남아프리카공화국에서 그들은 스탈린주의 자체가 붕괴할 때까지 낡은 스탈린주의 이데올로기를 고수했다. 민족해방운동의 지도자로서, 또, 민족해방운동이 부활시킨 노동계급 투쟁의 지도자로서 그들은 그런 운동에 영향을 미쳤다.

반정부 세력들이 스탈린주의에 반대할 수밖에 없었던 동유럽에서는 다른 이데올로기들이 도입돼 흔히 사회주의적이고 혁명적인 대안들과 헤게모니 경쟁을 벌여야 했다. 인도네시아에서는 수하르토가 1965년 쿠데타로 정권을 잡고 인도네시아 민족주의의 원조인 수카르노와 인도네시아 공산당을 모두 파괴했기 때문에, 옛 민족주의와 스탈린주의 이데올로기가 거의 살아남지 못했다. 약 32년 동안의 수하르토 독재는 소외된 중간계급 야심가들이 민주주의 염원을 중심으로 단결하게 만들었다. 그들은 주로 수하르토를 몰아낸 운동을 진정시켜서 수하르토 몰락의 성과를 얻으려 했다.

1979년 이란 혁명에 뒤따른 이슬람주의의 부활에서도 동일한 사회적 패턴을 확인할 수 있다. 올리버 로이는 이슬람주의의 부활을 지지한 제3세계 사람들에 대해 이렇게 말했다.

그들은 소비주의와 사회 계층 상승 등 현대 도시의 가치들에 익숙하다. 그들은 고향 마을을 떠날 때 공동체 의식, 경로사상이나 합의를 존중하는 태도 등 과거의 생활 방식도 버렸다. …… 그들은 대도시 상점의 쇼윈도가 보여 주는 소비주의 가치에 열광한다. 그들은 영화관·카페·청바지·비디오·스포츠의 세계에 산다. 그러나 그들은 막노동을 하며 불안정한 삶을 살거나 이민자들의 빈민가에서 실업자로 지내면서, 이룰 수 없는 소비주의 사회를 보며 한없이 좌절한다. …… 그들의 전투적 행동은 도시 환경과 떼려야 뗄 수 없는 관계에 있다.[42]

새로운 급진 이슬람주의자들은 민족주의 시대의 급진파와 공통점이 많다.

그들은 심지어 대학 교육까지 받은 청년들이지만 자신의 기대나 상상 속의 자기 모습과 어울리는 직업을 구하지 못했다. 국가 행정직은 이미 꽉 차 있고, 민족 자본주의가 너무 미약해서 공업에도 일자리가 없고, 종교 학교들이 쇠퇴하면서 전통 부문에서도 일자리를 찾을 수 없기 때문이다. …… 따라서 무슬림 세계의 새롭게 교육받은 사람들은 실질적이건 상징적이건 자신이 생각하는 새로운 지위를 사회적으로 승인받지 못한다.[43]

이런 사회 계층은 부르주아 혁명기 때나 제2차세계대전 후의 탈식민지 혁명에서 그랬듯이 현대 세계에서도 휘발성이 크다. 그러나 그들은 과거와는 사뭇 다른 더 광범한 제국주의·자본주의의 사회구조와 상호 작용하고 있다.

그렇지만 다른 사회세력들, 특히 노동계급 운동이 약하거나 일관된 사회주의적 지도력을 발휘하지 못한다면, 중간계급 중 이런 중요한 집단이 비록 그들의 국가자본주의 이데올로기의 구현체가 지금 소멸했을지라도 계속해서 일정한 구실을 할 것이다.

### 1989년 벨벳 혁명

1989년 동유럽 혁명의 원인들은 세 부분으로 나눌 수 있다. 첫째, 서방과 동방의 경제·군사 경쟁으로 정의되는 국제적 측면들이다. 둘째, 동유럽 각국의 국민경제나 소련 제국 내부의 경제적·정치적 붕괴와 연관된 측면들이다. 셋째, 이런 동력들이 사회 투쟁과 정치 전략으로 표현되는 방식을 좌우한 계급투쟁이다.

첫째 영역은 동유럽 혁명들에서 절정에 달한 가장 심층적이고 가장 오래된 과정이다. 동유럽 체제의 본질은 자국 영토에서 무력의 배타적 사용이라는 국가의 '정상적' 정치 기능이 임금노동자를 고용하고 해고할 수 있는 자본가 계급의 '정상적' 기능과 결합된 것이었다. 따라서 이런 특징을 가장 잘 포착한 단어는 '국가자본주의'다. 동유럽 체제는 제2차세계대전 후에 소련군의 점령으로 생겨났다. 비록 러시아 모델과 이것의 동유럽 복사본들이 가장 극단적인 국가자본주의식 공업 발전 방식을 추구했지만, 1930년대와 1940년대의 많은 경제들에서 이와 비슷한 요소들을 분명히 볼 수 있다. 1930년대 국제 경제 위기에 이어서 강력한 중앙집권화를 요구하는 총력전이 벌어진 것이 뜻하는 바는 스탈린의 러시아뿐 아니라 히틀러의 독일에도 국가자본주의의 요소가 존재했고, 전시와 복지국가 시기의 영국뿐 아니라 뉴딜 시기의 미국에도 그런 요소가 있었다는 것이다. 탈식민 정권들에게도 국가 주도 경제 발전은 매력적인 모델이었다.

그런 매력은 허상이 아니었다. 전쟁 직후에 국가자본주의 정권들의 경제 성장률은 서구 열강들보다 빨랐다. 사실, 정권이 더 국가자본주의적일수록 경제성장 속도도 더 빠른 듯했다. 1950~1969년에 동독의 공업 생산 지수는 5배나 상승했다. 같은 시기에 서독의 지수는 7배 성장했다. 그러나 폴란드도 거의 비슷한 정도로 성장했다. 영국은 가까스로 2배 가까이 성장했지만, 헝가리는 5배 성장했다. 프랑스는 겨우 2배 남짓 성장했지만, 같은 기간에 루마니아의 지수는 10배 이상 늘었다.[44] 이 수치들은 그 경제들의 절대적 크기가 아니라 공업 생산 지수만을 측정한 것이다. 그러나 이 수치들은 국가자본주의 경제가 항상 정체했다는 신화를 깨트리기에 충분하다.

국가자본주의 경제들이 성장하는 동안 세계경제도 훨씬 더 커졌다. 그리고 세계경제가 커지면서 그 동력도 변했다. 민간 독점기업들과 다국적기업들이 서방 경제를 지배하게 됐다. 국제무역이 역사상 가장 빠른 속도로 증가했다. 이런 경향들 때문에 국가자본주의 축적 방식을 이용해 발전할 수 있는 가능성이 줄어들었다.

세계시장에서 철저한 고립을 추구한 동유럽의 폐쇄적 국가자본주의 국가들에게 국가자본주의는 국제 경제 자체가 허약했던 전후 세계에서 거의 빈손으로 시작해 공업 기반을 건설하는 데 매우 유용한 수단이었다. 그러나 서방 경제가 회복되고 국제무역이 확대되자 고립은 약점이 됐다. 서방의 민간 · 국영 기업은 모두 세계 수준에서 자유롭게 생산을 조직하고 거래하고, 세계에서 가장 값싼 원료 · 설비 · 노동인구와 수익성 높은 신흥 시장을 찾아다녔다. 동유럽의 국영 기업들은 전쟁 전에도 이미 서방보다 경제적으로 늘 약했던 블록 안에서만 무역했다. 태환이 불가능한 통화, 자원 제약, 러시아 국가의 제국주의적 요구는 세계 수준에서 그들의 경쟁력을 깎아 먹었다.

국내에서는 전후 공업 발전이 내구소비재 부문의 '제2차 혁명'으로 전환되지 못하고 있음이 분명해졌다. 국제적으로는 서방에 경제적으로 뒤처지게 되면서 군사적으로도 서방을 따라가지 못하게 됐다. 국가자본주의 지배계급은 냉전에서 지고 있었다. 그래서 '데탕트'가 시작됐다. 미래에 군사력을 더 잘 발전시키기 위해 당장은 자원을 군사 부문에서 민간경제로 돌리려는 것이었다. 그러나 1980년대에 이르러 로널드 레이건이 스타워즈 방어 체제를 추진하면서 게임의 판돈이 엄청 커졌고, 이에 방위비 급증을 우려한 미하일 고르바초프는 군비 축소 정책들을 잇달아 제안했다. 고르바초프는 미국이 군비 축소 제안을 거절하지 못할 것이라고 기대했다. 그가 옳았지만, 이미 너무 늦었다.

계급투쟁의 발전은 그런 개혁을 불가능하게 만들 수 있었다. 그러나 혁명적 변화는 그보다 훨씬 전에 시작됐다. 1970년대에 폴란드 지도자 에드바르트 기에레크는 1970년 12월에 자신의 선임자를 몰아냈던 파업과 공장점거 물결을 멈추기 위해 새로운 전략을 추구했다. 기에레크는 서방에서 돈을 빌려 '제2차 산업혁명'을 시도했다. 서방에서 빌린 돈으로 새로운 공장을 짓고 서방 시장에 고품질 상품을 수출해 돈을 갚는다는 계획이었다. 이 계획은 철저한 재앙으로 끝났다. 그 원인의 일부는 세계경제가 전후처럼 성장하지 못하고 지금까지 이어지는 경기 침체와 저성장 국면으로 진입한 데 있었다. 1976년에 폴란드의 경화(硬貨) 부채는 1백억 달러에 달했다. 3년 뒤에는 1백70억 달러가 됐다.[45]

다른 동유럽 지도자들 — 헝가리의 야노시 카다르, 동독의 에리히 호네커 등 — 은 '소비 사회주의'를 시도했고, 1970년대 말에 이르면 이 국가들의 1인당 부채는 폴란드와 같은 수준이 됐다. 경제 실패는 정치 변화로 이어졌다. 호네커는 개신교와의 화해를 조심스럽게 추진했고, 카다르는 지적 자유에 대한 규제를 약간 완화했다. 그러나 폴란드에서는 국가에 맞선 노동계급 대중의 강력한 투쟁 전통이 오래 전부터 유지돼 왔고, 이것이 동유럽 정권타도의 결정적 요인이 된다.

1976년에 노동자들은 물가 인상에 항의해 다시 한 번 거대한 파업 물결을 일으켰다. 노동자들은 6년 전처럼 발트해 조선소를 점거했다. 바르샤바의 우르수스 트랙터 공장 노동자 수천 명이 철로로 행진하며 철로를 파괴하고 파리-모스크바 급행열차를 멈춰 세웠다. 바르샤바 남서부에 위치한 라돔에서 노동자들은 공산당 본부를 방화했다. 물가 인상은 철회됐지만 노동자들은 승리의 대가를 다른 데서 치러야 했다. 라돔과 우르수스에서 많은 사람들이 해고되거나 투옥됐고, 일자리를 지킨 사람들은 곤봉을 휘두르는 경찰들 사이에서 일해야 했다.

1976년 파업 이후 활동가들과 지식인들은 노동자들을 방어하려고 노동자 방어위원회(폴란드어 이니셜로 KOR)를 결성했다. KOR이 결성된 지 1년 후인 1977년 9월에 KOR은 <로보트니크>(노동자)라는 신문을 발행하기 시작했다. 1978년 메이데이에는 그단스크에서 '항만노동조합 준비위원회'가 설립됐고, 그들은 곧 기관지 <로보트니크 비브제자>(항만 노동자)를 발행했다. "레닌이 (≪무엇을 할 것인가≫에서) 비밀 지하활동을 권고한대로, KOR은 주요 공업 단지들에서 프롤레타리아의 정치의식을 고양하기 위한 활동을 펼쳤다."[46] 이와 비슷한 활동을 통해 모이게 된 활동가들이 1980년에 폴란드 사상 최대의 노동자 파업 물결 속에서 등장한 '솔리다르노시치[연대노조]'의 지도부가 됐다. 그들의 정치적 발전은 동유럽 혁명 과정 전체에서 매우 중요했다.

솔리다르노시치를 탄생시킨 노동자 운동은 거의 국가 반란의 수준에 도달했다. 1980년 7월에 폴란드 정부는 또 다른 물가 인상 조처를 발표했고, 또다시 파업 움직임이 확산됐다. 정부는 임금 인상으로 노동자들을 달래려 했지만 파업은 계속 확산됐다. 파업 물결은 8월에 그단스크까지 진출했고, <로보트니크 비브제자> 활동가 안나 바웬티노비치의 해고에 항의하는 노동자들이 레닌 조선소를 점거했다. 조선소 경영진은 점거 노동자들의 요구를 받아들였지만, 노동자들은 레닌 조선소 점거로 불붙은 그 지역의 다른 파업들에 대한 연대의 의미로 계속 점거했다. 그단스크 전체를 아우르는 공장연합파업위원회(MKZ)가 건설됐다. 파업과 점거가 확산됐고, 폴란드 남부의 광산과 제강소가 최초로 파업에 들어갔다. MKZ는 폴란드 전체로 퍼졌다. 9월에 전국의 MKZ가 단결해 전국 단일 조직인 솔리다르노시치가 됐다. 정부는 '21조'라는 전례 없는 합의문을 받아들여야 했다. 21조는 여러 가지 개혁을 약속했는데, "독립적 · 자주적 노동조합"을 결성할 권리가 가장 중요했다.[47]

스탈린주의 국가의 권위에 대한 이 전례 없는 도전으로 이줌[이원]권력 상황이 만들어졌다. 국가는 파업 물결이 시작된 지 몇 달 후에 솔리다르노시치를 무너뜨리려 했으나 실패했다. 솔리다르노시치는 점차 실질적인 사회 운영에 관여했다. 어떤 KOR 활동가는 이것을 생생하게 묘사했다. 비록 그는 그것을 기회가 아니라 문제로 여겼지만 말이다.

지금 이 순간 사람들은 우리가 실제로 할 수 있는 것보다 더 많은 것을 우리에게 기대한다. …… 그러나 요즘 폴란드 사회는 자유 노조 주위로 결집해 있다. 그것은 나쁜 일이다. …… 당이 주도력을 발휘해 사람들이 우리에게 더는 무언가 기대하지 않았으면 좋겠다. 그러나 지금 당이 그렇게 할 수 있을까? 대중의 눈에는 새로운 노동조합이 모든 것을 해야 한다. 노동조합의 구실을 해야 하고, 나라의 운영에 참가해야 하고, 정치 정당이자 민병대의 구실도 해야 한다.[48]

솔리다르노시치 지도자들은 정부를 무너뜨려 이런 기대를 충족시킬 의사가 없었고, 이 때문에 지지자들은 실망했다. 설상가상으로 그들은 정부를 자극하지 않는다는 명분으로 현장조합원의 활동을 제한하기 시작했다. 그 정책은 운동을 분열시키고 지치게 만들었고, 이를 틈타 지배계급은 주도권을 되찾고 1981년 8월 야루젤스키 장군이 주도한 군사 쿠데타를 조직할 수 있었다.

왜 솔리다르노시치 지도자들은 그렇게 행동했을까? 왜 그들은 현장조합원들과 솔리다르노시치 지도부 내 급진파들의 요구를 받아들여 노동조합의 힘을 이용해 정부를 몰아내지 않았을까? 그들이 노동조합이 그럴 수 있는 충분한 힘을 가지고 있다고 인정했으면서도 말이다. 이런 결정을 내린 중요한 원인은 KOR 지도부가 솔리다르노시치 건설 전에 발전시킨 전략에 있었다. 야첵 쿠론은 아마도 이 얘기에서 중심적이고 상징적인 인물일 것이다.

쿠론은 오랫동안 폴란드 정부에 반대하는 활동을 인상적으로 펼쳐 온 투사다. 쿠론은 이미 1965년에 카롤 모젤레프스키와 함께 《당에 보내는 공개서한》이라는 선구적 저작을 발표했다. 지금 읽어도 놀랍도록 설득력 있는 이 글은 마르크스주의 관점에서 폴란드 국가에 대한 비판을 시도했다. 이 글의 사회 분석은 국가자본주의 이론과 상당히 비슷했고, 진정한 노동자 평의회로 복귀, 노동자의 무장, "반(反)관료주의 혁명" 등 혁명적 결론을 내렸다. 또, "미래 정당의 중핵이 될 노동자 서클들의 조직"[49]을 요구했다. 그러나 처음에 KOR에서, 나중에 솔리다르노시치에서 지도적 구실을 할 때쯤 쿠론은 이런 혁명적 관점을 포기했다.

역설적이게도, 국가자본주의 정권들의 경제적·사회적 운명이 쿠론이 우경화하는 데 중요한 구실을 했다. 폴란드와 동유럽 전역의 반정부 세력들은 1950년대와 1960년대에 스탈린주의의 경제적 성공 덕분에 사회주의를 혁신하고 진정한 마르크스주의 전통과 러시아 혁명 초기의 민주주의로 복귀하는 것이 필요하다고 믿었다. 쿠론처럼 "공산주의를 개혁한다"는 생각과 철저히 단절했던 사람조차 국가 소유가 대안 경제 모델이라는 사고에 영향을 받았다.

《공개서한》은 소련의 무력 개입 위협은 동유럽 진영 전체로 혁명을 확산시킬 것이라고 주장했다. 따라서 혁명의 확산은 소련 지배계급의 개입 능력을 마비시킬 수 있을 것이다. 그러나 1980년에 쿠론은 소련의 군사 위협을 근거로 개량주의 관점을 옹호했다. 서방 좌파들이 1968년의 혁명적 관점을 버리고 "국가 기구들을 통한 대장정"이라는 개량주의 관점을 택한 것처럼, 쿠론도 구질서 안에 시민사회 기구들을 건설해서 서서히 자유민주주의의 규범들을 받아들이게 할 수 있다는 "자기 제한적 혁명"을 신봉하게 됐다.

쿠론의 태도 변화는 정당의 조직 문제에서도 확인할 수 있다. ≪공개서한≫은 이 문제에서도 분명했다.

> 노동계급이 주도적 구실을 하기 위해서는 자신의 고유하고 특수한 이익을 인식해야 한다. 노동계급은 그것을 정치 강령의 형태로 표현해야 하며, 권력 쟁취를 위해 투쟁하는 계급이므로 그들 자신의 독자 정당이나 정당들을 조직해야 한다.[50]

KOR이 설립될 즈음 쿠론과 동료 활동가 아담 미흐니크는 '새로운 진화주의(進化主義)'를 요청하는 글들을 잇달아 발표했다. KOR은 사회자위(自衛)위원회로 이름을 바꿨다. 노동계급 중심성을 버리지는 않았지만 ─ 폴란드 노동자들의 전투성을 감안할 때 그러기가 어려웠을 것이다 ─ 이 세력은 이제 점진주의적 정치 전략의 틀에 갇혔다. 또, 그들은 새로운 정치 동맹을, 특히 가톨릭교회 주위에 결집한 지식인들 사이에서 찾아야 했다. 이 새로운 '민중전선' 개량주의에게는 ≪공개서한≫이 묘사한 혁명 조직은 불필요한 것이었다. 1981년에 솔리다르노시치가 심각한 위기에 빠졌을 때 급진파가 그러한 당을 건설할 것을 요구하기 시작하자 쿠론은 그 주장에 반대했다.[51] 쿠론만 그렇게 생각한 것이 아니었고 1980년대 내내 동유럽 전역의 반정부 세력들도 그렇게 생각했다.

1981년 군사 쿠데타는 그런 생각이 틀렸음을 잔인하게 증명했다. 그러나 솔리다르노시치 지도자들은 투옥되거나 야루젤스키 군대를 피해 지하활동을 하면서도 개량주의 전망을 고수했다. 그러나 1981년 쿠데타가 솔리다르노시치의 패배였을지는 몰라도, 정권의 승리는 아니었다. 폴란드 지배계급은 계엄령을 선포한 대가가 너무 커서 그것을 다시 반복할 수 없었다. 마리안 오르제호프스키는 1981년에 폴란드 공산당 중앙위원, 1983년에 정치국원이 됐고, 사실상 공산당의 마지막 외무장관이었다. 그는 이렇게 말했다.

나는 1981년 12월 13일이 군과 경찰에게 매우 부정적인 경험이었다고 생각한다. 나는 키쉬챠크 장군이나 쉬비츠키 장군과 대화를 나누며 계엄령은 한 번밖에 안 통한다고 주장했다. 군대와 시위 진압 경찰을 동원해 사회에 맞설 수는 없다. 공산당 지도부 대다수도 이 점을 깨달았다. …… 계엄령을 반복할 수는 없다.[52]

모순적이게도, 쿠론의 걱정과는 달리 소련 지배계급은 개입을 꺼렸고, 동유럽 제국의 시민 항쟁에 더는 개입할 수 없다고 결론 내린 듯했다. 고르바초프의 대변인 겐나디 게라시모프가 나중에 '시나트라 독트린'이라고 부른 것, 즉 "내 길을 가련다"["My way", 프랭크 시나트라의 노래 제목]가 폴란드에 적용된 것이다. 야루젤스키 자신도 이렇게 회상했다.

고르바초프는 폴란드의 변화 때문에 페레스트로이카를 시작했다고 여러 차례 말했다. …… 그는 우리가 시도하고 실험했던 것에 관한 자료들을 곧잘 요청했다. …… 나는 고르바초프와 가까웠다. 우리는 서로 터놓고 대화했는데, 그는 [불가리아의 — 존 리즈] 지프코프나 [동독의 — 존 리즈] 호네커 같은 늙은이들은 아무것도 모른다고 말했다.[53]

그리고 1988년 파업으로 위기가 깊어지고 있었기 때문에, 고르바초프에게는 솔리다르노시치를 탄압하지 않고 오히려 타협해서 권력을 유지하려는 폴란드 정부의 결정을 계속 지지할 만한 당면한 정치적 이유가 있었다. 폴란드 외무장관 오제초프스키는 이렇게 말했다.

> 1988년 2월에 나는 고르바초프에게 야루젤스키가 공격을 받고 있다고 말했다. 그는 매우 걱정했다. …… 고르바초프는 만약 폴란드의 경제개혁이 실패하면 소련 강경파들이 사회주의 원칙에서 이탈한 결과는 재앙일 뿐이라고 주장할 것임을 알고 있었다. 그는 정신적 지지를 보내려고 1988년 6월 폴란드를 방문했다. 고르바초프는 야루젤스키와 회담할 때마다 폴란드에서 일어나고 있는 일을 지지했다.[54]

솔리다르노시치에 대한 정치적 태도가 바뀐 가장 중요한 이유는 경제 때문이었다. 폴란드를 비롯한 동유럽 국가들은 이제 무역과 외채를 통해 서방과 연결돼 있었다. 1988년 폴란드의 외채는 동유럽 진영에서 가장 높은 3백80억 달러였다. 무력 개입은 무역과 대출을 모두 위협할 수 있었고, 이미 심각한 경제 위기를 더 악화시키고, 내정 불안을 심화시킬 수 있었다. 즉, 무력 개입으로 진정시키려 했던 것이 더 악화할 수 있었다. 이런 국내의 결과 외에도 소련이 동유럽에 개입해 경찰 노릇을 하면 데탕트 전체가 끝장날 수 있었다.

솔리다르노시치는 지하조직을 유지했다. 1988년에 파업 행동이 다시 시작되자 폴란드 정부는 협상을 통해 궁지에서 벗어나려고 시도할 수밖에 없었다. 레흐 바웬사가 중단시키려 했던 파업뿐 아니라 학생 시위, 솔리다르노시치 급진 분파들의 시위가 계속됐지만, 1989년 1월에 정부와 '원탁' 협상이 시작됐다. '원탁 [협상]' 전략을 비판하는 급진 세력들에 대한 쿠론의 대응을 보면 그가 이제 아주 노골적인 개량주의 전략을 채택했음을 알 수 있다.

많은 친구들, 폴란드 반정부 활동가들은 우리에게 묻는다. 너희는 왜 원탁 협상에 참가하는가? 대중을 계속 조직하고 사회 파열의 가능성을 높이는 것, 전체주의 체제를 날려버릴 사회 파열의 가능성을 높이는 것이 더 낫지 않을까? 우리의 대답은 '아니오'다. 우리는 힘으로 체제를 무너뜨리기를 원하지 않는다. …… 민주주의로 가는 길은 점진적 진화 과정, 민주주의 기구들의 점진적 건설 과정이어야 한다.[55]

원탁 협상은 계속됐고 1989년 6월에 선거가 실시됐다. 정부는 부정 선거로 자신이 승리할 것이라고 예상했다. 그러나 솔리다르노시치의 많은 사람이 예상한 것 이상으로 솔리다르노시치가 압승을 거뒀다. 동유럽 '벨벳 혁명'으로 가는 길이 활짝 열렸다. 그러나 쿠론이 1990년에 과거를 회상하며 한 말이 옳다.

진정한 돌파구가 뚫린 때는 대규모 파업 물결로 독립 노조인 솔리다르노시치가 건설되고 정부가 이를 승인할 수밖에 없었던 1980년이었다. 그때 폴란드의 전체주의가 사실상 무너졌던 것이다.[56]

폴란드에서 이런 사건이 전개되는 동안, 헝가리 지배계급은 비슷한 방식으로 정치체제를 재편하려 했다. 실제로, 솔리다르노시치가 폴란드 선거에서 압승을 거둔 지 6일 뒤에 헝가리 정부도 개혁에 관한 원탁회의를 시작했다. 일주일 뒤 10만 명 넘는 사람들이 1956년 헝가리 혁명 당시 살해당한 지도자인 임레 너지 시신의 본국 반환 행사에 참석했다. 그러나 1989년 헝가리의 대중 동원 규모는 상대적으로 작았고, 1956년처럼 노동자 평의회가 다시 건설되지도 않았다. 헝가리의 사건들이 벨벳 혁명에서 노동계급의 구실에 관해 말해 주는 것은 별로 없지만, 반대로 헝가리의 매우 조용한 전환은 지배계급의 재구성을 가장 순수한 형태로 보여 줬다.

1970년대에 헝가리는 폴란드 기에레크 정부의 많은 정책들을 반복했고 역시 많은 동일한 문제에 직면했다. 서방에 경제를 개방하자 서방에서 받은 대출이 증가하고 외채도 늘었다. 헝가리의 외채는 1973년 9억 달러에서 1978년 58억 달러로 늘었다.[57] 경제 자유화는 일정 수준의 지적 자유주의와 결합됐다. 헝가리 학자이자 1989년 이후 헝가리 텔레비전 회장인 엘레메르 헌키스는 이렇게 말했다.

1970년대에 특정 부분들에서 모종의 사회민주주의화가 시작됐다. 이미 1960년대 말에 카다르 정부는 반대파와 사회에 더 관용적인 정책을 도입했다. 그 덕분에 '2차 경제'가 발전했다. 또, 정치적 다양성은 불허했지만 문화적 다양성은 허용했다.[58]

1970년대와 1980년대에 공식 경제는 더 심각한 위기에 빠졌으나 '2차 경제'는 발전했다. 1953년 헝가리에서 독립 수공업자의 수는 5만 명이었다. 1989년에는 16만 명으로 늘었다. 1970년대에는 대략 2백만 가구가 '2차 경제'와 연관이 있던 것으로 추산된다. 2차 경제에 종사하는 기업인 · 상점주 · 종업원의 수가 1982년 6만 7천 명에서 1989년에는 거의 60만 명으로 늘었다. 이 수치들은 공식 경제 규모에 견주면 미미했고 이 집단들의 경제활동으로도 경제 쇠퇴를 만회할 수는 없었지만, 이것들은 사회학적 · 이데올로기적으로 중요했다. 그들은 헝가리 지배계급이 위기를 빠져나갈 한 가지 방법을 보여 줬다.[59] 1980년대 중반에 2차 경제의 성장은 제한적이나마 실질적인 정치 변화와 결합됐다. 1985년 총선에서 정부의 방해 책동에도 불구하고 진정한 무소속 후보들이 대중의 지지를 받아 당선된 것이다. 무소속이 의석의 10퍼센트를 확보했다.

헝가리 지배계급 전체가 더 시장 중심적인 자본주의로 전환할 것인지 아닌지는 상층 국가관료들과 주요 산업 기업체들의 고위 경영자들의 행동에 달려 있었다. 헌키스는 이렇게 말했다. "1987년에 재앙의 조짐이 처음 나타난 뒤, 당·국가 관료들은 자신의 관료주의적 권력을 시장경제나 심지어 민주주의 같은 새로운 체제 내에서도 자산이 될 수 있는 새로운 권력으로 전환하려 노력하고 있었다." 그 결과는 "19세기식 '대부르주아지'의 등장이라고 말할 수 있을 것이다."[60] 이 계급은 옛 지배계급의 서로 다른 분파들이 융합된 것이었다.

첫째, 구질서의 국가관료들은 혈연관계를 이용해서 자신의 권력을 다각화했다.[61] 둘째, 1989년에 [변화의] 둑이 터지자 당 관료들은 "제도적 수준에서 권력을 전환할 수 있음"을 깨닫고 공산당 소유 건물, 훈련원, 휴양 단지를 포함한 값비싼 자산과 부동산을 준(準)사기업이나 주식회사의 소유로 전환하기 시작했다. 그리고 당 관료들뿐 아니라 민간 자본가로 변신한 경영 관료들, 즉 "붉은 기업인"들도 있었다. 정권이 권력을 전환한 셋째 방법은 "헝가리 경제를 시장경제로 전환하는 것이었다. 시장경제로의 전환은 ……새로 제정된 법률들을 이용해 이 신흥 대부르주아지가 가장 큰 이득을 얻는 방식으로 이뤄졌다."[62] 실제로 1989년 격변 이전에 이미 이런 변화에 대한 지배계급의 합의가 있었고, 이것이 동유럽의 이행이 평화적이었던 이유 가운데 하나다. 1989년에 동유럽의 정치제도는 변했지만, 지배계급은 쫓겨나지 않았고 혁명을 통해 새로운 생산양식이 등장하지도 않았다. 지배계급은 기존의 자본축적 방식인 폐쇄적 국가자본주의 방식을 민간 독점 ─ 세계시장을 지향하는 ─ 과 국가 소유와 규제가 결합된 방식으로 전환했다. 그들은 이데올로기적 환상 속에만 존재하는 '자유 시장' 모델이 아니라 서방의 '현실 자본주의'를 복제한 것이다.

> 1980년대 말에 헝가리 공산당과 국가관료의 상당수는 시장경제와 정치 민주주의를 바탕으로 한 새로운 체제에서 자신의 관료주의적 권력을 짭짤한 경제적 지위와 자산(그리고 간접적으로 새로운 정치권력)으로 바꿀 수 있는 방법들을 발견했다. …… 1980년대 말에 정당성이 있는 새로운 지배계급이나 대부르주아지의 일부가 될 수 있는 방법을 발견한 그들은 자신들의 권력 보호 수단으로 공산당을 유지하는 데 관심이 없어졌다. 그래서 1989년 10월 7일 밤 그들은 공산당의 자진 해산을 팔짱끼고 쳐다보거나 적극 지원했다.[63]

여느 동유럽 국가보다 헝가리에서 지배계급의 변형은 가장 극단적이었다. 1980~1981년과 1988년에 폴란드 노동계급의 투쟁이 없었다면 상상도 못했을 변화다. 폴란드의 노동자 투쟁은 동유럽 지배계급에게 옛 방식을 고수할 때 어떤 대가를 치르게 될지를 보여 줬다. 더구나 솔리다르노시치의 경험과 소련 자신의 경제적 어려움, 그리고 그에 따른 세계경제 편입의 필요성이 서로 맞물린 결과로서 [소련의] 불개입을 표방한 '시나트라 독트린'이 나왔다. 그래서 헝가리와 다른 나라의 지배계급들은 자신을 재정비할 여유를 얻을 수 있었다.

그러나 헝가리의 사건은 연속된 동유럽 혁명들에서 매우 중요한 고리구실을 했다. 1989년 초에 아직 집권당이었던 헝가리 공산당은 오스트리아와 맞닿은 국경을 개방했다. 이것은 그때까지만 해도 유지되던 동유럽 진영을 산산조각 낸 극적인 조처였다. 당시 헝가리 법무장관 컬러먼 쿨처르는 이렇게 회고했다.

> 우리는 우리 언행의 진정성을 보여 주고 싶었다. 당시 폴란드와 헝가리는 개혁을 추진한 유일한 나라들이었고, 바르샤바조약기구의 다른 국가들이 우리에게 무슨 짓을 할지 알 수 없었다. 우리는 만약 수십만 명의 동독인들이 서독으로 이동한다면 동독 정권이 몰락하리라 확신했고 그럴 경우에는 체코슬로바키아도 마찬가지라고 생각했다. 우리는 루마니아는 걱정하지 않았다. 유일한 위협은 DDR[동독 — 존 리즈]이었다. 우리는 우리 자신을 위해 그런 조치를 취했다.[64]

헝가리 정부는 국경 개방의 국제적 의미를 정확히 예측했지만 그것이 국내에 가져올 결과를 예측하지는 못했다. "국내 상황이 완전히 변했다. 갑자기 자신의 힘을 깨달은 반정부 세력들은 선거 날짜를 앞당기려 했고 공산당은 종말을 맞이했다."[65] 그렇지만 동독의 사례가 보여 주듯이, 평화적 이행이 모든 경우에 필연적이었는지는 확실치 않다.

동독 지배계급은 헝가리가 국경을 개방하는 의미를 즉각 이해했다. 국가안보뷔[동독 보안경찰 슈타지] 부장 에리히 미엘케는 "그것을 배신이라 불렀다."[66] 동독 지도자 에리히 호네커도 "반역과 다름없는 짓"[67]이라고 말했다. 9월 10~30일에 약 2만 4천 명의 동독인들이 헝가리를 거쳐 고국을 떠났다.

동독은 소련 제국의 서쪽 감시탑이었다. 동독의 운명은 언제나 자신을 만든 제국의 운명과 밀접하게 연관돼 있었다. 동독 무역의 3분의 2가 소련과의 무역이었다. 호네커 자신도 1970년에 브레즈네프가 한 말을 기억했다. "우리 없이 동독이 존재할 수 없다는 것을 잊지 마시오. 소련의 권력과 힘이 없으면, 우리가 없으면 동독도 존재할 수 없소."[68] 동독은 헝가리 정권이 했던 식으로 단지 동독 지배계급의 결정만으로 내부에서 붕괴될 수 없었다. 동독에는 폴란드 노동계급이 지배계급의 저항을 무력화한 것 같은 오랜 투쟁 전통도 없었다.

따라서 동독 정권이 몰락한 것은 자신을 지탱해 준 소련 제국이 무너지고 있을 때 평범한 자국민들의 대규모 시위와 탈출이라는 압력을 받았기 때문이다. 동독 정권이 폭력적인 반혁명을 시도하지 않은 것은 지도자들의 의지가 부족해서가 아니라 대중 동원 직전에 소련 제국의 내부 파열이 진행되면서 동독 정부의 탄압 능력이 약해졌기 때문이었다.

1989년 10월 6일은 동독 국가 건국 40주년이었다. 고르바초프가 기념식에 참석하기 위해 방문했다. 반정부 시민단체인 '노이에스 포럼(새로운 포럼)'은 한 달 전에 창립되자마자 금지당한 상태였다. 고르바초프가 도착한 날 약 1천 명이 체포됐고 방문 중에 추가로 3천4백56명이 체포됐다. 10월 6일 밤에 베를린에서 40주년을 기념하는 횃불 행렬이 의기양양하게 사열대 앞을 행진했다. 그러나 사람들은 명령에 따라 행진하면서도 구호는 명령받은 대로 외치지 않았다. 오히려 그들은 "고르비, 고르비" 하고 외쳤다. 다음 날 아침에 고르바초프와 호네커는 마지막 면담을 했다. 나중에 복도에서 고르바초프가 일부러 슬쩍 흘린 말, 즉 "너무 늦게 행동하는 사람은 생명으로 대가를 치르게 마련이다"라는 경구는 고르바초프의 의도는 아니었지만 동독 국가에게는 저주가 됐다. 그리고 그는 동독공산당(SED) 중앙위원회에서 연설을 했는데, 주요 내용은 동독의 개혁 속도를 에둘러 비판하는 것이었다. 이 때문에 SED 지도부에서 지각변동이 일어나기 시작했고 결국 10월 18일에 호네커는 에곤 크렌츠로 교체됐다.

그러나 후계자 승계는 옛 방식대로 결정됐지만 거리에서는 완전히 새로운 일이 벌어지고 있었다. 10월 7일에 동독 경찰은 동베를린 시위대 6천 명 중 일부 사람들을 폭력적으로 체포했다. 다음 날 드레스덴에서 3만 명이 행진했다. 같은 날 특별치안대에 비상경계령이 내렸다. 다음 날로 예정된 라이프치히 시위에 대비해 대규모 경찰 병력과 응급차와 병원 시설이 대기 상태에 들어갔다. 당시 호네커가 실탄 사용을 명령했다고 한다. 10월 9일 라이프치히에서 5만 명이 행진했지만 발포는 없었다. 호네커의 발포 명령은 중앙위원회에서 한 표 차이로 부결됐다.[69] 지방 당 지도자들도 호네커의 명령을 더는 듣지 않았다.[70]

지배계급 전체가 더는 호네커를 따를 생각이 없었다. 고르바초프가 그를 버렸고, 경쟁자들은 이미 호네커 제거 운동을 벌이기 시작했다. 호네커는 모스크바의 신뢰를 잃었고 그와 함께 동료 지배자들의 신뢰도 잃었던 것이다. 그래서 동독 정부는 아무것도 할 수 없었다.

정부가 그렇게 마비되자 극적인 일들이 벌어졌다. 일주일 뒤인 10월 16일에 라이프치히에서 10만 명이 행진했다. 10월 23일에는 15만 명이, 10월 30일에는 30만 명이 행진했다. 11월 4일에는 50만 명이 동베를린 시위에 참석했고, 수만 명이 개방된 국경을 따라 동독을 떠났다. 정부는 운동을 멈추기 위해 11월 9일 서독으로 통하는 국경을 개방한다고 발표했다. 그러나 뜻밖의 사태가 벌어졌다. 베를린 장벽 양쪽에 모여든 군중이 망치와 끌 등으로 벽을 부수기 시작한 것이다.

폴란드식 원탁회의가 열렸지만 1990년 3월 18일로 선거 날짜를 잡은 것이 유일한 성과였다. 헬무트 콜과 기독교민주당이 스탈린주의의 붕괴로 생겨난 공백을 메워 선거에서 승리하고 독일 통일 과정에 자신의 흔적을 뚜렷이 남겼다.

동독 혁명 과정에서 좌파 조직과 매우 일관된 이데올로기가 있었다면 사태가 좌파적 방향으로 흘렀을 것이다. 분단국의 양극화된 이데올로기 환경에서는 호네커의 옛 스탈린주의 신념이나 헬무트 콜의 서방 제국주의의 실리 정치만큼 명확하고 일관되면서도 양자에 모두 반대하는 대안만이 계속 지지를 받을 수 있었을 것이다. 동독의 반정부 세력들은 그러지 못했다. 노이에스 포럼의 창립자 중 한 명인 옌스 라이히는 1980년대 초 반정부 세력들의 분위기를 이렇게 묘사했다.

> 새로운 반정부 세력들은 개인주의적이고 자유분방했고 히피, 마오주의자, 아나키스트, 인권운동가, 환경운동가, 동성애자, '아래로부터의 교회' 등 매우 다양한 '비주류 문화' 집단들로 구성됐다. 정말이지 다채로웠다. …… 솔직히 전문직 종사자에게는 너무 낯설었다. 내 아내 에바와 나는 뭍에 오른 물고기 같았다.[71]

물론 이런 사람들 속에서도 자신의 사상을 명확히 다듬고 전략을 체계화하고 노동자들과 연결고리를 만드는 사람들의 중핵이 얼마든지 형성될 수 있다. 폴란드의 KOR은 큰 약점이 있었지만 그런 길을 추구했다. 그러나 노이에스 포럼 창립자들은 그렇지 않았다. 라이히는 이렇게 말했다.

> 우리는 더 '존경받는' 중년 세대에 접근해서 그들이 울타리 밖으로 나오도록 고무했어야 했다. …… 우리는 우리가 적절한 대표성을 갖기를 바랐고, 노이에스 포럼이 성직자, 베를린 주민, 지식인, 빈민가의 청년들뿐 아니라 다양한 사람들을 포괄하기를 바랐다. 우리가 사람들을 불러 모은 기준은 …… 보통 직업을 갖고 있고 정치 경향은 서로 다른 평범한 사람들이 부문을 초월해 결집하는 것이었다.[72]

처음에 이런 전략은 성공적이었지만 혁명이 급진화하면서, 또 베를린 장벽이 무너지면서 세계적인 정치 쟁점들이 급격히 중요해지자 노이에스 포럼은 더 강력한 정치 세력들에 의해 옆으로 밀려났다. 한편으로 노이에스 포럼은 헬무트 콜의 시장 자본주의 이데올로기와 거대한 기독교민주당과 국가기구에 잠식당했다. 그렇지만 많은 동독인들은 이 모델을 거부했고, 실제로 '현실 자본주의' 사회의 삶을 경험하면서 이것을 거부하는 사람들이 더 늘었다. 그러나 노이에스 포럼은 자신이 그런 불만을 표현하는 적절한 수단이라고 자처할 수도 없었다. 그래서 다른 한편에서 사회민주주의 정당으로 개조된 SED(오늘날의 민주사회당(PDS))가 노이에스 포럼을 잠식했다.

이것은 노이에스 포럼의 중핵이었던 일종의 쁘띠부르주아 집단의 불가피한 운명이 아니다. 그들은 흔히 매우 효율적인 정치적 구실을 할 수 있다. 그러나 동독의 반정부 세력들은 동독 지배계급과 손잡을 수 없었고 동독 노동계급과는 손잡지 않았으며, 서독 지배계급에게는 있으나마나한 대상이었다. 그들은 혁명의 와중에 잠깐 활짝 폈다가 진정한 계급 세력들이 중요한 구실을 하게 되자 금방 시들었다.

베를린 장벽의 붕괴는 동유럽 전역에서 국가자본주의가 몰락할 때가 임박했음을 보여 줬다. 체코슬로바키아 '시민포럼'의 지도자인 얀 우르반은 이렇게 회상했다.

폴란드, 헝가리, 그리고 이제 독일이 움직이고 있다. 우리는 어떤가? 1989년 11월 9일에 베를린 장벽이 무너졌다. 이제 다음 차례가 체코슬로바키아라는 것은 확실하다.[73]

우르반은 1968년 프라하의 봄과 1989년 혁명의 차이를 다음과 같이 설명했다. "20년 전에는 공산주의 진영의 한 국가에서 공산당 통치가 정당성의 위기를 겪었다. 1989년에는 …… 공산주의 체제 전체가 체코슬로바키아식의 정당성 위기를 겪고 있다." 비록 체코슬로바키아 정부의 외채가 폴란드만큼 많지는 않았지만, 그 결과로 "고통스러운 국내 부채"가 생겼다. "그래서 산업 구조와 설비를 유지할 수 없게 됐다. 교통 체계는 낡았고, 서비스는 발전이 안 된 상태였고, 자연환경은 파괴됐다."[74] 동유럽의 다른 지배계급과 마찬가지로 체코슬로바키아 지배계급도 국가자본주의 축적 방식에 대한 믿음을 잃고 있었다. 1980년대 중반 소련에서 페레스트로이카가 시작되자 그런 분위기는 더욱 확산됐다.

체코슬로바키아에는 오랫동안 반정부 단체들이 존재했다. '헌장77'이 가장 유명한 집단이었다. 폴란드의 KOR과 비슷했지만 '공민권' 획득에 좀 더집중했고 노동계급 활동에는 신경을 덜 썼다. 그러나 진정한 대중 동원은베를린 장벽이 무너진 뒤에야 가능했다. 1988~1989년에 많은 사람들이 체코슬로바키아 정권에 반대하는 서명운동에 참가했는데, 그 중에서도 교회가조직한 것이 가장 컸다. 시위에 1만 명 이상이 참가하지는 않았다. 사실,1989년 10월 28일에도 프라하 바츨라프 광장에 겨우 1만 명 정도가 모였는데, 당시 동독 라이프치히에서는 15만~30만 명 규모의 시위들이 벌어지고있었다. 이러한 시위들과 그 뒤에 계속된 시위들에서 경찰은 시위대를 구타하고 대규모로 체포했다.

일부 정부 인사들은 자신들의 권력을 온전히 유지하면서도 체제 전환을안전하게 추진하려 했다. 그러나 그들은 사건의 진행을 통제할 수 없었다.물론 자본주의적 의회민주주의로 이행하는 과정 전체를 위험에 빠뜨릴 정도는 아니었지만 말이다. 11월 17일에 시위 진압 경찰이 프라하 시위대를 폭력적으로 공격했고, 학생인 마르틴 스미트가 살해된 것처럼 가장하려는 비밀 작전이 진행됐다. 반정부 언론들이 [스미트] '피살 사건'을 보도하면, 공안 경찰이 멀쩡한 학생을 보여 줘 반정부 세력의 신뢰를 떨어뜨리고 '개혁파 공산주의자' 즈데네크 플리나르를 후사크 대신 새 대통령으로 만들려는 것이었다. 동시에 어떤 체코슬로바키아 국가안전부 요원은 이렇게 주장했다.

영향력 있는 첩자들을 이용해 야당들에 적극 침투하라. 야당에게 잘못된 정보를 제공하라. 가장 급진적인 반정부 활동가들의 평판을 더럽히고 반정부 세력들 내부의 분열을 심화시켜라. 동시에 국가안전부 요원들을 공무원으로 승진시키고 주요 기업들에 배치하라.

이 계획의 더 협소한 목표, 즉 후사크 교체 작전은 두 가지 이유로 실패했다. 먼저 고르바초프가 직접 나서서 설득했는데도 플리나르는 자신에게 맡겨진 역할을 거부했다. 둘째, 더 중요한 이유인데, 베를린 장벽 붕괴 후 탄력이 붙은 대중운동이 질서 있는 후계자 승계 계획을 날려 버렸다.[75]

베를린 장벽이 무너지고 일주일 뒤 프라하 시위대 수는 5만 명으로 늘었다. 이틀 뒤인 11월 19일에는 갑절로 늘어 10만 명이 됐다. 다음 날 또다시 갑절로 늘어 20만 명이 됐다. 나흘 뒤인 11월 24일에는 바츨라프 광장에 50만 명이 모여서 1968년 프라하의 봄 때 강제 해임된 알렉산드르 둡체크의 연설을 들었다. 같은 날 공산당 정치국 전원이 사임했다.

11월 25일에 50만 명의 사람들이 시민포럼의 지도자 바츨라프 하벨과 둡체크의 연설을 듣기 위해 다시 한 번 모였다. 이틀 뒤 노동자 3백만 명이 2시간 총파업을 벌였고 20만 명이 바츨라프 광장에 모였다. 이런 대규모 대중 행동이 분출하자 시민포럼은 시위 중단을 선언하고 정부는 자유선거를 수용했다. 일주일 안에 공산당 지도자들은 정부에서 사퇴하고 개혁파가 다수인 정부가 구성됐다.

시민포럼 지도자들은 갑자기 운동의 지도자가 됐지만, 이들이 운동을 건설하지는 않았다. 실제로 1989년 11월 19일에야 4백여 명의 활동가들이 시민포럼을 결성했다. 그러나 많은 경우에 헌장77 출신인 시민포럼 지도자들이 오랜 저항 활동의 역사 때문에 자연스럽게 저항의 상징이자 대표가 됐다. 그러나 폴란드 KOR 활동가들이 저항을 준비하고 나중에 솔리다르노시치를 건설하고 주도한 것과 달리, 시민포럼 지도자들은 적극적이고 조직적으로 저항을 준비했다고 말할 수 없다. 조직과 이데올로기의 약점은 동유럽 혁명들의 연쇄 효과 ― 대규모 동원으로 직결된 ― 와 정권의 내부 붕괴로 상쇄됐다. 얀 우르반은 정권의 신속한 붕괴와 반정부 세력의 제한적 목표를 모두 명확히 지적했다.

우리 눈앞에서 정치권력의 구조가 통째로 무너졌다. 우리는 국가도 무너지는 것을 원하지 않았기 때문에 행동에 나서야 했다. 다른 사람이 없었다. 심지어 때로는 과거에 우리가 맞서 싸웠던 일부 공산당 관료들도 지지해야 했다.[76]

프라하대학교 철학 교수이자 시민포럼 창립자 중 하나인 마르틴 팔로우스도 같은 점을 지적했다.

시민포럼 지도자들은 자신들의 제안이 실현되는 것을 보면서 끊임없이 놀랐고 꿈만 같다고 생각했다. 이 때문에 그들은 자신들이 진정으로 탁월한 정치인이라는 착각을 하게 됐다. …… 당의 권력 구조와 소통 구조는 해체됐다.[77]

시민포럼 지도자들이 오랫동안 추구해 온 '민중전선' 방식의 정치 전략에 치명적인 약점이 있었다. 우르반은 이렇게 말했다.

우리는 단 몇 시간 만에 극좌에서 극우까지 포괄하는 동맹을 건설했다. 이 동맹의 목적은 단 하나, 후사크를 제거하는 것이었다. …… 우리 손으로 그를 제거했다. 그러나 우리는 그것만으로 충분치 않음을 깨달았다. 이제 우리는 체제 전체를 바꿔야 했다! 이것을 성취하기 위한 최상의 방법은 자유 선거였다.[78]

여기서 체코슬로바키아 혁명의 운명을 결정한 세력들이 분명하게 드러난다. 무기력한 제국은 붕괴했다. 체코슬로바키아 정권은 대규모 민중 시위로 무너졌다. 노동계급은 혁명이 밀어올린 지도부를 따라 기꺼이 총파업 투쟁을 벌일 태세가 돼 있었다. 그러나 이 지도자들은 전에 혁명을 서방 강대국들에서 지배적인 정치 구조를 성취하는 것에 한정하는 관점을 가졌던 사람들이다. 그들은 정치 좌파에서 극우까지 모두 포괄하는 다계급 동맹을 통해 이 목표를 달성하려 했다. 그들은 이 이데올로기 때문에, 또 노동계급 대중 사이에 실질적으로 뿌리내리지 못했기 때문에 결정적 순간에 대중 동원과 파업의 확대를 포기했다. 그 뒤 시민포럼 지도자들과 지배계급 일부 구성원들이 타협한 덕분에 몇몇 상징적인[악질적인] 정치인들을 제외한 지배계급 전체가 자신들의 권력을 유지할 수 있었다.

루마니아의 크리스마스 혁명은 다른 동유럽 혁명들과 상당히 달랐다. 차우셰스쿠 정권의 폭력적 전복은 세심한 분석이 필요하다. 차우셰스쿠가 타도됐을 때쯤에는 분명히 루마니아 정권도 거의 모든 다른 동유럽 독재자들을 이미 몰아낸 대중운동 물결에 휩쓸린 상태였다. 루마니아의 시위대들은 동독 시위대의 구호를 따라 "우리가 민중이다" 하고 외쳤다. 그러나 루마니아의 대중운동은 1989년의 다른 혁명들에 영감을 받았고 공통점도 많았지만, 이 운동이 맞선 국가는 상당히 달랐다.

루마니아 국가자본주의는 개혁되거나 재건될 수 없는 모델이었다. 1980년대 초에 절정에 달한 외채 규모는 노동계급의 궁핍화를 통해 겨우 줄일 수 있었다. 1988년에 이르면 식량·연료 배급제가 실시됐다. 부쿠레슈티에서는 가구별 일일 전력 배급량을 1킬로와트로 제한했다. 루마니아 정권은 서방과의 경제 교류 확대로 받은 타격이 상대적으로 약했다. 다른 동유럽 국가들에서는 점진적 사기 저하가 분명히 드러났지만, 루마니아 국가 기구의 핵심에는 차우셰스쿠 일가를 중심으로 똘똘 뭉친 파벌이 뚫리지 않는 장벽처럼 버티고 있었다. 차우셰스쿠는 오랫동안 소련의 외교정책이나 국방 전략과 거리를 뒀고 어떤 '개혁파 공산주의'에도 동조하지 않았다. 차우셰스쿠는 이런 독자성 덕분에 서방 지배자들의 존경을 받았고 미국과의 무역에서 '최혜국' 대우를 받았다. 그래서 루마니아 정부는 반란에 직면해서 무력 진압이라는 동유럽 지배자들의 전통 방식을 훨씬 더 선호한 것이다. 1989년의 야루젤스키가 아니라 1981년의 야루젤스키처럼 행동했던 것이다.

루마니아에서 반란을 알리는 첫 번째 신호는 다른 동유럽 혁명보다 늦게 찾아왔다. 1989년 12월 15일에 티미쇼아라의 라스즐로 토케스 목사가 추방 명령을 받았다. 토케스는 헝가리 족(族)이었는데, 이것은 두 가지 이유 때문에 중요했다. 먼저 차우셰스쿠가 전년도에 발표한 농업 '체계화' 계획에는 헝가리 족이 많이 사는 루마니아 촌락 1만 2천 개 중 7천 개를 파괴하는 내용이 포함돼 있었다. 둘째, 헝가리가 개혁 프로그램을 시작한 후 헝가리와 루마니아 사이의 외교 분쟁이 계속됐고 차우셰스쿠는 공개적으로 헝가리를 강하게 비판했다. 토케스 추방 명령이 나오기 몇 개월 전에 헝가리 TV는 토케스와 인터뷰했다.

추방 명령이 전달된 다음 날인 12월 16일에 수백 명이 추방 명령 집행을 막으려고 토케스의 집을 포위했다. 그 다음 날 차우셰스쿠는 정치집행위원회에서 실탄 사용의 필요성에 대해 일장 연설을 했다. "저는 공포탄을 사용할 이유가 없다고 생각합니다. 그것은 소나기와 다를 바 없습니다. …… 건달들은 그저 때려서는 안 되고 쏴 죽여야 합니다."[79] 같은 날 보안경찰이 발포해서 71명의 시위대가 죽었다. 다음 날 티미쇼아라와 다른 지방에서 시위대가 늘었다. 노동자들이 석유화학 공장을 폭파시키겠다고 위협하고 5만 명의 시위대가 공산당 지역 본부를 약탈하자 군대는 12월 20일에 티미쇼아라에서 철수했다. 다음 날 관제 시위가 저항 시위로 돌변하면서 차우셰스쿠는 몰락했다. 저항의 규모가 워낙 커서 보안경찰만으로 진압이 불가능했다. 그러나 징집병들로 구성된 군대는 개입하기를 거부했다. 보안경찰이 시위대에게 발포하면서 반격에 나섰다. 투쟁이 확산됐고 혁명이 벌어지는 동안 7백 명이 죽었다. 12월 22일에 차우셰스쿠는 공산당 중앙위원회 건물 밖의 군중에게 연설하려 했다. 군중이 건물 안으로 쳐들어오자 차우셰스쿠는 지붕에서 헬리콥터를 타고 도망쳤다. 군대가 보안경찰에 맞선 싸움에 합세했고 군중은 TV와 라디오 방송국을 접수했다. 차우셰스쿠와 그의 아내는 생포된 지 사흘 뒤인 크리스마스 날에 처형됐다.

새로 결성된 '구국전선'은 일부 '반체제 인사들'과 종교 지도자들도 포함된 임시정부를 주도했다. 루마니아는 동유럽에서 가장 억압적인 국가였다. 루마니아의 반정부 세력들은 수가 많지도 않았고 운동이라고 부를 만큼 잘 조직돼 있지도 않았다. 많은 인텔리겐치아가 동의하는 개혁 프로그램 같은 것도 없었다. KOR도, 헌장77도, 노이에스 포룸 비슷한 것도 없었다. 구국전선은 반정부 조직이 아니었고, 옛 통치 계급의 수중에서 빠져 나온 권력을 놓고 다투는 집단들 중 하나였을 뿐이다. 정치 지도부의 공백을 생각해 보면, 그런 집단은 언제나 체제의 작동 방식을 잘 알고 그것을 온전하게 이어받을 수 있는 옛 스탈린주의자들이기 십상이었다. 구국전선 의장 이온 일리에스쿠는 1960년대부터 차우셰스쿠 청년 조직의 지도자였다. 구국전선의 2인자는 보안경찰 출신의 외교관이었고, 또 다른 고위 인사인 실비우 브루칸은 공산당 일간지 편집장 출신의 외교관이었다. 그들의 '반(反)'체제 경력은 과거 차우셰스쿠와 다툰 적이 있다는 것뿐이었다.

루마니아 혁명의 일부 주도적 인사들의 출신 배경이나 그들과 구국전선 관료들의 관계는 의미심장하다. 이온 카라미트루는 TV 방송국 접수에 참가했다. 그는 유명한 배우이자 루마니아 국립극장 책임자였다. 옥타비안 안드로니크는 혁명 기간에 무가지 <리베르타테아>를 펴내기 전에는 공산당 신문 <인포르마티아>의 삽화가이자 뉴스 편집자였다. 중앙위원회 건물 습격에 참가한 니콜라에 디데는 영화 세트 제작자였다. 그는 나중에 국회의원이 된다. 중앙위원회 건물에 가장 먼저 침입한 대열에 있던 페트레 로만은 전문대 교수였다. 그는 중앙위원회 건물 발코니에 올라가 민중이 권력을 장악했다고 소리친 것으로 유명하다.

지질학자 젤루 보이칸-보이쿨레스쿠는 이런 중간계급 활동가들과 구국전선으로 살아남은 옛 정권 핵심 인사들의 관계를 다음과 같이 묘사했다. 페트레 로만은 인터컨티넨탈 호텔 주변에서 벌어진 투쟁에 참가했다. 다음날 그는 TV 방송국을 방문했다. "나는 TV 방송국에 그냥 들어갈 수 있었다. 5시쯤 나는 일리에스쿠 팀의 일원이 됐고, 닷새 뒤에는 부총리가 됐다. 정말 놀라운 일이었다!"[80] 페트레 로만은 잠깐의 혁명적 영웅주의 덕분에 순식간에 엘리트 집단에 편입할 수 있었다. 그는 중앙위원회 건물에서 있었던 한 모임을 다음과 같이 회상했다. "옛 공산당 최상층 관료들이 모였고, 일리에스쿠가 [새 정권의] 책임을 맡아야 한다는 데 모두 동의했다. …… 브루칸, 밀리타루 장군 등 보수파들 사이에서 나만 홀로 거리 출신이었다."[81] 니콜라에 디데도 중앙위원회 건물 내부 분위기를 이렇게 회고했다.

> 오후에 일리에스쿠가 도착했고 바로 그때 우리는 혁명을 놓쳤다. 우리는 혁명을 일리에스쿠에게 넘겼는데 우리가 원해서가 아니라 우리가 혁명에 서툴렀기 때문이다. 두 시간 동안 우리는 새 정부, 최초의 혁명 정부였다. 일리에스쿠와 그 일당이 중앙위원회 건물에 들어오더니 사방으로 흩어졌다. …… 게오르그 보이네아 장군이 나타났다. 그는 "혁명의 정치 구조에 대해 논의하고 싶소" 하고 말했다. 우리는 모두 돌덩이처럼 굳었다. 우리 중에 정치 구조에 대해 아는 사람은 아무도 없었다. 그때 우리 뒤에 있던 페트레 로만이 일어나 "우리가 여기 있소" 하고 말했다. 그리고 그는 보이네아 장군을 따라가 일리에스쿠와 그 일당들을 만나 구국전선을 결성하더니 TV 방송에 출현했다. 보이네아 장군도 거기 있었다. 그들은 그렇게 정권을 차지했다.[82]

따라서 1989년의 혁명은 가장 철저했지만 근본적 사회 변화는 미미했다는 모순이 있다.

### 벨벳 복고

1989년 동유럽 혁명의 경험은 성과와 실망이 섞인 것이었다. 독재 정치 체제가 무너지고, 노동계급이 국가의 통제를 받지 않는 노동조합에 가입할 권리와 스탈린주의 정권이 박탈했던 표현의 자유나 정치적 결사의 자유를 보장하는 정부가 들어선 것은 1989년 혁명의 진정한 성과다. 그러나 그렇게 강력한 국제 혁명 운동이 지배계급에게 그토록 폭넓은 권한을 보장하고 노동 대중을 더한층 착취해 자본축적 과정을 혁신하도록 허용하는 새로운 경제·정치 질서의 수립으로 끝난 것은 실망스럽다. 이린 실밍은 먼지 1989년 혁명에 참가한 많은 주요 인사들의 환멸감으로 나타났다. 둘째, 동유럽 전역에서 대다수 노동자들에 대한 경제적 착취와 정치적 배제로 나타났다.

많은 지도적 반정부 인사들은 지금 1989년 혁명의 결과를 뒤돌아보며 깊은 환멸을 표시한다. 그들 대다수는 여전히 자신들이 혁명의 전개 과정에 한계를 부과한 것이 정당했다고 말한다. 그러나 그들은 아담 미흐니크가 '벨벳 복고'라 부르는 결과에 유감을 표한다. 미흐니크는 1990년대 폴란드의 분위기와 과거의 복고 시대를 비교하며 이렇게 말했다.

> 복고의 특징은 무미건조함이다. 지루한 정부, 사상의 결핍, 용기의 결핍, 지적 경직성, 냉소주의, 기회주의. 혁명은 원대하고, 희망이 있으며, 위험하기도 하다. 혁명은 해방, 모험, 원대한 꿈, 하층민의 열정이 피어나는 시기다. 복고는 썩은 연못, 음모가 판치는 난장판, 추잡한 부패다.[83]

미흐니크는 상황이 이렇게 된 주된 책임이 솔리다르노시치 자체의 행동 때문이라고 주장한다.

> 솔리다르노시치 혁명을 더는 좋아할 필요가 없다. …… 그 혁명과 함께 솔리다르노시치와 바웬사의 시대는 지나갔다. 위대한 신화가 희화(戱畵)로 변했다. 자유를 향한 운동은 떠들썩한 오만과 탐욕으로 타락했다. 승리한 직후에 솔리다르노시치는 자기 보존의 본능을 잃었다. 그래서 솔리다르노시치의 후신이 지난 선거에서 패배했다. …… 이 점을 강조하자. 공산당 후신들이 이겼다기보다는 솔리다르노시치 후신들이 진 것이다.[84]

그러나 솔리다르노시치가 영감을 잃고 자기 보존 능력을 잃은 이유는 그 지도자들이 설정한 자기 제한적 목표, 즉 자본주의 경제와 불안정하고 부패한 의회주의 체제가 이미 성취됐기 때문이다. 오직 더 근본적인 혁명적 정책만이 솔리다르노시치와 지지 기반의 접촉을 계속해서 유지해 줬을 것이다. 그러나 1980년대에 솔리다르노시치가 그런 정책을 포기하는 데 미흐니크 자신이 중요한 구실을 했다.

미흐니크만 환멸감을 품게 된 것은 아니다. 노이에스 포럼의 옌스 라이히도 이렇게 말했다. "이상하게 들리겠지만, 나는 지금 행복하지 않고 내 주위 사람들도 그렇다. 지금 국가는 붕괴하고 있고, 사람들은 국가의 더 온정적인 특성을 그리워하고 있다. 기괴하게도, 우리 중 많은 사람들은 우리가 원했던 거칠고 경쟁적인 지금 사회와는 너무 동떨어진 비효율적이고 게으른 사회에 향수를 느낀다."[85]

체코슬로바키아의 얀 우르반은 "우리 앞에 진정한 문제들"이 놓여 있다고 예측한다. 즉, "민족주의적 마찰", "불만족스러운 노동자들과의 충돌" 등 "경제적 난관이 우리 앞에 있다"는 것이다. 그러나 우르반은 이것이 "의회민주주의의 시작"[86]을 확립하기 위해 치러야 하는 대가라고 생각한다.

단지 몇몇의 혁명적 공상가들만이 아니라 1989년 혁명 지도자들이 실망하고 있다. 그들이 혁명에 뛰어들며 제시한 강령은 의회민주주의를 이상화하고 1950년대 미국의 경제적 성과를 모든 자본주의 경제의 표준으로 착각한 것이었다. 그들이 실제로 얻은 것은 위기가 반복되고 독점이 지배하고 복지를 삭감하는 1990년대의 자본주의와 얄팍한 의회제 대의 민주주의로 겉치레만 하고 거의 개혁되지 않은 국가 기구들의 결합체였다.

동유럽에서 자본주의적 민주주의가 실패한 정도는 경제 통계에도 나타난다. 폴란드를 제외한 동유럽 주요 경제들의 1997년 GDP는 1989년보다 낮았다. 헝가리가 10퍼센트, 체코공화국이 11.4퍼센트, 루마니아가 17.8퍼센트, 러시아는 무려 40퍼센트나 낮았다. 같은 국가들의 실질임금은 1989~1995년에 8~54퍼센트가 줄었다. 러시아(3.4퍼센트), 루마니아(6.3퍼센트), 체코공화국(3.1퍼센트)을 제외한 대부분 동유럽 경제에서 완전고용은 사라지고 10퍼센트 이상의 실업률을 기록하고 있다. 저소득에 고통받는 사람들도 총인구의 20~60퍼센트를 차지할 만큼 늘었다.[87] 〈파이낸셜타임스〉의 필립 스티븐스는 이렇게 지적했다.

보통 공산주의의 패배가 민주주의의 승리를 뜻한다고 생각한다. 사실, 승리한 것은 자본주의였다. …… 민주적 러시아의 탄생에 유럽연합이 기여한 바는 몇 십억 유로와 소수의 시카고대학교 출신 경제학자들밖에 없다. 유럽연합은 옛 소련 위성국들에게 많은 약속을 했지만 정작 중요한 약속은 거의 없었다.[88]

혁명가들의 실망 이면에는 대량 실업, 복지 혜택의 파괴, 노동강도 강화가 있다. 개량주의와 민족주의라는 양대 사회세력이 등장해 정치적 공백을 메웠다. 민족간 경쟁 때문에 체코슬로바키아가 두 동강이 났고, 옛 동유럽 전역에서 내부 갈등이 고조되고 있다. 그러나 1989년 이후 부활한 민족주의가 가장 재앙적인 결과를 부른 곳은 유고슬라비아였다.

유고슬라비아의 파괴는 1989년 혁명의 결과였다. 루마니아처럼 다른 동유럽 혁명에 고무된 엄청난 계급투쟁의 분출이 [유고슬라비아에서도] 있었다. 그러자 옛 공산당 지배계급은 이런 도전에 민족주의 카드로 대응했다. 코소보가 대표적 사례였다. 유고슬라비아를 분열시키려 한 서방 열강들의 행동이 이 과정을 더욱더 촉진했다. 뜻밖에도 손쉽게 통일에 성공해 우쭐해진 독일이 그것을 주도했다. 독일은 부유한 슬로베니아의 독립 움직임을 부추겼다. 그러나 1990년대 내내 모든 주요 열강이 발칸반도의 끊임없는 분열에 집중했고, 마침내 1945년 이후 최초로 유럽 대륙에서 주요 제국주의 열강들이 참가한 전쟁이 1999년에 발발했다.

따라서 1989년의 혁명가들이 느낀 환멸은 선조들이 느낀 것과는 질적으로 달랐다. 수평파, '자유의 아들', 바뵈프는 자신들의 강령이 실현되지 못했기 때문에 실망했다. 볼셰비키 강령은 반혁명에 패배당했다. 그러나 1989년의 민주주의 혁명가들은 자신들의 강령이 실현됐기 때문에 실망했다. 잘못은 객관적 상황의 한계나 혁명가들에 반대한 세력들의 힘이 아니라 강령 자체에 있었다.


## 1989년 이후 혁명의 패턴

벨벳 혁명 이후 10년 사이에 두 곳의 장기 독재 정권이 대격변으로 무너졌다. 남아프리카공화국과 인도네시아는 서로 다르고 동유럽과도 다르다. 그러나 이 사회들의 경제 구조와 혁명 운동의 전개 과정은 동유럽의 경험과 공통점이 많다. 나는 여기서 공통점들을 짧게 다룰 것이다. 나는 다른 글에서 이 혁명들을 상세히 다뤘다.[89]

남아프리카공화국은 동유럽처럼 세계경제에서 상대적으로 고립된 채 강력한 국가 주도 공업화 과정을 겪었다. 남아프리카공화국의 아파르트헤이트는 동유럽 진영처럼 1970년대와 1980년대에 새로운 현실에 직면해서 과거의 자본축적 방식을 바꿀 수 없었기 때문에 치명적 위기에 처했다. 그리고 남아프리카공화국 지배계급은 동유럽 지배계급들처럼 부분적 개혁과 협상 전략으로 저항 운동에 대응했다.

네덜란드에서 독립한 지 20년이 지난 1950년대와 1960년대의 인도네시아 사회는 국가관료들이 지배했다. 그들은 투자와 기업 소유를 주도했다. 유럽이나 라틴아메리카와 달리 대지주 가문은 존재하지 않았다. 따라서 공업화를 주도한 국가관료들은 유럽이나 라틴아메리카와 달리 기존 보수 족벌들에 종속되지 않았다. 자본주의로 이행하는 초기에 또 다른 중요한 경쟁 계급 집단인 중간계급도 힘이 약했다. 이 소수의 전문직 종사자들과 지식인들은 거의 전적으로 국가관료들에 의존해 일자리를 구하는 더 광범한 집단과 결탁해 있었다. 이 국가 기구와 거대한 군산복합체가 수카르노 지도 하의 독립 시기부터 1965년 수하르토의 유혈 쿠데타를 거쳐 1980년대까지 점차 인도네시아 사회를 지배했다.

이 기간에 국제 경제 환경은 급변했고 국가의 구실도 달라졌다. 제2차세계대전 후 세계경제가 성장하는 동안 인도네시아 국가는 스탈린주의 국가와 많은 탈식민지 제3세계 정부들의 공통점이었던 폐쇄적이고 고립된 발전 모델을 택했다. 1980년대 초까지 인도네시아 경제는 1930년대 이래로 가장 강력한 규제와 통제를 받았다.

남아프리카공화국과 인도네시아에서 모두 세계시장의 확대에 따른 국가 주도 경제 발전 모델의 종말이 사회 위기로 이어졌다. 학생이 주도한 인도네시아의 운동보다 남아프리카공화국의 운동이 대체로 더 오래되고 깊이가 있기는 했지만, 두 정부 모두 대규모 저항이 성장하는 상황에 직면했다.

아프리카국민회의(ANC)가 남아프리카공화국 반정부 세력을 주도했는데, 1912년에 결성된 이 조직은 중간계급이 지도적 구실을 했고 합법적 변화를 꾀했다. "ANC는 주로 소수의 도시 엘리트 ― 교사, 신부, 법률가, 의사 등 ― 에서 지도부를 충원했다. ANC의 정책은 차별 철폐, 합법 수단을 통한 변화, 점진적 선거권 확대 등 '온건'했다."[90] 남아프리카공화국 공산당과 관계를 맺고, 넬슨 만델라, 올리버 탐보, 월터 시술루 등이 지도부가 되면서 ANC는 1940년대 말 급진화했다. 1955년에 ANC는 민주주의와 공민권 개혁을 요구하는 '자유 헌장'을 채택했다. 1990년대 초 아파르트헤이트에 승리를 거둘 때까지 '자유 헌장'은 ANC 정치의 출발점이었다.

'자유 헌장'과 ANC의 총체적 전략, 이 둘 다에 영향을 준 공산당 정치의 지도 원칙은 단계혁명론이었다. 이 단계혁명론의 핵심은 남아프리카공화국 사회가 "특수한 식민지", 즉 식민 지배계급이 [본국이 아니라] 식민지 영토에 거주하는 사회라는 것이었다. 혁명의 첫 단계는 민주주의적 반식민지 투쟁이 될 것이며 이 투쟁이 완결된 뒤에야 사회주의를 위한 투쟁을 시작할 수 있을 것이다. 1956년에 넬슨 만델라는 '자유 헌장'을 옹호하면서 이렇게 말했다.

> '자유 헌장'은 경제적·정치적 변화를 의도하지 않는다. "민중이 통치하게 하라"는 선언은 단일한 계급으로 권력을 이전하는 것이 아니라 노동자, 농민, 전문직 종사자, 쁘띠부르주아지 등 이 나라의 모든 민중에게 권력을 이전하는 상황을 그린 것이다.[91]

만델라가 명확히 지적했듯이, 단계론의 채택은 사회주의를 향한 투쟁을 배제할 뿐 아니라, 특히 노동계급의 투쟁을 다계급 '민중전선'에 사실상 종속시킨다. 더구나 '반식민지' 운동의 목표는 남아프리카공화국에서 아파르트헤이트를 제거하는 것이지 자본주의 국가를 파괴하는 것이 아니다. 1990년에 ANC 군사 기구의 지도자인 로니 카스릴스는 이렇게 설명했다.

처음부터 국가 권력 장악 문제를 다루는 혁명적 운동들이 있다. 이들은 국가 권력 사용을 분석하고 국가 권력을 장악하기 위한 힘을 키울 필요성을 인정한다. 우리 투쟁의 성격은 그것이 아니다.[92]

인도네시아 혁명의 지도자들은 다른 길을 통해 비슷한 제한적 전망에 도달했다. 수하르토가 공산당을 말살하면서 정권을 잡았기 때문에 운동 내 공산당 세력은 훨씬 약했다. 따라서 인도네시아에서는 새롭게 자신감을 얻은 중간계급의 성장이 결정적으로 중요했다. 그들은 여전히 많은 끈으로 국가와 연결돼 있었지만 수하르토 권력 구조의 한계에 불만을 품고 있었다.

이런 중간계급과, 지배계급 내 그들의 동맹 세력이 수하르토를 몰아낸 핵심 동력은 아니었다. 그러나 다른 세력들이 수하르토를 몰아내자 그들의 정치적 대표자들 — 기존의 소수 특권층이었든, 아니면 과거의 '궁중' 투쟁에서 배제됐던 자들이든 — 이 개입해서 자신들의 의제가 운동에서 우위를 차지하도록 했다. 그들은, 앞에서 일탈한 연속혁명론을 설명할 때 말한 중간계급 활동가들과 마찬가지로, 다른 계급의 행동으로 활동 공간이 열렸을 때만 행동할 수 있기 때문이다. 그리고 그들의 선조와 달리 인도네시아 공산당이 그들의 정치조직도 아니었고 혁명적 민족주의가 그들의 이데올로기도 아니었다. 이 세대에게는 NGO와 학술 포럼이 조직 구실을 했고 시민사회라는 '서구의 가치'와 자유 시장 경제학이 이데올로기였다.

동유럽과 마찬가지로 남아프리카공화국에서도 운동의 정치 전략이 운동의 결말을 좌우했다. ANC는 단계혁명론에 근거해 자본과 타협할 수 있었다. 1987년에 ANC 전국집행위원회는 다음과 같이 분명하게 밝혔다.

다시 한 번 우리는 그들[정부]이 우리나라를 인종차별이 없는 통일된 민주주의 국가로 전환한다는 목표에 동의한다면, ANC와 우리 민중 전체는 진지하게 협상에 나설 의사가 있고 준비가 돼 있다는 점을 분명히 밝힌다. 이것이, 그리고 오직 이것만이 모든 협상의 목표가 돼야 한다.[93]

다수결 원리의 구체적 적용 방안에 대한 최종 합의에 이를 때까지 이 문제를 둘러싸고 대중운동과 정부는 여전히 계속해서 대규모로 충돌했다. 그러나 이런 갈등은 자본주의 사회관계에 도전하는 사회주의 혁명을 둘러싼 것이 아니었다. 이제 갈등은 새로운 의회 자본주의 체제 안에서 누가 얼마나 많은 권력을 가져야 하는지를 둘러싼 정치 세력 사이의 경쟁으로 축소됐다. 정부는 보안경찰의 폭력 사용을 부추기고 잉카타 같은 반동 세력을 사주해서 ANC가 원래 요구 조건보다 불리한 조건에서 타협하도록 강요하려 했다. ANC는 국가 폭력에 맞서 대중을 동원하지 않고서는 효과적으로 활동할 수 없다는 것을 깨달았다. 그러나 양쪽 모두 이제는 이 세력들이 협상 보조물에 불과하다는 것을 알고 있었다.

베를린 장벽이 무너진 지 겨우 12주 뒤에 남아프리카공화국 정부는 ANC 와 남아프리카공화국 공산당을 합법화했다. 이와 함께 9주 뒤의 넬슨 만델라 석방 조치는 결정적이었다. 정부는 완전한 아파르트헤이트로 돌아갈 수 없었고 ANC는 자본주의에 반대하는 투쟁으로 나아갈 수 없었다. 로니 카스릴스처럼 느린 협상 속도와 불충분한 성과에 비판적인 사람들조차 대중운동을 도구로 봤다. 대중운동을 이용해 "라이프치히 같은 상황"을 조성하면 정부를 "비상구로 탈출시킬 수 있다"고 생각한 것이다. 결국, 민주주의 혁명은 더 신속한 '아래로부터의' 방식으로 달성됐다.

인도네시아 혁명은 이와 비슷하지만 더 취약한 형태다. 1998년 5월에 수하르토 독재를 무너뜨린 것은 도시 빈민 항쟁과 결합되고 그것에 정치적 방향을 제공한 대규모 학생운동이었다. 학생 시위, 국회의사당 점거, 도시 소요는 수하르토가 물러나지 않는다면 기성 정치체제뿐 아니라 경제체제 전체도 위협받을 수 있음을 보여 줬다. 소수 특권층은 아래로부터 압력을 받는 상황에서 경제 위기에 대처했다. 그래서 정부 개혁이 시작됐다.

수하르토가 물러난 뒤 1998년 11월 민중자문회의(MPR) 소집에 맞춰 시위가 훨씬 더 큰 규모로 부활했을 때, 운동의 정치적 지도력 문제가 결정적으로 중요해졌다. 11월 시위는 정부를 뒤흔들어 많은 조직가들이 바라는 '적절한' 임시정부로 교체하는 데 실패했다. 그러나 동시에 반정부 운동을 '톈안먼 식'으로 진압해 분쇄하려는 정부의 노력도 실패했다. 시위대 학살은 학생·도시 빈민·노동자의 분노를 부채질했을 뿐 운동을 파괴하지 못했다. 소수의 엘리트 해병대 등 일부 군 부대가 시위대를 지지하거나 중립을 지켜 군대가 내부 분열로 약화됐다.

이런 요인들 때문에 이미 불안정해진 수하르토 후계자 하비비는 개혁을 시작할 수밖에 없었다. 연기할 예정이었던 선거 날짜가 잡혔다. 1999년 초에는 동티모르에 자치를 허용하는 국민투표를 실시하겠다고 발표했다. 동티모르인들과 다른 반정부 인사들이 감옥에서 풀려났다.

인도네시아 정치 지형에서 가장 좌파라 할 수 있는 민중민주당(PRD)은 주요 지도자들이 여전히 감옥에 갇혀 있었지만 합법화되고 선거에 출마할 수 있었다. 미국은 이런 개혁을 요구했고 오스트레일리아도 지지했다. 남아프리카공화국처럼 반정부 활동가들과 연관이 있는 여러 NGO들이 자본주의적 민주주의로 신속한 전환을 요구했다.

그러나 정부는 선거 결과를 단지 민주주의에 대한 열망에 내맡기지 않았다. 정부는 군대를 재편하고 경찰에 완전히 새로운 독자적 구조를 부여했다. 그리고 종교·종족 갈등을 부추겼다. 정부의 목표는 수하르토 식으로 운동을 전면 탄압하는 것이 아니라 운동을 선거의 틀 안에 가둬서 1999년 초에 지배 집단이 우려하던 혁명적 대안이 대중 사이에서 등장할 가능성을 봉쇄하는 것이었다.

자유주의 분파를 포함한 인도네시아 부르주아지는 마르크스가 1848년 혁명 때 묘사한 부르주아지와 비슷했다. 인도네시아 부르주아지는 "[자기보다] 위에 있는 사람에게 으르렁거리고 밑에 있는 사람을 두려워했다." 수카르노의 딸 메가와티와 이슬람 지도자 아미엔 라이스 같은 자유주의 지도자들은 과거 독일 부르주아지처럼 "보수파에게는 혁명적이었고, 혁명가에게는 보수적이었고, 사상이라기보다 경구에 불과한 자신의 구호조차 믿지 않았고, 혁명을 두려워하면서도 혁명을 이용했다. 활력은 전혀 없고, 그저 남의 것을 도용하기만 한다."[94]

인도네시아 학생운동과 좌파들이 이런 사태 전개를 예상하고 대비하지 못했기 때문에 결국 메가와티가 승리할 수 있었다. 인도네시아 좌파들의 이론에서 핵심 약점은 사회주의 변혁을 위한 사회 조건이 아직 갖춰지지 않았기 때문에 좌파들이 자신의 요구를 민주주의 공화국 수립으로 제한해야 한다는 것이었다.

남아프리카공화국과 인도네시아의 사례는 이런 식으로 혁명적 상황이 전개된 유일한 사례가 결코 아니다. 이 사건들에 앞서 1980년대 라틴아메리카에서 IMF와 세계은행이 강요한 긴축 프로그램 때문에 "경기 수축, 산업 붕괴, 혹독한 임금 삭감과 생활수준 하락이 일어났고, 모든 곳에서 대중 저항이 벌어졌다."[95] 더구나 "역사의 잔인한 장난으로 …… 외채 위기와 구조 조정은 (정도 차이는 있지만) 라틴아메리카의 민주주의 부활과 동시에 진행"됐다.[96]

몇몇 라틴아메리카 국가의 민주화 과정은 미국을 비롯한 제국주의 열강의 지지를 받았다. 이 때문에 좌파들은 어려운 전략적 선택에 직면했다. "전통 마르크스-레닌주의 좌파 출신의 지식인들이 선거 민주주의를 요구하는 기층 운동에 결합한 것은 매우 흥미롭다. 왜냐하면 이것은 그들이 전통적 우선순위를 완전히 뒤집은 것처럼 보이기 때문이다."[97] 이것은 좌파가 민주주의와 혁명의 관계에 대한 자신의 생각을 재고해 봐야 함을 뜻했다. 그러나 지금까지 그 결과는 대부분 '혼동과 혼란'이었다.

이 점은 브라질에서 가장 뚜렷했는데, 노동자당(PT)의 성장과 루이스 이나시오 룰라 다 실바의 대통령 당선은 라틴아메리카와 전 세계 좌파들에게 희망을 줬다. 그러나 이 경험의 궁극적 결과는 '민주주의로의 이행'에서 좌파들이 빠질 수 있는 위험을 잘 보여 준다. 룰라의 통치 방식은 신자유주의라는 주먹에 사회민주주의라는 글러브를 끼운 것이었다.

<이코노미스트>의 룰라 인터뷰는 국제 자본이 룰라 정부를 얼마나 신뢰하는지 잘 보여 줬다. 룰라는 다음과 같이 말했다. "재정 안정과 강력한 사회정책에서 우리만큼 성과를 따낸 정부는 없습니다. …… 브라질 경제사에서 지금처럼 경제 근본[펀더멘틀]이 탄탄했던 적이 없습니다." 룰라는 "교육과 훈련에 대한 집중적 투자"와 "신규 투자를 장려하기 위한 조세 감면"을 얘기하는데, 이는 전 세계 모든 신자유주의적 사회민주주의자들이 하는 말과 똑같다. 심지어 <이코노미스트>조차 룰라가 '기아 제로 정책'을 포기한 것을 칭찬하면서도 비웃음을 참을 수 없었다. "탄탄한 경제 근본은 세계가 룰라에게 기대한 것이 아니었다." 더구나 지배적 정설에 대한 실용적 타협은 외교정책에도 영향을 미치고 있다. 룰라는 베네수엘라 차베스 정부가 느끼는 위협에 대해 이렇게 말했다. "차베스는 자신을 제거하려 했던 쿠데타가 미국의 이익을 위한 것이라고 생각한다. 부시 대통령은 그렇게 생각하지 않는다. 이 문제는 서로 대화만 하면 풀릴 것이다."[98]

2000년 세르비아의 슬로보단 밀로셰비치 하야에서 시작돼, 2003년 그루

지야의 예두아르트 셰바르드나제의 몰락을 거쳐, 2004년 우크라이나 '오렌지 혁명'과, 2005년 키르기스스탄의 아스카르 아카예프 대통령 사임까지 계속된 두 번째 벨벳 혁명 물결에 대한 좌파의 대응에서도 비슷한 혼란을 확인할 수 있다. 드라간 플라브시치의 분석을 보면, 이 혁명들은 진정한 민중 권력의 사례부터 미국이 지원한 소수 특권층의 권력 이양에 불과한 경우까지 아주 다양하다는 것을 알 수 있다.[99]

세르비아 혁명은 "이 둘의 중간 형태다." 여기에는 진정한 대중 동원의 요소와 "'벨벳 혁명'의 방식으로 밀로셰비치를 제거하려는 클린턴 정부의 노력"[100]이 겹쳐 있다. 세르비아 혁명은 격렬한 대중 동원, 특히 광부 파업 때문에 성공할 수 있었다. 그러나 최종 결과는 부정 선거를 빌미 삼아 정권 교체를 노리는 미국의 '선거 개입주의' 전략의 성공으로 여겨졌다.

그루지야의 대통령 셰바르드나제는 페레스트로이카 당시 고르바초프의 외무장관일 때부터 미국과 잘 지냈다. 그러나 그에 반대하는 대중운동이 워낙 컸기 때문에 미국은 중간에 생각을 바꿨다. 보리스 카갈리츠키는 이렇게 말했다.

미국 정부는 그루지야에서 대중 저항이 성장해 정권 교체가 임박한 것을 깨닫자 야당 중에서 새로운 파트너를 구하기 시작했다. …… 다양한 단체(주로 NGO)가 야당에 제공한 자금은 정권 교체가 노선 변화로 이어지지 않게 하려는, 또는 만약 변화가 불가피하다면 그 변화가 급진적이지 않게 하려는 일종의 보험 정책이었다.[101]

우크라이나의 오렌지 혁명 당시 군중이 키에프의 독립 광장에 모여 열광한 것은 사실이다. 그러나 물러나는 대통령 쿠치마 밑에서 총리를 지낸 빅토르 유시첸코가 신중하게 그들을 통제했다. 미국 정부는 유시첸코의 경쟁자가 선거 부정을 저지를 것이라고 예상하고 선거 2년 전부터 유시첸코에게 자금 등을 지원했다. 그 결과 우크라이나의 "'민주주의' 물결은 가장 낮은 수준이었다. …… 지배계급과 제국주의가 민중 권력을 가장 성공적으로 조작했기 때문이다."[102]

키르기스스탄 혁명은 우크라이나 같은 조작을 피할 수 있었다. 미국과 러시아 정부가 지대한 관심을 기울였지만 키르기스스탄의 운동은 제국주의의 통제를 벗어났다. 오시와 잘랄라바드의 대중 항쟁과 민중 의회는 기존 정부의 퇴진을 요구했다. 저항이 수도로 확산돼 아카예프는 권좌에서 밀려났다. 그리고 혁명이 진정되고 옛 정부 인사들이 정부 관리로 복귀한 뒤에도 토지 점거자들은 여전히 "그것은 저들의 혁명이었다. …… 우리의 요구가 받아들여지지 않은 채 시간이 흐르면 저들은 언제든 땅을 다시 뺏을 수 있다"고 주장한다.

이런 다양한 국제적 경험은 좌파의 이론적 준비와 조직적 능력에 따라 오늘날 혁명적 위기의 결과가 결정적으로 달라질 수 있음을 보여 준다.


## 평가와 전망

위에서 묘사한 혁명 패턴은 절대적인 역사 법칙이 아니다. 권위주의 통치에서 자본주의적 민주주의로 전환하는 것이 현대 경제 발전의 필연적 결과는 아니다. 세계에서 인구가 가장 많은 중국은 '전체주의적 시장 자본주의'의 길을 가고 있다. 톈안먼 광장 학살은 중국에서 '민주주의 혁명' 전략을 채택했을 때 치를 대가가 벨벳 복고보다 훨씬 더 클 수 있음을 보여 준다.

지난 10년 동안의 혁명 패턴은 서구 의회민주주의 발전 과정과도 달랐다. 위에서 분석한 혁명들은 대부분 독재 정권이 붕괴하는 과정에서 일어났다. 이런 경우에 혁명 진영 안에 개량주의 경향과 중도주의 경향이 반드시 등장하기 마련이다. 멘셰비키 · ANC · KOR · PRD의 사례를 생각해 보라.

서방의 개량주의는 이미 조직과 정치에서 독자적이고, 권위주의 정권에 맞서 혁명적 태도를 취할 필요를 느끼지도 않는다. 따라서 개량주의를 잠식하려면, 기존 노동당 형태의 정치로부터 노동자들 일부를 견인하기 위해 공동전선 전술을 사용하는 더 오랜 과정이 필요하다.

그러나 이미 지적한 몇 가지 유보 조건을 감안하더라도, 이 장에서 묘사한 패턴은 꽤 보편적이며 좀 더 자세히 검토할 가치가 있다. 이런 경험들은 주요 제국주의 열강들이 벨벳 혁명 모델을 전 세계에 개입하는 수단으로 이용하면서 더 중요해졌다. 만약 세계의 소수 특권층들이 정치 상황을 자신에게 유리하게 바꾸려고 친자본주의적 토착 '민주주의' 세력을 지원한다면, 좌파들이 변화 과정을 명확하게 이해해야 이 과정이 노동 대중의 필요에 맞게 되도록 강한 영향을 미칠 수 있을 것이다.

영국 · 미국 · 프랑스 혁명에서는 공업 발달 수준과 노동계급의 규모 · 조직 · 의식의 한계 때문에 혁명 진영 안에서 사회주의적 해결책이 부각될 수 없었다. 그러나 동유럽 · 남아프리카공화국 · 인도네시아 · 라틴아메리카 혁명에서는 그렇지 않았다. 이들은 모두 공업화한 국가들이다. 자본가가 지배계급이고 노동자가 인구의 상당 부분을 차지할 뿐 아니라 상당한 자기 조직 경험과 발전된 계급의식을 갖추고 있다.

이런 사회들에서 발생한 혁명적 위기는 자본축적의 위기였다. 전후에 건설된 국가 주도 자본축적 방식은 1970년대 말 장기 호황이 끝난 뒤 등장한 세계 수준의 새로운 자본축적 구조에 적합하지 않았다. 끄떡없을 듯하던 권위주의 정권들이 아래로부터의 저항으로 차례로 무너졌다.

앞에서 분석한 1649년·1776년·1848년·1917년의 혁명적 상황에서 그랬듯이, 반란이 시작되면 혁명 진영 안에서 양극화 과정이 시작됐다. 이 모든 경우에 최종 결과를 결정한 것은 혁명 지도부가 자신도 포함된 광범한 계급 세력들과 상호 작용하는 방식이다. 초기 부르주아 혁명들과 이후 혁명들의 차이는 초기 부르주아 혁명들의 경우 혁명가 조직이 대부분 혁명 진행 과정에서 등장했다는 것이다. 폴란드의 KOR, 남아프리카공화국의 남아프리카공화국 공산당, 인도네시아의 PRD 등의 조직은 대규모 투쟁들이 폭발하기 전부터 존재하면서 소수의 사람들에게 영향을 미칠 수 있었고, 그 덕분에 정도의 차이는 있지만 그런 투쟁들의 정치적 수혜자가 됐다.

그러나 현장조합원 노동자들을 기반으로 하는 조직조차 혁명 과정에서 직면한 문제들을 극복할 수 없었다. 앞서 말한 혁명들의 경우에 사회주의 혁명과 민주주의 혁명에 관한 논쟁의 중요성을 제대로 이해하지 못한 정치적 실패가 있었다. KOR과 1980년대 초 남아프리카공화국에서 독립 노조를 건설한 활동가들은 노동계급에 관심을 기울였다. 그리고 PRD와 인도네시아 학생운동의 최상의 활동가들도 노동자들을 조직하는 것의 중요성을 알고 있었다. 그러나 KOR의 핵심 활동가들은 솔리다르노시치를 민주주의 혁명의 동력으로 여겼고, 사회주의 혁명의 성취나 혁명정당 건설에 대한 초기의 신념을 포기했다. 남아프리카공화국에서 현장조합원 노동자들에 대한 노동조합주의 태도는 남아프리카공화국 공산당이 제시한 정치 전략을 대체할 적절한 대안이 되지 못했고, 결국 그것에 흡수됐다.

이론의 명확성과 이것을 적절한 조직 형태로 구현하려는 노력은 매우 중요하다. 1848년에 마르크스는 노동자들이 자유주의적 반정부 세력보다 한 걸음 더 앞서 있어야 한다고 주장했고, 노동자들의 요구가 아직 '민주주의'에 머물지라도 자유민주주의자들과 대립하는 노동자 고유의 계급적 내용을 가져야 한다고 강조했다. 마르크스는 이런 식으로 투쟁 전술과 구호 문제를 다루는 것이 포괄적인 전략적 이해 — 운동이 추구해야 할 목표는 사회주의 혁명임을 분명히 하는 — 의 일부라고 생각했다. 마르크스와 엥겔스는 계급 양극화가 민주주의 진영을 분열시킬 것임을 알았다. 엥겔스는 모든 혁명은 구질서에 맞선 다계급의 '민주적 단결'로 시작한다고 지적했다. 그러나 혁명이 발전하면 초기 단계인 '꽃들의 혁명'+은 계급적 차이에 따라 혁명 진영이 분열하는 국면으로 접어든다. 최초의 부르주아 혁명을 포함해 과거의 모든 혁명에서 똑같은 일이 일어났다. 그러나 1848년 이후 모든 혁명에서는 노동자들이 독자적 권력 기구인 노동자 평의회를 건설하는 데까지 이 계급 분화가 발전할 수 있는 가능성이 있었다.

## 결론

현대 세계에서 민주주의 혁명은 사회 변화의 주요 형태 중 하나였다. 혁명은 언제나 경제적 · 정치적 · 제국주의적 · 국민적 측면이 서로 맞물리면서 일어난다. 오늘날 혁명의 결과는 한편의 제국주의 열강들과 각국 지배계급, 다른 한편의 노동계급 · 도시 빈민 · 농업 노동자 · 농민, 바로 이 양대 세력의 치열한 투쟁으로 결정된다. 누가 이기고, 얼마나 이기는지는 좌파들의 조직 · 정치 능력에 따라 상당히 좌우된다.

좌파가 약한 곳에서는 제국주의 열강들과 그 하수인들이 당면한 사회 위기의 해결책을 자기네 마음대로 강요할 수 있다. 이렇게 '관리된 혁명'은 비극적이거나 어처구니없는 결과를 가져온 경우도 많았다. 그 중에서도 가장

---

+ 카네이션 혁명, 튤립 혁명 등을 빗댄 말.

최악은 2003년 미군이 바그다드로 진격해 사담 후세인의 동상을 끌어내리며 동유럽 혁명의 상징을 차용한 경우였다. 그러나 다른 경우에 혁명은 이제 미국 정부가 각본을 쓴 영화쯤으로 전락한 듯하다. 도심의 넓은 광장을 찾아서, 대형 공개 연단을 설치하고, 유명 락 밴드를 초청하고, 대중을 모으고, 수리수리 마수리하면 순식간에 소수 특권층 사이의 권력 이양이 완수된다.

여기서 분명히 알 수 있는 사실은, 혁명의 결과는 좌파가 체제의 본질을 얼마나 정확히 이해하고 자신들의 적에 맞서 얼마나 효과적으로 자기편 세력들을 동원할 수 있는지에 달려 있다는 것이다. 나머지 두 개의 장에서 이 문제들을 다시 검토할 것이다.

6장

# 전쟁과 이데올로기

새로운 제국주의는 1970년대 말에 시작된 '신자유주의적' 자본축적이 1989년 냉전 종식과 함께 시작된 국가 체계 재편과 결합된 결과다. 이런 결합 때문에, 세계화의 결과에 반대하는 운동과 전쟁에 반대하는 운동이 결합된 특수한 대중 저항 형태가 나타났다. 이것은 국민국가, 기업 경쟁, 노동계급과 빈민의 저항 — 1장에서 논의한 세 거인 — 사이에서 벌어지는 투쟁의 현대적 형태다.

이 투쟁들의 구체적 형태들은 과거의 역사에서 찾아볼 수 있다. 유럽 제국들의 전성기 때 제국주의 열강들의 경쟁에서 시작해, 제1차세계대전과 그 전쟁을 끝장낸 러시아 혁명과 독일 혁명을 거쳐, 냉전 시대의 위대한 반식민지 투쟁 물결까지 다양한 형태가 있었다. 그러나 이 다양한 제국주의 형태들 사이의 연속성을 이해하는 것이 중요하듯이, 그것들 사이의 차이를 보는 것도 중요하다. 그런 논의 속에서 새로운 제국주의의 진정한 성격을 더 자세히 파악할 수 있다.

새로운 시대가 시작된 뒤 정치적 우익들은 유럽 식민주의 시대 이후 거의 들을 수 없었던 제국주의를 정당화하는 여러 주장을 내놓았다. 냉전을 정의한 이데올로기에서 대립항은 '민주주의' 대 '공산주의'였다. '공산주의'가 쇠퇴하면서 우파는 '민주주의' 대 '야만주의' 같은 옛 이분법으로 되돌아갔다. 문명을 전달하는 사명감을 가진 주요 열강들은 토착민들이 너무 우매하거나 종교를 맹신하기 때문에 스스로 민주주의를 성취할 수 없는 지역이나 나라에 민주주의를 전파해야 한다고 말한다. 이번 장에서는 그런 주장들을 검토할 것이다.

정치 좌파에서도 새로운 제국은 옛 제국과 너무 다르기 때문에 과거의 분석 방법과 저항 방식이 모두 거의 쓸모없다고 주장하는 사람들이 나타났다. 흔히 이런 견해들은 경쟁 단위인 자본과 국민국가의 관계에 내재한 모순

을 과소평가한다. 그래서 체제의 강점을 실제보다 과대평가하거나, 현대 제
국주의 체제에 저항하는 사람들의 잠재력을 과소평가한다.

나는 이번 장과 다음 장에서 새로운 제국주의 체제의 성격과 그에 맞선
저항에 대해 좌파와 우파가 가장 흔하게 하는 주장들을 검토할 것이다.


### 민주주의를 위한 전쟁?

우익들은 냉전에서 공산주의가 졌다는 이유만으로 '민주주의 대 공산주
의'라는 냉전 특산품을 그냥 버리기는 아까웠다. 베를린 장벽이 무너지자마
자 우익 시사평론가들은 서방의 의회민주주의 모델만이 유일하게 실행 가능
한 정치조직 형태라고 주장했다. 그들이 새롭게 좋아하게 된 이분법은 '민주
주의 대 독재'였다. 슬로보단 밀로셰비치, 사담 후세인, 시리아의 바샤르 아
사드 등 '제2의 히틀러'들은 민주주의를 수용하지 않으면 그 대가를 치르게
될 것이다.

이런 주장을 가장 일관되고 장황하게 발전시킨 것은 정치적 우익들이었
지만, 옛 좌파들 일부도 그 정권들이 너무 비열하고 그 나라 대중의 힘이
미약하기 때문에 주요 열강들이 군사 개입을 해서라도 민주주의를 확산시켜
야 한다는 주장을 받아들였다. 프레드 할리데이 같은 학자, 크리스토퍼 히친
스, 닉 코헨, 데이비드 아론비치, 요한 하리 같은 언론인들이 1991년 걸프전,
발칸 전쟁, 아프가니스탄 전쟁, 이라크 침략에서 그런 주장을 받아들였다.

'민주주의 확산론'이 정당하려면 다음의 세 가지 점이 사실이어야 한다.
(1) 강대국들은 세계 민주주의 확산 의제를 진심으로 추구하고 있다. (2)
민주주의는 무력으로 전파할 수 있다. (3) 그 나라의 대중은 스스로 민주주
의를 이룩할 수 없다.

주요 열강들이 민주주의를 얼마나 진지하게 여기는지 알아보려면 이 제국주의 강대국들의 국내 민주주의뿐 아니라 그들이 외국의 민주주의를 지원한 사례들도 검토해야 한다. 주요 열강 지도자들의 민주주의적 미사여구가 절정에 달했지만, 이 국가들의 국내 민주주의는 아마 양차 대전 사이 기간 이후 가장 열악한 상황에 있을 것이다. 미국의 투표율은 언제나 낮았지만, 전통적으로 투표율이 훨씬 높았던 강대국들의 투표율도 점점 하락하고 있다. 영국의 경우 최근 두 번의 총선 투표율은 보통선거 도입 이래 가장 낮았다. 토니 블레어의 3선 연임 지지율은 총 투표자의 36퍼센트, 총 유권자의 22퍼센트에 불과했다. 토니 블레어는 1980년대에 [노동당 당수였던] 닐 키녹이 패배했을 때보다 더 낮은 지지율로 2005년 선거에서 승리했다. 노엄 촘스키는 미국 정치를 "두 분파의 전체주의 체제"로 묘사했는데, 이는 미국 유권자들의 선택 폭이 얼마나 제한돼 있는지를 보여 준다. 그리고 부자가 되지 않거나 부자들의 지지를 받지 않고서 미국 대통령이 될 수 없다는 것은 너무 잘 알려져 있다.

강대국들의 주류 정당들이 모두 신자유주의 경제학과 신보수주의 외교정책으로 규정되는 '중간 지대'로 쏠리면서 미국식의 대단히 제한된 민주주의가 이제 다른 나라에서도 재생산되고 있다. 기업 권력의 강화, 특히 지난 25년 동안 선진 공업국들을 휩쓴 사유화 물결은 민주주의를 크게 훼손했다. 사회생활의 매우 중요한 부분에 대한 통제권이 선출된 정치인에게서 선출되지 않은 기업 경영자의 수중으로 넘어갔기 때문이다. 한 가지 예만 들겠다. 모든 서방 정치인은 말끝마다 '표현의 자유'를 들먹이며 전쟁을 지지하는 견해를 밝혔다. 그러나 루퍼트 머독 같은 언론 재벌 혼자서 신문의 30퍼센트를 통제하는 사회에서 '표현의 자유'는 어떤 의미를 갖는가? 또는 이탈리아의 실비오 베를루스코니처럼 총리 자신이 그런 엄청난 힘을 가진 재벌이라면?

더구나, 9·11 이후 나타난 '안보 국가'에서 시민적 자유가 심각하게 침해 당하고 있다. 미국의 애국법이나 그와 비슷한 영국의 테러 방지를 위한 법들은 우리 정부들이 자랑거리로 내세우는 바로 그 자유를 제한한다.

물론 의회민주주의와 권위주의 정권에서 정치적 표현의 자유는 분명히 차이가 있다. 다만 나는 이 점을 지적하고 싶다. 다른 나라 사람들의 자유를 위해 싸운다고 가장 집요하게 선전하는 바로 그 정부들이 자국에서는 자유를 축소하는 정책을 추진하고 있다. 반대로, '민주주의를 위한 전쟁'에 가장 일관되게 맞서 온 반전 운동과 좌파들이 자국에서 민주주의와 시민적 자유를 방어하는 투쟁에 가장 열심히 참가했다. 이것은 '전쟁을 지지하는 민주주의자들'의 진정한 속내를 보여 준다. 국내에서 자유를 그토록 신속하게 제한하는 자들이 과연 자신들이 말하는 만큼 외국에 자유를 퍼뜨리는 데 열심일까?

그러나 백번 양보해서, 그런 의도 자체는 순수하다 치더라도 그들이 선택한 수단이 과연 원하는 결과를 가져다줄까? 무력으로 민주주의를 전파하는 것이 과연 가능한가? 역사적 경험을 보면 그렇지 않다는 것을 알 수 있다. 현대 민주주의는 혁명, 혁명 전쟁이나 탈식민지 항쟁의 산물이다. 강대국의 무력 개입의 결과였던 적은 거의 없다. 17세기 영국 혁명, 18세기 미국과 프랑스 혁명으로 유럽과 북미의 현대 민주주의 국가들의 기초가 세워졌다.(이 과정은 5장에서 자세히 살펴봤다.) 1848년 유럽 대륙의 혁명들은 이런 모델을 동경하고 추구했다. 우리 시대에도 포르투갈·이란·필리핀·남아프리카공화국·동유럽·인도네시아에서 '민중 권력'의 힘으로 의회주의 체제를 쟁취했다. 심지어 파시즘 붕괴 이후 스페인처럼, 권위주의에서 의회민주주의로의 이행이 대규모 대중 동원 없이 이뤄진 경우에도 분명히 강대국들의 군사 개입과는 무관했다.

일부 신보수주의 이론가들은 제2차세계대전을 예로 들며 반박한다. 침략으로 독일과 일본에 민주주의가 강제 이식됐다는 것이다. 그러나 조금만 생각해 보면 그렇지 않음을 깨달을 수 있다. 전쟁 이후 독일은 분단됐다. 민주주의는 동독에서 부활하지 않았다. 동독 국민은 권위주의 정권에서 고통받았고 1989년 자신들의 힘으로 권위주의를 타파했다. 그리고 서독에서는 이탈리아에서처럼 좌파가 권력을 잡지 못하도록 미국이 지원한 노동조합과 일종의 '포위된 민주주의'가 창조됐다. 일본의 경우에도 미국이 전쟁을 벌인 목적은 민주주의와는 상관이 없었다. 미국 정부는 진주만 습격 전까지 일본의 천황 통치를 전혀 문제 삼지 않았다. 전쟁을 벌이고 나중에 원자폭탄 두 발을 투하한 미국 정부의 목적은 미국의 경제적·정치적 후견 아래 말 잘 듣는 정부를 수립하는 것이었다. 일본 천황은 여전히 자기 자리를 보존하고 있다. 지금의 전후 이라크와 마찬가지로, 서방의 경제적 침투를 허용하는 친서방 사회구조를 창출하는 것이 목표였고, 그에 걸맞은 민주적 권리들만 보장됐다. 역사 기록들을 보면 적어도 체제의 중심부 밖에서는 이런 목적과 민주적 권리들이 양립하지 못한 경우가 더 많았다.

실제로 강대국의 무력 개입은 민주주의와 식민지 저항 운동들을 파괴하기 위한 경우가 가장 많았다. 수많은 예들 중 몇 가지만 들면, 인도에서 영국이 저지른 일들, 영국·프랑스·이스라엘의 실패한 수에즈 운하 침략, 이란의 샤 왕정을 수립한 CIA 쿠데타, 베트남 전쟁, 짐바브웨 백인 정착민 정권에 대한 영국의 지원, 남아프리카공화국의 아파르트헤이트와 민주적으로 선출된 살바도르 아옌데 정부를 몰아낸 피노체트 장군의 쿠데타에 대한 미국의 지원, 오랫동안 니카라과 산디니스타를 상대로 벌인 거의 공공연한 전쟁 등이 있었다. 그리고 미국과 영국은 오늘날에도 계속 독재와 권위주의 정부들을 지원하고 있다. [이집트] 대통령 무바라크는 부정 선거와 고문에도 불구하고 미국의 아낌없는 군사 · 경제 지원을 받고 있다. 미국과 다른 서방 국가들은 석유를 위해 잔인한 사우드 왕가를 헌신적으로 보살피고 있다. 세계 최대의 독재 국가인 중국도 가벼운 비판만 받을 뿐 무역 파트너로 환대받는다. 서방에게는 자유의 도입보다 시장의 도입이 더 중요하기 때문이다. 파키스탄의 무샤라프 장군 독재도 아프가니스탄에서 미국의 용병 구실을 한 덕분에 순식간에 '불량국가'에서 '테러와의 전쟁의 동맹'이 됐다. 북한이 협상 과정에서 나름으로 정중하게 대접받는 이유도 대량살상무기가 없기 때문이 아니라 오히려 그것을 가지고 있기 때문이다. 미국의 위협을 받는 다른 국가들도 똑같은 교훈을 얻었을 것이다.

다른 무엇보다도, 이라크 침략의 재앙은 크루즈 미사일로 민주주의를 전파할 수 없음을 명확히 보여 줬다. 미국과 영국 점령군에 맞선 무장 저항의 신속한 등장과 이 저항의 강렬함과 지속성을 보면, 전후 이라크 설계자들이 자신의 일을 얼마나 순진하게 생각했는지 알 수 있다. 궁지에 몰린 점령군은 영토 분할의 위험이 있을지라도 이라크를 종파 간 차이에 따라 나누는 '민주주의' 전략을 고안했다. 더구나 이런 분열 · 지배 전략에서 가장 이득을 보는 세력은 이란과 가까운 시아파들이다. 따라서 점령의 [국내적] 성과는 이라크의 정치적 · 경제적 혼란이고, 국제적 성과는 이란이 중동 지역에서 가장 영향력 있는 강대국으로 등장할 가능성뿐이다.

아프가니스탄의 사례도 별로 다르지 않다. 아프가니스탄 침략 후 5년이 흘렀지만, 이른바 "탈레반을 소탕하지 못한 지역"을 제압하기 위해 병력이 증강되고 있다. 미군 침략 후 아편 생산량이 기하급수로 증가했고, 지금은 아편을 제거하려는 특수 군사작전이 진행되고 있다. 군벌들이 새로운 아프가니스탄의 민주주의 기구들을 장악했고, 대통령 아흐메드 카르자이는 비록 다우닝 가와 백악관에서는 환영받을지라도 아프가니스탄에서는 미군의 보호 없이는 수도 카불 밖으로 나가지도 못하는 '카불의 왕'에 불과하다.

더 일반적으로, 미국 정부는 이라크·이란·팔레스타인 정부 선거에서 원하는 결과를 얻지 못하자 중동 '민주화'에 대해 갈수록 신중해지고 있다. <파이낸셜타임스>의 한 사설은 이렇게 지적했다.

부시 정부는 중동 지역의 선거와 [민주화] 시위를 죄다 자기 전략의 승리로 여기던 낙관주의를 버리고 자신의 세계관에 적대적인 이슬람주의자들이 선 거에서 승리한 현실을 직시하기 시작했다. 하마스의 승리, 이라크에서 이슬 람주의자들의 압승, 이집트 무슬림형제단의 놀라운 승리, 헤즈볼라의 레바 논 정부 입각 등을 말이다.[1]

점령이 민주주의 확산의 효과적 수단이라는 주장과 민주화 전사들의 동 기와 경험이 배치된다면, 그 나라의 대중이 스스로 독재를 물리칠 능력이 없기 때문에 강대국이 나서야 한다는 셋째 주장은 어떻게 되는가?

냉전이 끝난 뒤 벌어진 최소한 두 번의 전쟁 사례를 보면 이것은 특히 더 역겨운 주장이다. [1991년] 사담 후세인의 군대가 쿠웨이트에서 축출된 직후 이라크에서는 반정부 민중 항쟁이 폭발했다. 이 항쟁의 실패는 순전히 악마, 즉 후세인을 살려두고 그가 항쟁을 진압하도록 허용한 미국 정부의 결정 때문이었다. 따라서 그 이후 이라크 민중의 무능력은 미국 정책의 산물 이지 이라크인들의 타고난 약점 때문이 아니다. 그리고 설사 국방부 계획 입안자들이 이라크 침략 전에 진짜로 이라크인들의 무능력을 믿었더라도, 점령에 맞선 강력한 저항을 경험한 지금도 그럴 수는 없을 것이다. 그리고 세르비아의 경우, 밀로셰비치를 몰아낸 것은 코소보를 둘러싼 나토의 군사 공격이 아니라 광부들의 파업을 포함한 대중 항쟁이었다. 더구나 19세기 이후로 지금처럼 이 이론이 들어맞지 않는 시대도 없을 것이다. 내 기억으로도 최근 유럽 대륙의 절반, 남아프리카공화국, 인도네시아에서 대규모 대중 동원과 혁명으로 독재가 무너졌는데 평범한 사람들이 세계를 변화시킬 능력이 없다고 주장하는 것은 황당하다.

외세 열강의 개입보다 국내 저항이 일어나기까지는 훨씬 더 오래 걸릴 수 있지만, 그것이야말로 진정하고 실질적인 민주적 변화를 쟁취할 수 있는 유일한 수단이다. 물론 모든 저항이 성공할 수 있다는 말은 아니다. 그러나 저항이 성공할 때만이 그런 변화가 가능할 것이다. 때때로 전쟁이 그런 혁명들을 촉발시키는 구실을 할 수도 있고, 미국 혁명의 사례처럼 그런 혁명들이 해방 전쟁을 포함할 수도 있다. 강대국의 침략이 이 방식을 대체할 수 없다. 궁극적으로, 그 이유는 간단하다. [미군] 82공수부대가 우리를 해방시켜 줘도 결국 우리는 그들의 통제 아래 있을 것이기 때문이다. [반면] 사람들이 스스로 자기 자신을 해방시키면, 그 사람들 중 누가 그 사회의 운명을 결정할 것인지는 적어도 그 혁명의 향후 사태 전개에 달려 있다.


## 문명의 충돌?

서구와 이슬람의 전쟁은 중동과 그 밖의 지역에 대한 군사 개입을 정당화하는 보편적인 핑계 중 하나다. 새뮤얼 헌팅턴의 ≪문명의 충돌≫은 이렇게 주장했다.

[냉전 종식 이후] 일어난 분쟁의 압도 다수는 …… 유라시아와 아프리카를 관통하는 무슬림과 비무슬림을 나누는 경계선을 따라 발생해 왔다. 거시적·세계적 수준의 세계 정치에서 문명 간 충돌은 주로 서구와 비(非)서구

사이에 일어나지만, 미시적 · 지역적 수준에서는 이슬람과 비이슬람 사이에서 벌어진다. ……

이슬람과 주변의 관계를 보면, 무슬림은 언제나 자신의 이웃과 평화롭게 살지 못한다. 이런 20세기 말의 무슬림과 비무슬림 사이의 충돌 형태가 다른 문명 집단 사이에서도 일어날까? 사실 그렇지 않다. ……

1990년대에 무슬림은 비무슬림보다 집단들 사이에서 벌어지는 폭력에 더 많이 연관돼 있다. 그리고 문명들 사이에서 벌어지는 전쟁의 3분의 2에서 4분의 3이 무슬림과 비무슬림 사이에서 일어나고 있다. 이슬람의 국경은 피로 흥건하며 그 내부도 그렇다.[2]

'민주주의 확산론'과 마찬가지로, 신보수주의자들만이 이런 관점을 가지고 있는 것은 아니다. 많은 좌파들도 이슬람을 세계적 · 국내적 위협으로 본다. 그들은 대개 종교 사상을 싫어하고, 특히 종교 교리를 보수적이라고 여겨 더욱 싫어한다. 그들은 올바르게도 테러를 거부하지만, 테러를 이슬람과 연관시킨다. 그들은 인도 아대륙과 중동에서 일부 이슬람주의 경향들이 좌파의 공공연한 철전지 원수였고 여전히 그렇다고 정확히 지적한다. 그러나 그들이 이런 사실에서 이끌어낸 결론은 이슬람이 대체로 국내외 지배계급들보다 더 악독하거나 그와 비슷한 적이라는 것이다. 따라서 당연히 좌파는 어떤 이슬람주의 경향과도 동맹을 맺을 수 없다.[3]

이런 생각의 문제점은 첫째로, 세계무역센터 공격이 있은 뒤 제국주의 열강들이 이슬람을 재정의한 사실을 무시하는 것이다. 그 사건 이후 이슬람 반대는 전쟁을 정당화하는 가장 중요한 이데올로기의 하나가 됐다. 물론 그렇다고 해서 이슬람 반대가 전쟁의 원인이라는 말은 아니다. 그 전쟁들을 이해하려면 강대국들의 경제적 · 지정학적 이익을 검토해야 한다. 그러나 이슬람 반대는 새로운 제국주의가 국수주의 정서를 동원하는 주요 수단이 됐다. 새로운 식민주의 시대 고유의 인종차별은 이슬람 혐오에서 가장 강력하게 드러나고 있다. 세계적으로 봤을 때 이슬람은 선진 공업국에서는 압도적으로 가난한 사람들의 종교이고 세계 나머지 지역에서는 가난한 나라들의 종교다. 압도 다수의 무슬림이 새로운 제국주의의 피해자들이며 '테러와의 전쟁'이 낳은 이데올로기 공세의 피해자들이다. 이 때문에라도 좌파들은 권력자들이 무슬림을 악마화하는 데 동참하기 전에 한 번 더 생각해야 한다.

물론 모든 무슬림이 빈민은 아니고 모든 무슬림이 제국주의의 피해자도, 반제국주의자도 아니다. 그러나 이 중요한 정치적 구분을 하려면, 많은 좌파들은 이슬람주의 정치 경향이 모두 똑같다는 편견을 버려야 한다. 이슬람은 정치적으로 이질적이다. 이슬람은 사우드 왕가의 와하브주의, 하마스와 헤즈볼라, 북유럽 도시 외곽의 노동계급 거주지에 있는 가난한 뒷골목의 모스크를 모두 포괄한다.

이 문제를 더 자세히 살펴보자. 먼저 선진 공업국들의 무슬림 상황을 보자. 서구에도 부유하거나 백인인 무슬림이 일부 있다. 그러나 서구 무슬림 다수는 가난한 아시아나 아프리카계다. 그들은 이민자이거나 이민자의 자손들로서, 9·11 이후 자신들의 종교를 인종의 범주로 재정의한 이데올로기 공세가 시작되기 오래 전부터 차별받았다. 9·11 이후 '테러방지법'은 주로 무슬림 공동체들에 적용됐고, 무슬림에 대한 물리적 공격이 늘고, 모스크가 공격받고, 전에 아프리카계 카리브인들에 집착하던 극우들은 이제 반무슬림 선전 공세를 벌이고 있다. 학교에서 히잡 등 정치적·종교적 상징 착용을 금지한 프랑스 정부의 결정과, 2006년 초 덴마크의 반이슬람 무하마드 만평을 유럽 언론들이 다시 게재한 것에 대한 국제적 반응을 보면, '계몽주의 좌파들'이 차별 문제에서 얼마나 이중적인지 알 수 있다. 덴마크 만평이 미국의 제시 잭슨 목사를 검은 얼굴의 추한 인형으로 그리거나, 갈고리코의 유대인이 돈을 세는 모습을 그렸다면, 유럽의 자유주의 언론들은 그런 만평을 다시 게재하기는커녕 올바르게도 인종차별적 내용을 비난했을 것이다.

'계몽주의 좌파들'은 종교에 대한 세속적 반대를 기치로 내걸고 자신의 주장을 편다. 그들은 이슬람이 종교 신앙이지 인종의 범주가 아니라고 주장한다. 그러나 서구에서 그런 종교적 정의가 오직 백인이 아닌 사람들에게만 적용되는 것이 사실이다. 또, '계몽주의 좌파들'은 마르크스주의자들이 오랫동안 거듭거듭 지적해 온 계몽주의의 약점을 거만하게 드러낸다. 즉, 그들의 합리주의는 사상의 충돌을 뛰어넘어 그런 충돌이 이용되는 사회적 맥락을 보지 못하고, 따라서 그런 충돌의 진정한 의미를 이해하지 못한다는 것이다.

종교적 관념 뒤에 있는 실제 세력을 이해하지 못하는 계몽주의의 약점은 '계몽주의 좌파들'의 국제 정치학에도 적용된다. 간단한 질문을 해 보자. 현재 전 세계에서 경제적·군사적으로 가장 강력한 10개 나라 중 이슬람 정부가 운영하거나 무슬림 인구가 다수인 나라가 있는가? 이슬람은 부유하고 강한 국가들의 위협을 받는 가난한 사람들과 약소국의 종교다. 이런 간단한 사실에 비춰 보면 새뮤얼 헌팅턴의 다음 주장은 매우 황당하다.

> 무슬림 국가들은 국제적 위기 때마다 폭력을 저지를 가능성이 더 크다. …… 무슬림 국가들은 위기가 발생한 53.5퍼센트의 경우에 폭력을 사용하지만, 영국은 11.5퍼센트, 미국은 17.9퍼센트, 소련은 28.5퍼센트였다.[4]

설사 이런 통계가 정확하다 해도 그것은 초강대국들과 그 동맹국들은 자신들의 막강한 경제력을 사용하거나 막강한 군사력을 사용하겠다는 위협만으로도 원하는 것을 얻을 수 있기 때문이 아닐까? "오늘날 세계화 시대에는 고립되거나 가난하거나 무슬림인 것은 매우 고통스러운 일이다"라는 <파이낸셜타임스>의 평가가 더 진실에 가깝다.[5]

그러나 이런 매우 엄혹한 현실에서도 제국주의 강대국에 대한 이슬람 정부와 지배계급의 대응은 천차만별이다. 사우드 왕가처럼 제국주의에 기꺼이 협력하는 경우도 있고, 일관되지 않지만 제국주의에 반대하는 이란의 경우도 있다. 두 경우 모두 이슬람주의 지배계급은 다른 나라 지배계급과 마찬가지로 좌파와 노동계급의 적이다. 그러나 제국주의의 압박 때문이든 원칙적 반대이든, 그들의 일관되지 못한 반제국주의와 좌파들에 대한 적대적 태도는 과거와 현재의 민족주의 정권들과 별로 다르지 않다. 한 예로, 가말 압둘 나세르, 사담 후세인, 바샤르 아사드의 아랍민족주의 정부들도 좌파들을 적대했다.

이런 사회들에서는 팔레스타인의 하마스와 레바논의 헤즈볼라 같은 이슬람주의 운동들이 이슬람주의 국가들보다 더 일관되게 제국주의를 반대한다. 다른 나라들에서는 좌파 경향들이 이슬람주의나 민족주의 정부보다 더 일관된 반제국주의자들이다. 사회주의 좌파는 민족주의 좌파의 실패 때문에 '정치적 이슬람'이 탄생한 점을 명확히 지적해야 한다. 이슬람주의는 민족주의 경향과 동일한 정치적 공간을 차지하고 있다. 따라서 이슬람주의와 좌파의 관계는 민족주의자와 좌파의 관계와 비슷해서 특정 시기와 상황에서는 좌파의 동맹이 될 수도 있고, 다른 시기와 상황에서는 좌파와 노동운동을 공격할 수도 있다. 따라서 좌파는 공산당의 영향을 받은 민족주의 좌파를 포함한 민족주의 운동을 대하는 태도로 이슬람주의 운동에 접근해야 하지만, 흔히 그렇지 못하다. 특정 이슬람주의 경향은 제국주의에 반대하고 자국의 민주주의 혁명을 옹호한다. 그들이 제국주의와 국내 지배계급을 반대하는 한, 좌파는 그들과 함께 활동해야 한다. 그러나 좌파는 언제나 조직적·

정치적 독립을 유지해야 한다. 특히 제국주의와 자본주의에 맞선 노동계급 투쟁의 독립성을 강화해야 한다. 그럼으로써 노동계급 투쟁은 민주주의·반제국주의 투쟁에서 가장 왼쪽 세력이 될 수 있다. 그러나 동시에 단지 정치 체제뿐 아니라 경제체제 변혁을 위한 투쟁도 준비해야 한다.


## 하나의 제국?

지금은 주요 열강들 사이의 옛 제국주의 경쟁 형태가 약화되고 있는 세계 제국의 시대인가? 역설이게도, 이 이론을 널리 받아들이는 사람들은 신보수주의자들이 아니라 정치 좌파들이다. 그 중에서도 안토니오 네그리와 마이클 하트의 ≪제국≫이 가장 유명하다. 하트와 네그리의 "기본 가설은 국민적·초국민적 기구들이 단일한 통치 논리 아래 통일되면서 주권이 새로운 형태를 갖게 됐다는 것이다. 이 새로운 세계 주권 형태를 제국이라 부른다." 이것이 생겨난 이유는 "국민국가들의 주권이 쇠퇴하고, 국민국가들이 경제적·문화적 교환을 규제할 수 없기 때문이다."[6]

이보다 덜 추상적이지만 냉전 종식 후 제국이 등장했다는 생각은 널리 퍼져 있다. 그 한 예로 레오 파니치와 샘 긴딘은 다국적기업들의 외국인 직접투자에 따른 국민국가들의 경제적 상호 의존 덕분에 미국이 주도하는 통일된 체제가 형성됐다고 주장한다. 이런 주장은 제국주의 국가들 사이의 경쟁으로 복귀할 가능성을 배제한다.

현재 정세에서 중요한 것은 국민국가 부르주아지들 사이의 모순이 아니라 미국 제국의 보호 아래 모든 부르주아지가 활동하는 '제국주의 전체'의 모순이다.[7]

"미국 자본이 유럽 각국 안에 하나의 사회세력으로 존재하기 때문에, [유럽] 국내 자본은 '무시당하기' 십상이고, 더는 일관되고 독립적인 국민 부르주아지가 국내 자본을 대표하지 않는다."[8] 따라서 "우리는 경쟁이 또다시 제국주의 사이의 경쟁으로 확대된다는 …… 관점으로 오늘날 제국주의를 이해할 수 없다."[9]

하트-네그리와 파니치-긴딘의 이런 '단순화된' 제국주의 구조 분석은 또 다른 공통점이 있다. 양자 모두 겉보기에 매우 급진적 결론을 내린다. 만약 제국주의 국가들 사이의 모순이 세계 제국으로 승화됐다면, 남은 주요 모순은 자본주의 체제 전체와 탈계급화한 '다중'(하트와 네그리)이나 노동계급(파니치와 긴딘) 사이에 있다. 파니치와 긴딘은 ≪제국≫을 평가하면서 새로운 제국에서 누가 변혁의 주체인가 하는 문제에서는 하트와 네그리에 동의하지 않지만, 동시에 제국주의 국가들 사이의 경쟁이 단일한 제국으로 전화했다는 생각에는 동의한다.[10]

따라서 ≪제국≫뿐 아니라 파니치와 긴딘의 분석에서도 국가들 사이의 경쟁은 사라지고 다양한 형태를 띤 대중과 체제 사이의 투쟁은 계속된다. 이것은 사소한 이론적 변화가 아니며 이것의 함의는 저자들이 인식하는 것보다 더 크다.

국가 간 경쟁이 쇠퇴하고 있다는 주장에는 두 가지 그럴듯한 이유가 있다. 먼저 세계화, 다국적기업의 성장, IMF와 그 비슷한 국제기구들의 세계시장 관리 등으로 경제적 경쟁이 약해졌기 때문에, 경제적 경쟁이 국가 간 경쟁으로 확대될 일이 없다는 것이다. 그러나 우리가 지금 1960년대 자유주의 경제학자들이 꿈만 꿀 수 있었던 '관리 경제' 체제에 살고 있다면, 경제적 경쟁의 해소가 계급투쟁에 영향을 미쳐 체제에 대한 저항 가능성 자체도 약화시킬 것이다. 왜 그런가? 자본 단위들 사이의 경쟁 때문에 개별 단위의 사용자들은 임금을 낮추고 노동시간을 늘리고 노동강도를 강화하고 노동자를 통제하고 노동조합을 파괴하려 한다. 다시 말해서 자본 단위들의 경쟁이 없으면 계급투쟁의 원동력도 사라진다. 자기 확장을 지향하는 체제의 경쟁 드라이브도 마찬가지다. 경제적 경쟁이 없는 제국은 정체한 제국이 될 것이다. 마르크스가 지적했듯이 "자본은 오직 다수 자본으로서만 존재한다." 이것을 거부하는 것은 자본주의 체제를 용수철 없는 시계로 이해하는 것과 다르지 않다.

세계화의 특징은 세계화가 세계 수준에서 자본 단위의 경쟁을 격화시키는 것이지 제거하는 것이 아니다. 그러나 이 이론가들의 의도가 경제적 경쟁이 계속해서 중요하다는 사실을 부정하는 것은 아니었을 것이다. 파니치와 긴딘의 경우는 특히 그런데, 그들은 아직 하트나 네그리처럼 포스트마르크스주의나 포스트모더니즘을 받아들이지는 않았기 때문이다. 그러나 만약 경제적 경쟁이 전혀 줄어들지 않았다면, 이 이론가들은 경제 세계에서 거인들 사이의 경쟁이 절대로 국가들 사이의 경쟁으로 확장되지 않을 것이라고 주장하고 있는 셈이다. 즉, 정치와 경제가 사실상 단절돼 있다.

첫째 경우는 오웰이 상상했을 법한 사회, 즉 세계적 제국이 원자화된 대중을 상대하는 사회다. 둘째 경우는 국가가 사회의 토대에서 벌어지는 경제적 경쟁과 근본적으로 분리된 알튀세르주의식(式) 사회 형태다. 만약 첫째 경우가 진실이라면 우리는 억압받는 사람들의 새롭고 창조적인 저항 행동을 기대하겠지만, 그런 사회에서 저항이 일어날 필연적 이유는 없다. 만약 둘째 경우가 진실이라면 경제적 이유 때문에 저항이 발생하겠지만 그 저항은 단일하고 거대한 바윗덩어리 같은 지배계급 — 지배계급 분파 사이에 사실상 모순이 전혀 없는 — 과 맞서게 될 것이다. 두 경우 모두 외관상의 급진주의는 공상적인 저항으로 바뀌고 만다.

이 관점들의 이론적 모순은 이들이 세상을 정확히 묘사하지 못하는 데서 시작된다. 그들은 국민국가의 중요성을 깡그리 무시한다. 그러나 2장에서 이미 봤듯이 다국적 자본은 국민국가와 긴밀한 관계가 있고, 자본을 위해 국내 치안과 사회·외교·군사 기능을 제공할 수 있는 기구는 국가밖에 없다. 세계화 때문에 국유화의 필요성이 줄었을 수 있지만, 더 일반적 의미에서 국가 개입의 필요성이 줄어든 것은 아니다. 엘렌 메익신즈우드는 이렇게 지적했다.

> 국가의 '국제화'에서 결정적인 것은 국제 자본에게는 국민국가가 "경제적·문화적 교환을 통제"할 수 없을 만큼 무기력하지 않기 때문에 유용하다는 점이다. 거꾸로, 국민국가가 세계경제에 개입할 수 있고 실제로 여전히 가장 효과적인 개입 수단이라는 바로 그 이유 때문에 [국제 자본에게] 유용하다.[11]

그리고 국가가 그런 능력을 가지고 있기 때문에, 또 국가가 지리적 경계가 있는 실체이고 국내의 피착취 계급뿐 아니라 국가와 가장 가까운 자본가들에게 영향을 받기 때문에, 국가는 그런 능력을 사용하는 과정에서 다른 국가와 충돌할 수 있다. 그 결과로 "세계화의 정치적 형태는 세계 국가도 세계 주권도 아니고, 지배와 복종의 복잡한 관계로 구성된 다수 국가들로 이뤄진 세계 체제다."[12]

그런 체제에서 제국주의의 경쟁은 매우 중요하다. 어떤 국가들이 서로 경쟁하는지, 얼마나 심하게 경쟁하는지, 얼마나 오래 진행됐는지, 그런 경쟁을 제1차세계대전 전의 초기 제국주의 경쟁 시대와 비교하는 것이 적절한지 등에 대해 구체적으로 논의하는 것은 유용할 것이다. 그러나 그런 경쟁이 과거처럼 나타나지 않는다고 해서 그것이 현재의 특징이 아니라고 선언하는 것은 잘못이다. 실제로 나는 이 책에서 냉전 제국주의의 상대적 안정기보다 오늘날에 국가들 사이의 경쟁이 더 불안정해졌고, 실제로 전쟁도 더 많이 일어나고 있음을 보여 주려 했다.[13]

현재 상황에서 두 강대국이 충돌하지 않고 있는 것은 놀라운 일이 아니다. 그런 충돌이 발생하기까지는 시간이 꽤 걸리고, 새로운 제국주의는 아직 냉전이라는 누에고치를 뚫고 나오고 있기 때문이다. 현재까지 미국은 중국·러시아·프랑스·독일 등이 좋아하든 싫어하든 발칸반도·아프가니스탄·중동의 이류 국가들을 굴복시키는 '전시 효과'를 통해서 그 강대국들을 단속했다. 그것이 미국의 의도라는 것은 수많은 공식·비공식 문서, 성명서, 연설에 표현돼 있다. 다른 강대국들이 세계 체제의 '더 큰 이익'을 위해 미국의 의도를 언제나 평화적으로 받아들일 것이라는 믿음은 "자본가 계급의 공동 업무를 처리하기 위한 세계 위원회" 같은 것이 국민국가들의 경쟁 체제를 대체할 때에만 지속될 수 있을 것이다. 그런 경우에 자본은 더는 다수 자본으로 존재하지 않을 것이다. 따라서 그것은 더는 자본주의가 아니라 새로운 형태의 억압 사회일 것이다.

≪제국≫은 그 미사여구와 상관없이 현실과 맞지 않는다. <가디언>의 경제 편집자인 래리 엘리엇이 더 현실적인 예측을 했다. 엘리엇은 '프라이스워터하우스쿠퍼스'의 한 연구 결과를 보도하며, 2050년에는 중국·러시아·인도·인도네시아·멕시코·터키의 경제를 합친 크기가 G7 경제보다 최소 25퍼센트에서 최대 75퍼센트 더 클 것이라고 예측했다. 1달러로 미국보다 중국에서 더 많이 살 수 있는 현실을 고려한 구매력 평가 계산법을 사용하면, 중국 경제는 벌써 미국 경제의 75퍼센트 크기며 21세기 중반에는 1.5배가 될 수 있다. 또, '프라이스워터하우스쿠퍼스'에 따르면, 구매력 평가 계산을 하지 않아도 중국 경제는 벌써 미국 경제의 18퍼센트 규모이며 2050년에

는 거의 같은 규모가 될 것이다.

이런 경제력 변화는 국가의 군사력 확대와 무관할 수 없다. "역사를 보면, 세력 저울이 변해서 신참이 힘을 과시하고 기존 세력이 현상 유지를 원할 때 지정학적 격변이 일어났다. 1890~1945년 기간이 대표 사례였다. 미국은 이미 중국의 경제력 성장을 두려워하고 있다. …… 현재의 우두머리와 동아시아 경쟁재중국] 사이의 긴장이 시작됐다."[14]

여기서 핵심은 '국가의 국제화'나 신자유주의 국가들이 다국적기업들의 종복 노릇을 하는 것을 부정하는 데 있지 않다. 이 책은 이미 두 측면을 검토했다. 다만 만약 그런 점들을 너무 강조하면 국가의 독립적 존재나 자본들 사이의 경쟁을 무시하게 될 수 있다. 그리 되면 국제적으로 경쟁하는 경제체제의 성격과 국민국가로 제한될 수밖에 없는 자본주의 국가의 성격 사이의 변증법적 관계에서 체제의 불안정이 발생한다는 중요한 사실을 이해할 수 없게 된다. 하트·네그리와 파니치·긴딘은 다국적기업들 사이의 국제 경쟁이 새롭게 격화한 것 때문에 국민국가들이 군사력을 확장해 냉전이 끝나면서 형성된 공백으로 뛰어들고 있다는 사실을 간과했다.


## 누가 저항하는가?

노동계급이 존재하는 동안 노동계급이 소멸했다거나 노동계급에게 사회를 변화시킬 능력이 없다고 주장하는 사회 이론가들은 늘 있었다. 지금까지 그런 주장들은 현실과 맞지 않았지만, 그래도 더 많은 이론가들이 비슷한 주장을 했다. 하트와 네그리는 최근의 대표 사례이다. ≪제국≫의 속편인 ≪다중≫에서 그들은 노동계급이 사회 변화의 주체로서 특별한 중요성을 전혀 갖고 있지 않으며, 그 자리를 제국에서 배제된 '다중'이 대체했다고 주장했다.

하트와 네그리는 다중이 협소한 의미의 노동계급인 산업 프롤레타리아와는 다르다고 주장한다. 노동계급을 단순히 산업 프롤레타리아트와 같은 것으로 취급하는 것은 좌파 자신의 주장이 아니라 마르크스주의 좌파를 조야하고 우스꽝스럽게 만들려는 주장이기 때문에, 이 쟁점에서 하트와 네그리에 반대할 이유는 없을 것이다. 마르크스주의자든 아니든 거의 모든 사회주의자들은 노동계급에는 서비스 노동자, 예술 노동자, '정신' 노동자 등도 포함된다고 인정한다. 특히 마르크스주의자에게 노동계급이란 자신의 노동력을 파는 것 외에는 먹고살 방법이 없어 임금을 벌어야 하는 모든 사람이다. 그러나 하트와 네그리는 이런 넓은 의미의 노동계급도 다중과 다르다고 주장한다. 포괄적 의미의 노동계급도 "빈민, 무보수 가사 노동자, 임금을 받지 않는 다른 모든 사람을 포함하지 않기 때문이다. 이와 달리, 다중은 개방적이고 포괄적인 개념이다."[15] 이것은 이상한 주장이다. 엥겔스의 ≪가족, 사유재산, 국가의 기원≫을 포함해 많은 마르크스주의 저작들이 가사 노동자처럼 직접 임금을 받지 않더라도 임금노동자에 의존하는 사람들을 노동계급의 일부로 포함시켰기 때문이다.

구체적이고 특정한 계급 명칭을 추상적이고 모호한 단어로 바꾼 이유는 확실하지 않지만 어쨌든, 하트와 네그리는 그것을 통해 사회 변화 주체에 관한 순전히 주관적인 개념을 발전시킬 수 있는 사회학적 정당성을 확보할 수 있었다. 그들에게 다중은 아무런 객관적·경제적 정의가 없기 때문에 스스로 자신을 정의해야 한다. "다중은 서로 의사소통하고 함께 행동할 수 있도록 해 주는 **공통점**을 발견해야 한다. 사실, 우리의 공통점은 발견됐다기보다는 창조된 것이다."[16]

이것은 매우 불필요한 이론 작업이다. 노동계급은 어떤 정의를 따르건 전보다 줄기는커녕 더 커졌다. 중국의 공업화와 그에 따른 노동쟁의의 증가만으로도 이 점을 증명하기에 충분하다. 그러나 어쨌든 통계들도 이 점을 명확하게 보여 주고 있다. 전 세계의 노동계급 수는 약 20억 명이나 되고, 그 주위에는 또 20억 명의 반(半)프롤레타리아 빈민들이 있다. 노동계급의 성장을 보여 주는 지표 중 하나인 도시화가 전 세계에서 진행 중이다. 전 세계에서 도시에 사는 사람의 비율은 1970년 30퍼센트에서 1995년 45퍼센트로 늘어났다. 개발도상국에서도 같은 기간에 13퍼센트에서 23퍼센트로 늘었다.[17]

미국에서는 1900년에 1천만 명, 1971년에 2천1백만 명이었던 공업 종사자가 오늘날에는 3천1백만 명이나 된다. 1990년대 이후로 프랑스 · 이탈리아 · 독일 같은 일부 선진 경제들에서 신자유주의 사회정책들은 계속해서 노동조합의 도전을 받았다. 미국과 영국처럼 노동계급이 1980년대의 패배에서 아직 벗어나지 못한 곳에서도 노동계급이 현대 사회의 핵심 피착취 계급이 아니라는 주장을 입증하는 객관적 · 사회학적 증거는 존재하지 않는다. 실제로 계급의식의 측면에서도 여론조사를 보면 오늘날 자신을 노동계급으로 여기는 사람의 수는 1970년대보다 더 많다.[18]

하트 · 네그리가 노동계급을 다중으로 재정의한 것은, 일부 선진국에서 신자유주의에 대한 대중적 반대 수준이 1970년대만큼 노동계급 투쟁이 강력하지 못한 데서 비롯한 형태를 취했다는 사실에 바탕을 둔 깊이 없는 일반화인 듯하다. 또 하트 · 네그리는 그런 근거를 들며 "중앙집권화한 혁명적 독재와 지령"이 아니라 "협력적 관계가 권위를 대체한 네트워크 조직"을 선호한다.[19]

≪제국≫과 ≪다중≫의 일반적 결론은 더는 현대 세계의 분열이 고도로 중앙집권화한 자본주의 · 제국주의 지배계급과 노동계급 사이에 있지 않고, 제국의 분산된 권력과 다중이 스스로 규정한 민주주의 사이에 있다는 것이다. 이런 태도가 실천적 · 조직적 결론으로 연결된 사례로 네그리가 한때 속

했고 최근 부활한 이탈리아 자율주의 운동을 들 수 있다. 이 운동의 본질이 드러난 가장 최근의 사건은 2001년 7월 제노바에서 벌어진 G8 정상회담 반대 시위였다. 알렉스 캘리니코스가 지적했듯이, 이날 이탈리아 국가는 자신의 힘이 분산돼 "모든 곳에 있지만 어디에도 있지 않다"고 생각하기는커녕, 오히려 그 힘이 카라비네리+의 형태로 집중돼 있다는 생각에 사로잡힌 듯했다.[20] 자율주의자들의 느슨한 네트워크는 카를로 줄리아니의 죽음도, 다른 수많은 시위대들의 부상과 체포도 막지 못했다. 시위를 재앙적인 패배에서 성공적인 저항의 축제로 바꾼 것은 상당 부분 이탈리아 재건공산당의 저항이 추동한 그 다음 날의 대중 동원이었다.

이 경험에서 중요한 교훈을 얻을 수 있다. 저항이 성공하려면 체제와 그에 저항하는 사람들의 약점과 강점에 대한 정확한 평가가 필요하다. '민주주의적 제국주의론'이나 '문명의 충돌론'을 액면 그대로 받아들인 좌파들도, '유일 초강대국'을 조종하는 자들의 승리주의를 반영한 좌파들도 최근 몇 년 동안의 세력 저울을 정확히 분석할 수 없었다.

### 결론

현재의 자본주의 체제에서도 경제적 경쟁이 국가들 사이의 군사적 경쟁으로 확산되고 있다. 세계화도 새로운 제국 질서도 기업들 사이의 분열과 국가들 사이의 분열이 사라지게 만들 만큼 체제의 성격을 충분히 바꿔 놓지 못했다. 또, 폭력 없이도 갈등을 해결할 수 있는 체제로 변화시키지도 못했다. 앞으로도 그런 폭력이 체제의 중심 대도시 밖에서만 벌어질 것 같지는 않다.

---

+ Carabineri, 헌병과 치안경찰의 구실을 하는 부대.

국제적으로 노동 대중과 빈민이 사회적 차이가 없는 '다중'으로 대체되지도, 체제에 저항할 능력을 잃지도 않았다. 이런 능력을 행사하는 데서 그들이 직면하는 문제는 그들의 경제적·사회학적 특징 변화와는 상관이 없다. 그것은 지난 25년 동안 계급투쟁이 거쳐 온 길, 좌파의 이론적 명료함이나 조직적 힘과 상관이 있다. 마지막 장에서는 이 문제들을 다룰 것이다.

# 7장

# 제국주의에 저항하기

새로운 제국주의의 등장은 새로운 반제국주의 투쟁을 불러일으켰다. 1999년 시애틀 반자본주의 시위를 시작으로 전 세계적인 반세계화·반전 운동이 성장해 정치 정세가 완전히 바뀌었다. 이 운동의 정점은 아직까지 2003년 2월 15일이다. 이날 이라크 침략에 반대하는 동시 다발 시위가 전 세계 6백여 개의 도시와 소도시에서 있었다. 이날 시위는 세계적으로 조율된 공동 정치 행동의 날 중 역사상 가장 큰 것이었다.[1] 한 프랑스 사회학자의 연구를 보면, 2003년 1~3월에 전 세계에서 약 3천6백만 명이 반전 시위에 참가했다.[2]

그러나 2월 15일 시위는 단순한 하나의 순간이 아니라 오랫동안 지속돼 온 급진 운동의 일부다. 시애틀 시위 후 지속된 프라하·니스·예테보리·제노바·피렌체 등에서 벌어진 대규모 반세계화 시위들의 연장선에 있는 것이다. 그리고 이라크 침략 중에, 또 침략 이후에도 대규모 반전 시위가 지속되고 있다. 터키 반전 시위, 2003년 11월 부시의 영국 방문에 반대한 런던 시위, 미국 최대 반전 시위였던 2004년 여름 뉴욕의 공화당 전당대회 반대 시위 등이 대표적 사례들이다. 이 과정에서 수만 명의 활동가들이 2002년 피렌체에서, 2003년 파리에서, 2004년 런던에서 열린 유럽사회포럼에 참가했고, 브라질 포르투알레그레와 인도 뭄바이 등에서 열린 다섯 차례의 세계사회포럼에 각각 10만 명 이상씩 참가했다.

이 운동은 세 가지 심대한 사회 과정의 자극을 받아 등장했다. 첫째는 지난 25년 동안 불평등 심화, 복지 삭감, 사유화, 규제 완화, 기업 권력 증대, 노동조합 공격 등을 낳은 신자유주의 공세였다. '팀스터와 거북이의 동맹'이라는 말로 유명한 시애틀 시위 당시의 조직 노동자들과 환경 운동가들의 단결은 지난 25년 동안의 공격이 얼마나 광범했는지를 보여 줬고, 그 덕분에 다양한 단체의 사람들이 함께 시위할 수 있었다.

사실 이런 종합적 성격이 이 운동의 가장 중요한 측면이다. 오랫동안 좌파들 내에는 운동의 규모는 그것의 정치적 깊이와 반비례한다는 통념이 존재했다. 간단히 말해, 단일 쟁점은 많은 사람들을 동원할 수 있고, 복잡한 정치 분석은 대중적 호소력을 떨어뜨린다는 것이다. 옛 러시아 마르크스주의자인 게오르기 플레하노프는 선동은 대중 앞에서 한 가지 사상을 말하는 것이고, 선전은 소규모 청중에게 여러 정치사상을 설명하는 것이라고 말했다. 반세계화 운동은 이런 통념을 뒤집었다. 반세계화 운동은 자유 시장 자본주의에 대한 폭넓은 비판뿐 아니라 "다른 세계가 가능하다"는 말로 요약되는, 체제 전체의 우선순위가 완전히 다른 사회를 바라는 염원을 대변한다. 그러나 이 운동은 노동조합이나 정치 정당들의 많은 단일 쟁점 활동들보다 더 많은 사람들을 동원할 수 있었다.

반전 운동은 이런 태도를 물려받았다. 비록 겉으로는 단일 쟁점을 다루지만 사실 새로운 제국주의의 경제적·정치적 특징을 폭넓게 비판했다. 전쟁을 지지하는 기업들, 석유 산업의 경제학, 전쟁이 환경에 미치는 영향, 팔레스타인의 운명, 무슬림 차별 반대, 반핵 활동가들의 전통적 관심사들, 서방 식민주의의 역사 등이 모두 반전 운동의 쟁점으로 쉽게 흡수됐고, 이것은 대중적 호소력을 약화시킨 것이 아니라 오히려 강화했다.

이 운동의 종합적 성격은 먼저 오랜 신자유주의 공세의 종합적 성격과 이에 대한 초기의 부분적 대응이 실패한 결과였다. 장기 호황의 종말을 맞은 1970년대 중반 이후 시작돼 레이건-대처 시절에 극에 달한 사유화, 규제 완화, 복지 삭감, 노조 공격 등의 정책으로 사회 기층에서는 쓰라림과 불만이 축적됐다. 1980년대 노동조합의 대응은 패배로 끝났다. 1990년대에 국제적으로 사회민주당과 노동당의 잇따른 집권이라는 성과를 거둔 선거 도전도 새 정부들이 신자유주의 계획을 약간만 변형한 채 지속함으로써 곧 실망으로 끝났다.

1990년대 말에는 공백이 존재했다. 급진적인 정치적 대응이 절실한 상황이었지만 전통적 단일 쟁점 운동들, 기성 노동조합들과 정당들은 그런 급진화를 수용할 능력도 의사도 없는 듯했다. 그 전 10년 동안 국제적으로 '민중권력' 저항 모델이 등장했지만, 이것은 동유럽·남아프리카공화국·인도네시아 등 권위주의 정권을 상대로 싸울 때만 유효한 것으로 여겨졌다. 그러나 1999년 이후에 '민중 권력'이 서방으로 확산됐다.

이 운동의 등장을 도운 둘째 요인은 냉전의 종식이었다. 베를린 장벽 붕괴는 좌파들에게 모순적 영향을 미쳤다. 공식 공산주의 운동과 전통 사회민주주의 정당의 많은 사람들뿐 아니라 노동조합, '국가 사회주의적' 사회변혁 관점에 영향을 받은 제3세계 민족해방운동 진영은 '현실 사회주의' 몰락을 보며 사기저하에 빠졌다. 그러나 소련식 '사회주의'가 종말을 고한 것은 좌파들이 단결할 수 있는 기회이기도 했다. 신자유주의라는 공통의 적에 맞선 저항이 이제 가장 중요한 쟁점이 됐고, 옛 소련을 둘러싼 분열은 여전히 중요하기는 하지만 이제는 역사적 문제가 됐다.

더구나 동구권 해체로 우파들은 좌파들을 공격할 무기 하나를 잃었다. 만약 반자본주의 운동이 1989년 이전에 등장했다면 우파들은 대뜸 "그래 너희는 그럼 소련에서 살고 싶다는 거지?" 하고 말했을 것이다. 1989년 이후에 이런 주장은 우파보다는 좌파에게 더 유리해졌다. 러시아 경제가 세계경제로 편입된 이후 추락했기 때문이다. 그리고 1989년 이전에 반자본주의 운동이 나타났다면 이 운동 참가자들은 소련식 중앙집권적 계획이 '다른 세계'의 모델인지를 둘러싸고 분열했을 것이다. 그러나 1989년 이후로는 부활한 세계 자본주의에 대한 찬반을 둘러싸고 좌파들뿐 아니라 사회 전체도 분열했다.

새로운 급진 운동의 성장에 영향을 미친 셋째 요인이자 마지막 사회적 상황 전개는 냉전 이후 제국주의 질서의 재편이었다. 1991년 걸프전 반대 운동은 진지하고 고결한 운동이었고 몇 차례 상당한 규모의 시위를 벌였지만, 좌파와 평화 운동의 전통적 한계를 벗어나지는 못했다. 발칸 전쟁 반대 운동은 전국적으로 꽤 많은 사람들이 참가한 공개 토론회를 개최하는 등 새로운 공간을 여는 데 성공했다. 그러나 발칸 전쟁 반대는 아프가니스탄과 이라크 전쟁 반대 활동에서 중심 구실을 할 사람들이 한 자리에 모이는 기회가 된 측면에서 더 중요했다. 그들은 이 운동 속에서 새로운 제국주의에 대한 분석과 대응 방법을 발전시켰다. 여기에는 냉전 종식 이후 미국 제국주의의 목표, '인도주의적 제국주의' 정당화 비판, 미국 안보 계획에서 석유와 기타 에너지 자원들이 차지하는 비중 등 중요한 쟁점들이 포함돼 있었다.

## 반전 운동의 기본 원칙

세계무역센터 쌍둥이 빌딩에 대한 공격과 이에 대한 부시 정부의 대응은 상황을 완전히 바꿔 놓았다. 런던에서 열린 전쟁저지연합 첫 모임은 9·11 사건 다음 주에 소집됐는데 그런 모임으로는 10년 만에 최대 규모였다. 이 모임의 성공으로 사람들은 쌍둥이 빌딩 공격을 보고 충격받은 것만큼이나 미국 정부의 대응 방식을 우려한다는 것을 알 수 있었다. 미국 제국주의의 흉악한 계획이 실현되는 것을 목격하면서 그런 정서는 새로운 제국주의에 대한 사회 전체의 반대로 확산됐고, 그 과정에서 기존 반세계화 운동을 더 깊고 넓게 만들었다. 이 전례 없는 운동을 조직하는 데 바탕이 된 핵심 원칙들을 주의 깊게 검토할 필요가 있다.

1. 단결. 따지고 보면, 정부에 반대하는 사람들의 근본적 강점은 수와

조직력 두 가지뿐이다. 이런 강점을 효과적으로 이용하려면 단결이 필수적이다. 단결에서 핵심은 운동이 당면한 정치 상황에서 반드시 필요한 요구들을 목표로 삼고, 그런 목표들을 성취하기 위해 싸우는 세력들을 최대한 모으는 것이다. 전쟁저지연합은 아프가니스탄·이라크 침략 반대와 그 연장선에서 '테러와의 전쟁' 반대를 핵심 쟁점으로 삼았다. 그리고 이와 밀접하게 연관된 추가 쟁점 두 가지만을 기타 요구로 채택했다. 첫째는 시민적 자유 방어였다. '테러와의 전쟁'이라는 미명 아래 국내의 자유가 훼손될 것이 분명했기 때문이다. 둘째는 인종차별적 반동에 대한 반대였다. 이것 또한 전쟁 준비와 함께 나타날 것이 분명했다.

이 목표들을 둘러싸고 전통적 평화 운동가, 노동당 당원, 자유당 당원, 녹색당 당원, 노조 활동가, 무슬림, 사회주의자, 반세계화 활동가와 아무 조직에도 속하지 않은 많은 사람들이 모두 동의하고 단결할 수 있었다. 반전 운동이 명확한 반제국주의 요구들을 채택해 결국 운동을 협소하게 만들 수 있는 시도는 모두 거부됐다. 명확한 반제국주의 요구들을 채택했다면 평화주의자나 특정한 이유로 이 전쟁에만 반대하는 사람들, 더 중요하게는 이제 막 운동에 참가해서 아직 원칙적으로 제국주의에 반대하는 의식을 발전시킬 기회가 없었던 사람들이 배제됐을 것이다.

2. 반전 운동은 광범하면서도 급진적일 수 있다. 운동을 최대한 광범하게 만든다고 급진적 방식을 배격할 필요는 없다. 반제국주의를 공공연하게 선언하지 않더라도 강력한 반제국주의 여론이 항상 존재했고 흔히 다수의 동의를 얻었다. 이것은 단지 광범한 연합 안에서 반제국주의자들이 논리적으로 주장을 잘했기 때문만은 아니었다. 물론 그것도 중요한 일부였지만 말이다. 결정적으로 제국주의 열강들의 의제 자체와 수많은

활동가들의 본능적 대응이 운동을 그런 방향으로 몰고 갔다. 팔레스타인 쟁점이 그런 예다. 팔레스타인 해방이 전쟁저지연합의 공식 정책이 아니었지만 전쟁저지연합에는 언제나 친팔레스타인 활동가들이 있었다. 그러나 부시와 블레어가 팔레스타인 문제와 이라크 문제를 연결시키자 반전 운동도 그렇게 할 필요가 생겼다. 예닌 학살은 반전 활동가들의 분노를 부채질했고 친팔레스타인 활동가들의 주장을 반박할 수 없는 진실로 만들었다.

이라크 전쟁에 이르는 과정에서 유엔에 대한 반전 운동가들의 태도 문제도 같은 경우였다. 이라크 침략을 정당화하는 제2차 유엔 결의안이 있건 없건, 많은 반제국주의자들은 이라크 전쟁을 무조건 반대했다. 그러나 반전 운동 내의 많은 사람들은 유엔의 정당성을 인정했다. 결국 미국과 영국 정부가 유엔을 노골적으로 조작한 것과 유엔이 제국주의 강대국들을 대변하는 기구일 뿐이라는 반제국주의자들의 주장이 결합되면서 대다수 사람들이 제2차 유엔 결의안에 상관없이 이라크 전쟁에 반대하는 태도를 취했다. 이들은 대부분 침략 과정에서도 그랬고, 나중에 유엔이 점령을 승인했는데도 여전히 이라크 점령에 계속 반대하고 있다.

3. 강대국들이 주적(主敵)이다. 이라크 전쟁을 정당화하는 주요 주장 중 하나는 작은 국가의 정부와 군대가 강대국과 그들의 동맹보다 더 평화를 위협한다는 것이었다. 반전 운동은 처음부터 이라크의 독재 정권을 지지하지 않음을 명확히 밝혔지만 동시에 그런 정권들이 21세기 초의 새로운 세계 불안정에 가장 큰 책임이 있다는 주장에 동의하지 않았다.

반전 운동은 '불량'국가나 '실패한' 국가들이 세계 체제에 갑작스럽게 등장한 괴물들이 아니라 강대국들의 과거 정책의 산물임을 증명하는 데 엄청난 에너지를 쏟았고 그런 주장을 끊임없이 제기했다. 가난한 국가들의 경제적 예속은 지난 25년 동안 신자유주의 경제정책들, 강대국들의 행동, 강대국들의 국제적 대리인들인 세계은행 · IMF · WTO 등과 연관돼 있다.

또, 반전 운동은 과거 서방 열강과 탈레반, 사담 후세인 사이의 정치 · 군사 동맹 관계를 잊지 않았다. 이슬람주의 전사들은 냉전 시절에 미국이 소련의 아프가니스탄 점령에 맞선 전쟁에서 선택한 동맹이었고, 사담 후세인은 1980년대 이란의 이슬람 혁명이 확산되는 것을 막기 위해 미국이 무장시킨 방벽이었다. 만약 아프가니스탄과 이라크의 정권들이 서방 정부가 지금 주장하듯이 괴물들이라면, 그것은 바로 서방이 창조한 괴물들이다.

4. 자결권은 해방으로 가는 열쇠다. 반전 운동에 참가한 사람들은 대부분 사담 후세인에 분명하게 반대했다. 그들이 전쟁 지지 단체들과 다른 것은 이라크인들 스스로 사담 후세인을 제거해야 한다는 믿음이었다.

반전 운동은 이 주장을 뒷받침하기 위해 전쟁 지지 단체들이 전체주의 정권들을 제거하려는 서방의 군사행동을 지지한 것은 그런 군사행동이 전체주의 정권 아래 고통받는 사람들에게 이로울 때가 아니라 오직 자신들의 목적에 부합할 때만 그랬다는 사실을 지적했다. 남아프리카공화국의 아파르트헤이트 체제를 제거하기 위한 군사행동이 논의된 적도 없고, 중국이나 사우디아라비아에 대해서도 마찬가지였다. 이라크와 아프가니스탄 정권들도 힘이 약하지만 않았다면 충분히 친서방적이지 않았다는 이유로 침략당하지 않고 마음껏 독재를 할 수 있었을 것이다.

아마도 전쟁 지지 주장들 중 가장 위선적인 것은 이라크인들은 너무 약해서 그들 스스로 후세인 정권을 무너뜨릴 수 없었다는 주장일 것이다. 대중 혁명은 누구의 지시로 갑작스럽게 일어나지 않는다. 대중 혁명이 발생하려면 오랜 사회적 발전 과정이 필요하고, 그것이 성공하려면 오랜 투쟁이 필요하다. 민주적 변화를 일으키는 효과적 주체인 대중 투쟁을 대체할 수 있는 것은 존재하지 않는다. 만약 미군이 침략하면 미군이 권력을 장악할 것이다. 그러나 만약 아무리 오래 걸리더라도 민중 항쟁이 발생하면 그 민중 항쟁의 결과에 따라 그 사회의 모습이 달라질 것이다. 아파르트헤이트와 인도네시아 수하르토 독재의 몰락, 세르비아의 대중운동은 이 오랜 법칙을 다시 한 번 증명한 가장 최근 사례일 뿐이다. 물론 이런 항쟁들이 원하는 것을 모두 얻은 것은 아니다. 서방 국가들과 기업들의 개입을 피할 수도 없었다. 그러나 주로 그 나라 사람들이 그 사회의 당면 문제들을 해결했고, 국내 정치 세력들이 투쟁을 통해 결정했지, 다른 나라 군대들이 식민지 방식으로 해결책들을 강요하지 않았다.

수많은 반전 운동가들이 이 원칙들에 동의했고, 훨씬 더 많은 사람들이 2001년 9월 이후로 진행된 수많은 토론과 논쟁에서 이것들을 반복해 주장했다. 전체 운동이 이런 원칙들을 수용하고, 또 운동 내에 확고한 반제국주의 핵심 활동가들이 존재했기 때문에 전쟁 지지 세력들이 이 운동을 중단시킬 수 없었다. 전쟁 지지 세력들은 대중매체의 압력, 애국심에 대한 호소, 전쟁터에 나가 있는 병사들에 대한 동정심, '독재자들과 테러리스트들'을 지지한다는 비난 등 온갖 방법을 동원했다. 그러나 그들은 별로 효과를 보지 못했다. 핵심 활동가들이 대부분 반전 운동가일 뿐 아니라 반제국주의자들이었기 때문이다.

## 반제국주의자의 태도

반제국주의 사상의 가장 중요한 주장은 자본주의 체제의 고유한 성격 때문에 전쟁이 일어난다는 것이다. 자본주의 체제에 찬성하는 사람들과 반대하는 사람들 모두 경쟁이 자본주의 체제의 핵심이라는 데 동의한다. 그러나 기업들 사이의 경쟁에는 언제나 국가가 개입하기 마련이다. 이것은 국가들 사이의 경쟁으로 연결된다. 그런 국가 간 경쟁에서는 무력 사용이나 무력 사용 위협도 자주 나타난다. 그래서 무력 충돌이 불가피하게 발생한다. 물론 모든 국가 간 경쟁에 무력이 개입되지도 않고 모든 무력 사용 위협이 실제 충돌로 연결되는 것도 아니다. 그리고 모든 무력 사용이 대등한 규모로 이뤄지는 것도 아니고 인명 피해 규모도 천차만별이다. 그렇지만 간단한 내 주장이 무시되기에는 지난 1백 년 동안 산업화에 기반을 둔 전쟁으로 상상할 수 없을 만큼 엄청난 인명 살상이 너무 많이 발생했다.

이런 기본 개념은 몇 가지 정치적 결론으로 이어진다. 이런 견해를 가진 사람들은 '의식이 깨어 있는' 지도자들이나 다자간 기구들을 통해 인간의 합리성에 호소하는 것으로 무장 충돌을 없앨 수 있다는 순진한 관점에 물들지 않을 것이다. 체제의 문제에는 체제의 해결책이 필요하다. 전쟁의 원인을 찾는 사람들은 이런 관점을 통해 단순한 이데올로기적 요인들을 뛰어 넘어 ― 물론 전쟁을 총체적으로 설명할 때는 이데올로기적 요인들도 적절히 고려해야 한다 ― 군사적 충돌을 반복적으로 일으키는 자본주의 체제의 구조적 측면으로 시야를 확장할 수 있다.

반제국주의 세계관에서 앞서 말한 것만큼 중요한 주장은 자본주의 체제가 불균등하게 발전하기 때문에 이 체제를 구성하는 경쟁 국가들 사이의 경제력·군사력이 서로 다를 수밖에 없다는 것이다. 따라서 이를 통해 두 종류의 제국주의적 충돌을 구분할 수 있다. 먼저 공업화한 강대국들 사이의 군사 충돌이 있다. 그리고 강대국과 덜 발전한 약소국 사이의 충돌이 있다. 제1·2차 세계대전은 당시의 최첨단 무기로 무장한 강대국들끼리 싸운 경우였다. 베트남 전쟁, 아프가니스탄·이라크 침략 등은 강대국들과 그보다 경제적·군사적으로 훨씬 약한 국가들 사이의 전쟁이었다.

이런 두 가지 전쟁에 반대하는 사람들에게는 두 가지 서로 다른 정치적 과제가 있다. 특히, 그들이 자본주의 체제 중심부에 살고 있다면 더 그렇다. 먼저 제국주의 강대국 사이의 전쟁 사례를 보자. 제1차세계대전 당시 독일의 위대한 반제국주의자 칼 리프크네히트는 자신의 정치적 과제를 "주적은 국내에 있다"는 구호로 요약했다. 그는 이 구호를 통해 전쟁에 반대하는 모든 사람들이 당시 유럽을 뒤덮은 애국주의 물결에 휩쓸리지 않기를 바랐다. 리프크네히트의 목적은 사회의 주된 분단선을 다시 긋는 것이었다. 싸우는 국가 사이가 아니라 계급들 사이에, 민족들 사이가 아니라 정부와 그 정부가 대변한다고 자처하는 대중 사이에 선을 긋는 것이었다. 만약 사람들의 충성심이 이런 식으로 바뀌지 않는다면, 만약 사람들이 자국 정부에 대한 충성보다 전쟁에 반대하는 것을 더 중요하게 여기지 않는다면, 사람들의 정서는 언제든지 애국주의로 돌아설 수 있기 때문에 전쟁에 반대해 효과적으로 저항할 수 없을 것이다.

러시아의 레닌과 영국의 존 맥린처럼 [칼 리프크네히트와] 같은 태도를 취했던 사람들은 비논리적 주장을 한다는 비난을 받았다. 그들의 적들은 이렇게 물었다. 어떻게 '주적'이 모든 나라에 있을 수 있단 말인가? 그러나 전쟁에 반대하는 급진주의자들은 바로 다음과 같은 점을 지적한 것이다. 독일 정부, 러시아 정부, 영국 정부는 모두 이 전쟁에 똑같이 책임이 있다. 그리고 만약 이 나라들의 노동 대중이 자국 정부를 물리치는 것을 일차 목표로 삼는다면 진정한 국제주의가 가능할 것이다. 레닌은 이렇게 말했다. "노동계급이 이 모든 강도들에 맞서 승리하기 위해서는 자신이 살고 있는 나라에서 투쟁을 시작해야 한다. 군사적 결과에 상관없이 자국의 지배자들을 주적으로 삼아야 한다."

페이비언주의자 버나드 쇼는 제1차세계대전 발발 직전에 정반대의 생각을 분명히 밝혔다. "국가와 국가 사이의 전쟁은 나쁜 일이다. 그러나 그런 전쟁이 일어났을 경우에, 국가 방위를 방해하는 총파업 시도는 모두 내전으로 이어져 국가 간 전쟁보다 열 배나 더 끔찍한 결과를 낳을 것이다." 노동당 지도자 아서 헨더슨은 "버나드 쇼의 말에 대부분 동의한다"고 말했다.

전쟁에 반대하는 사회주의자들은 이렇게 답했다. 노동 대중이 자기 사회의 역사에 개입할 수 있다는 희망을 포기한 사람만이 전쟁은 오직 서로 싸우는 강대국들 중 하나의 승리로 끝날 수밖에 없다고 주장할 것이라고. 그들은 국가와 국가 사이의 갈등으로 시작된 전쟁이 그런 식으로 종결될 필연적 이유는 없다고 주장했다. 전쟁 중에 교전 중인 국가들과 그런 국가들의 대중 사이에서 투쟁이 발생할 수도 있다.

제1차세계대전을 멈춘 것은 러시아와 독일의 혁명이었다. 이런 혁명들에서 발생한 사망자 수가 국가 간 전쟁의 사망자보다 더 많을 거라는 쇼의 예측은 틀렸다.

두 번째 종류의 전쟁은 강대국과 약소국 사이의 전쟁인데, 반제국주의자들은 몇 가지 점에서 첫 번째 종류의 전쟁과는 다른 방식으로 접근해야 한다. 만약 급진주의자들이 제1차세계대전 같은 제국주의 강대국 간 충돌 때와 같은 태도를 취해 교전 중인 국가를 동등하게 반대한다면, 그들은 세계 최강대국과 최약소국을 동등하게 취급하게 된다. 그런 '공평한 태도'는 현실에서는 훨씬 더 강력한 제국주의 국가들을 옹호하는 결과를 낳는다. 베트남전쟁 때 반전 시위대가 베트남민족해방전선과 미국의 전쟁 기구를 똑같이 비난하면서 행진했다고 생각해 보라.

만약 강대국에 저항하는 반식민주의 운동이나 국가가 제국주의 열강을 무찌른다면, 그것은 제국주의 체제 전체를 약화시킬 것이다. 이것은 그런 투쟁을 주도하는 사람들이나 그런 국가의 지도자들이 그런 결과를 의식적으로 추구하든 안 하든 상관없이 진실이다. 레닌은 약소국 지도자들의 정치 성향을 기준으로 강대국의 사회주의자들이 전쟁에서 자국 정부를 반대할 것인지 말 것인지를 판단해서는 안 된다고 주장했다. 제국주의 강대국들의 패배가 전 세계 피억압 대중의 이익이 되므로 사회주의자들은 약소국의 자결권을 지지해야 한다.

레닌이 지적했듯이, 사회주의자들이 반제국주의 태도를 취하기 위해 민족해방 투쟁의 지도자들을 "공산주의로 색칠할" 필요는 없다. 약소국의 전제적·비민주적 지도자와 그 나라의 대중이 서로 싸울 때 사회주의자들은 어느 한쪽을 편들어야 한다. 사회주의자들은 노동 대중의 자기 조직화를 지지한다. 지지하는 이유 중 하나는 그것이 반제국주의 투쟁을 더 강력하게 만들기 때문이다. 이라크의 예를 보자. 사담 후세인 독재가 정당성이 없었기 때문에 그는 두 번이나 미국 제국주의에 맞서 효과적으로 싸울 수 없었다. 그러나 후세인 정권 몰락 후 이라크 저항 세력은 미국이 베트남 전쟁 이후 직면한 가장 단호한 민족해방 투쟁을 벌이고 있다.

반전 운동이 이런 태도를 취할 때 조심할 점은 약소국 지도자들에 대한 비판이 너무 나아가 이들과 강대국 지도자들 사이의 차이를 없애는 지경까지 나아가서는 안 된다는 것이다. 1990년대 주요 전쟁에서 일부 좌파들은 제국주의의 피해자인 비민주적·권위주의적 정부들과 제국주의 열강을 동등하게 취급했는데, 이것은 사실상 제국주의를 편든 것과 마찬가지였다. 오랫동안 제국주의에 반대한 프레드 할리데이는 사담 후세인 정권이 너무 미운 나머지

세계 최강의 군사 대국의 대학살을 정당화했다. <트리뷴>의 편집자 마크 세던과 일부 다른 좌파들은 밀로셰비치 정권 때문에 세르비아 폭격이 정당하다고 주장했다. 그리고 많은 좌파들은 탈레반이 유례없이 반동적이기 때문에 미국과 영국의 아프가니스탄 침략이 정당하다고 생각했다.

이런 경우들에는 가장 기본적이고 논리적인 구분조차 적용되지 않는 듯하다. 한 예로 제국주의의 개입에 반대하면서도 이런 정권들을 지지하지 않을 수 있고 오히려 양쪽을 다 정치적으로 반대할 수도 있다. 민족자결권의 기본 원칙에 따르면 그런 국가들의 피착취 · 피억압 대중이 자국의 독재자를 제거해야 한다. 아프리카의 오랜 역사가 증명하듯이, 제국주의의 개입은 도움이 되지 않는다. 국제 좌파는 그런 투쟁을 지원할 수 있었고 지원했기 때문에, 민족자결권을 존중하는 것이 그 나라 국민들을 독재자의 수중에 맡기는 것이라는 비난을 반박할 수 있었다.

이렇게 [피착취 · 피억압 대중이] 스스로 문제를 해결하는 과정을 "도저히 기다릴 수 없는" 사람들은 피억압자들이 스스로 운동을 건설해 사회를 바꿀 때까지 기다릴 인내심이 부족할 뿐 아니라 그런 운동이 받아들일 수 있는 형태의 연대를 보낼 의지도 없다. 최악의 경우에 이것은 제국주의의 개입을 지지하는 변명으로 이용될 수 있고 실제로 제국주의 정부들은 그렇게 했다.

이런 접근법의 문제는 이미 지적했듯이 '해방자'가 결국 지배자가 된다는 것뿐 아니라 체제의 일부에서 제국주의가 강화되면 다른 곳에서 해방을 위해 싸우는 사람들이 더 대담해진 적과 맞서야 하는 결과를 초래한다는 것이다. 따라서 설사 미군이 이라크를 '해방'할 수 있다 해도, 그것이 베네수엘라부터 시리아까지 세계 도처에 미칠 영향은 부정적일 것이다.

사회 발전은 스스로 행동한 결과가 아니면 아무 의미가 없다. 강대국들은 바로 그런 과정을 거쳐 독자적인 현대 국가가 됐다. 미국에서는 독립 전쟁과 남북전쟁을 거친 미국 대중의 오랜 여정의 결과였다. 유럽에서는 수십 년 동안의 혁명과 국내 정치 발전의 결과로 우리가 민주적 권리를 누리는 것이다. 그런 과정에서 미국과 유럽 대중은 톰 페인과 칼 마르크스, 남북전쟁에서 북군을 지지한 랭커셔 면화 노동자들과 가리발디를 대환영한 리버풀 노동자들 같은 다른 사람들의 연대에서 도움을 얻었다.

그런 연대 활동은 자기 자신의 해방을 위해 싸우는 사람들의 적어도 일부가 결정했거나 동의한 방식으로 전개돼야 한다. 따라서 더 최근의 예로, 아파르트헤이트에 반대한 국제 운동은 ANC와 보조를 맞춰 활동했다. 팔레스타인 연대 운동도 팔레스타인 해방 단체들과 공통의 틀 안에서 활동하고 있다.

연대는 아래로부터 시작된다. 그것은 보통 비정부 조직들 사이의 공동 행동인 경우가 많다. 물론 상품 불매 운동이나 무기 판매 금지처럼 국가의 행동과 연관된 경우도 있다. 그러나 그런 행동도 운동이 제기한 것이지 정부나 기업 엘리트들의 독자 행동이 아니다.


### 좌파, '불량국가', 제국주의

'독재자' 반대 논쟁은 쉽게 사라지지 않을 것이다. 왜냐하면 미국 제국주의 이데올로기가 이제 '민주주의의 확산'을 더 강조하고 있고, '독재' 정권들의 수도 늘어날 것이기 때문이다. 오늘날 국가자본주의 발전 모델은 드물다. 반식민지 투쟁들로 새로운 지배계급이 탄생했고, 그들은 오늘날 강대국과 타협해 세계 체제 내에서 나름대로 입지를 확보하기 위해 애쓰고 있다. 그렇게 타협해도 현재의 제국주의 동맹이 내일 제국주의의 피해자가 되지 말라는 법은 없다. 사담 후세인, 슬로보단 밀로셰비치, 물라 오마르가 대표 사례들이다. 그러나 이런 사례들은 우리가 그 정권들의 과거와 현재가 진보적인지 아닌지만을 기준으로 제국주의에 반대할지 말지를 결정할 수 없다는 것을 보여 준다.

적어도 혁명적 좌파들은 스탈린주의 등장 전에는 이 점을 더 명확히 이해하고 있었다. 1920년대 초에 게오르크 루카치는 19세기 "독일과 이탈리아의 통일 운동은 객관적으로 최후의 혁명적 [민족해방] 투쟁이었다"고 말했다. 루카치는 현대 민족해방 투쟁과의 차이점을 이렇게 지적했다.

[현대 민족해방 투쟁들은] 자국의 봉건주의나 봉건 절대주의에만 맞서 싸우는 것 — 이런 경우에 그것들은 명백히 진보적이다 — 이 아니다. 그것들은 원하지 않더라도 세계 열강들 사이의 제국주의 경쟁 상황 속으로 들어갈 수밖에 없다. 따라서 그 투쟁들의 역사적 중요성, 그것들에 대한 평가는 그 투쟁들이 구체적 총체에서 어떤 구체적 구실을 하는지에 달려 있다.[3]

또, 루카치는 이렇게 말했다.

오늘날 혁명을 위해 활동하는 세력들이 내일은 반대편을 향할 수도 있다. 그리고 그런 변화들이 …… 끊임없이 변하는 역사적 상황과 사회세력들의 총체적 관계에 따라 결정된다는 것을 이해해야 한다. 따라서 어떤 순간에는 위대한 '노동자 정당'이 반혁명적인 반면, 케말 파샤가 혁명적 세력의 대표일 수도 있다는 것은 그리 대단한 역설이 아닌 것이다.[4]

루카치는 제1차세계대전 중에 레닌이 발전시킨 사상을 일반화했다. 한 예로, 레닌은 피억압 국가의 민족 부르주아지의 단점을 잘 알고 있었다.

우리는 피억압 국가의 부르주아지가 민족 반란을 얘기하면서도 민중 몰래 민중에 맞서서 억압 국가의 부르주아지와 반동적 타협을 하는 것을 자주 봤다. 그런 경우에 혁명적 마르크스주의자들의 비판의 칼날은 민족운동 자체가 아니라 민족운동의 후퇴·타락, 민족운동을 하찮은 것으로 만들려는 경향을 겨냥해야 한다.[5]

따라서 레닌은 제국주의에 맞서는 사람들이 진보적 사상을 가지고 있지 않다는 이유로 제국주의를 반대하지 않거나 제국주의 반대에 조건을 다는 좌파들을 단호하게 반대했다.

사회혁명이 …… 온갖 편견을 지닌 쁘띠부르주아지 분파의 혁명적 분출 없이, 정치적으로 의식적이지 않은 프롤레타리아와 반(半)프롤레타리아 대중의 운동 없이 일어날 수 있다고 상상하는 것은 …… 사회혁명을 거부하는 것이다. …… [사회혁명이란 — 존 리즈] 억압받고 불만에 찬 온갖 잡다한 집단과 부문에서 대중 투쟁이 분출하는 것일 수밖에 없다. 필연적으로 …… 그들은 그들의 편견, 그들의 혁명적 공상, 그들의 약점과 실책을 운동 안으로 가지고 들어올 것이다. 그러나 객관적으로 그들은 자본을 공격할 것이다. ……
　　혁명의 변증법에서는 약소민족들 — 반제국주의 투쟁의 독립적 요인으로서는 무력한 — 이 진정한 반제국주의 세력, 즉 사회주의적 프롤레타리아트가 무대에 나설 수 있도록 돕는 하나의 효소, 즉 하나의 발효균 구실을 하는 법이다.[6]

우리는 러시아 혁명기에 살고 있지 않지만, 제국주의에 반대할 것인지 말 것인지는 특정 시기 자본주의 체제의 총체적 관계를 보고 결정해야지 제국주의에 맞서는 정권들 ― 비록 우연히 또는 비효과적으로 맞설지라도 ―
의 내적 성격만을 보고 결정해서는 안 된다.

## 제국주의, 반제국주의, 사회주의

제국주의는 발전하는 체제다. 자본주의는 초기부터 국제적으로 팽창하
는 구조를 가졌다. 스코틀랜드와의 통합이나 아일랜드 정복으로 최초의 자
본주의 국가 중 하나인 영국이 탄생했다. 두 사건 모두 17세기의 혁명과
밀접히 연관돼 있었다. 그리고 영국이 혁명 후 벌인 최초의 전쟁 가운데 하
나는 당시 두 번째 자본주의 강대국이었던 네덜란드공화국을 상대로 한 것
이었다. 떠오르는 자본주의 국가들과 쇠퇴하는 전(前)자본주의 제국들은 아
메리카 · 아프리카 · 아시아 · 극동에서 지배권을 놓고 다퉜다. 지난 2백 년
동안 영국 · 네덜란드 · 프랑스 · 독일 · 이탈리아 등의 강대국은 세계를 정복
하고 토착민들과 약소국들을 복종시켰다.

그런 충돌은 20세기에 이르러 제1 · 2차 세계대전과 수많은 식민지 전쟁
이 일어나면서 절정에 달했다. 제2차세계대전 이후에 공식 식민지들은 대부
분 독립했다. 피억압 국가들은 나타났다 사라지고, 전쟁을 치르고, 국제 국
가 체계에 대체로 하위 국가로 편입됐다. 이 과정은 1770년대 아메리카 대
륙의 식민지[미국]에서 시작돼 20세기의 대표적 사례인 아일랜드와 인도의
해방까지 계속됐다. 그러나 민족문제가 사라진 것은 아니다. 제국주의 자체
와 마찬가지로 민족문제도 새로운 형태로 바뀌었을 뿐이다. 옛 식민지 지배
자들을 대신한 토착 지배계급은 자국의 (흔히 인위적인) 국경 안에 있는 새
로운 민족주의 세력들을 억압했다. 그래서 신생 독립국 인도네시아의 지배
계급은 동티모르인들을 억압했다. 마찬가지로 이 새로운 지배계급들은 여전

히 강대국들의 경제력·군사력과 맞서야 했다. 따라서 루카치가 주장했듯이, 현재의 제국주의 체제에서 각각의 세력들이 차지하는 위치를 총체적으로 고려해 각각의 반제국주의 투쟁을 평가해야 한다.

그러나 이 평가를 가장 잘 수행할 수 있는 비교적 일관된 사회 세력이 하나 있다. 지배자들과 지배자가 되고 싶은 자들이 식민주의와 독립 사이에서, 타협과 투쟁 사이에서, 보호무역주의와 경제적 자유화 사이에서 동요하는 동안, 세계경제의 피할 수 없는 힘과 강대국들의 무게가 그 사회들의 노동자와 농민을 짓눌렀다. 바로 여기서 우리는 제국주의 체제의 오랜 역사 동안 제국주의에 줄기차게 반대해 온 세력을 발견한다. 시초 축적 단계의 노예무역부터 초기 식민지 건설을 거쳐 20세기 제국주의 세계대전에 이르기까지, 제국주의의 형태가 어떻게 바뀌든 이 계급들은 제국주의 체제에 끈질기게 반대했다. 그들의 투쟁이 언제나 승리한 것은 분명 아니다. 오랜 침체기를 겪기도 했다. 그러나 그들은 거듭거듭 다시 일어서서 제국주의 열강들과 자본주의 체제 — 이 안에서 그들은 성장했다 — 에 맞서 싸웠다.

칼 마르크스는 비록 자본주의 관계의 확산으로 오늘날 이른바 '제3세계'의 경제 구조가 아무리 많이 바뀌고, 아무리 많은 민족들이 독립을 쟁취하더라도 인간 해방의 근본 과제는 여전히 노동 대중의 몫으로 남아 있을 것이라는 매우 중요한 지적을 했다. 영국의 인도 지배에 대해 마르크스는 이렇게 말했다.

영국의 부르주아지가 마지못해 하게 될 그 어떤 일도 인민 대중을 해방하거나 그들의 사회적 조건을 크게 개선하지 못할 것이다. …… 그러나 그들이 반드시 하게 될 일은 그 둘 모두를 위한 물질적 전제조건들을 확립하는 것이다. 그들이 그 이상의 일을 한 적이 이제껏 있었던가? 그들이 개인과 민족을 피와 오물 속으로, 비참과 타락 속으로 빠뜨리지 않고 진보를 이룬 적이 한번이라도 있었던가?

영국 자체 내에서 산업 노동계급이 현 지배계급을 타도·대체하거나 인도인들 자신이 충분히 강력해져 영국의 멍에를 벗어던지기 전까지, 인도인들은 영국 부르주아지가 그들 사이에 뿌려놓은 새로운 사회 요소들의 결실을 거두지 못할 것이다.[7]

영국은 결국 인도에서 쫓겨났지만 마르크스가 강조한 근본 과제는 여전히 해결되지 않았다. 마르크스의 시대 이후로 인도와 다른 제3세계의 노동계급은 제국주의 지배의 후계자들 — 토착 부르주아지든 새로운 외세 열강이든 — 과 맞서는 데서 훨씬 더 중요한 구실을 하고 있다. 그렇지만 국제 노동계급의 성장은 지난한 과정이었다. 농민들이 과거에도, 또 아마 오늘날에도 여전히 최대의 피억압·피착취 집단일 것이다. 20세기까지도 노동에 대한 다양한 '경제 외적 강제'가 여전히 체제의 특성 중 하나였다. 공업화가 더딘 곳의 노동계급은 농업 노동자와 반(半)프롤레타리아로 다른 곳보다 더 세분화해 있다. 그러나 이런 상황에도 불구하고 한 중요한 연구에서 지적했듯이, "제2차세계대전 이후 식민지 시대에서 탈식민지 시대로 이행하면서 전통적 노동 분업도 달라졌다. 많은 제3세계 지역에서 불균등하지만 상당한 공업 발전이 일어나 노동의 사회·경제 조건을 바꿔 놓았다."[8] 이것은 새로운 국제 노동 분업이었다.

세계시장을 겨냥한 제조업 부문이 성장하면서 제3세계의 생산관계가 근본적으로 변했다. '세계시장 공장들'에서 주로 여성 노동자들이 초착취를 당했지만, 동시에 자본과 노동 사이의 '고전적' 대결이 등장할 조건이 형성됐다.[9]

우리는 이러한 계급 형성의 오랜 경제적 과정이 불균등하지만 계급의식과 계급 조직으로 표현되는 것을 목격했다. 남아프리카공화국·남한·중국·브라질·인도네시아 같은 먼 나라의 노동조합들을 생각해 본다면, 가능성은 충분하다. 그리고 그런 계급 조직화 과정의 일부로서 정치의식과 정치 조직 — 그 일부는 공공연히 사회주의적이다 — 이 형성되기 시작했다.


## 결론

제국주의와 자본주의에 맞선 저항은 결코 동질적이지 않다. 심지어 사회주의자들 내에서도 개량주의와 혁명적 대안이 공존한다. 그리고 사회주의 — 이것을 어떻게 정의하더라도 — 는 이 체제에 맞선 저항을 표현하는 유일하거나 가장 중요한 사상도 아니다. 최근의 가장 두드러진 두 경향인 민족주의와 이슬람주의 사상만 해도 전 세계에서 수많은 노동자·농민·빈민의 지지를 받고 있다.

그렇지만 사회주의자들은 과거 몇십 년 동안보다 지금 사회주의 사상을 확산시키기 유리한 조건에 있다. 세계화로 자본주의 역사상 최대 규모의 국제 노동계급이 존재한다. 그러나 세계화는 만족스러운 생활을 보장할 수 있는 체제를 만들지도 못했고 세계의 많은 지역에서는 심지어 수많은 노동자들의 삶 자체를 위협하고 있다. 그 결과 중 하나가 현대 제국주의 구조의 특징인 전쟁 몰이의 확대 재연이다. 스탈린주의의 몰락으로 이제 더는 '외부의 적'을 비난할 수 없게 됐다. 이러한 상황 때문에 체제에 대한 신뢰의 위기가 조성됐다. 이러한 위기의 물리적 표현이 국제 반자본주의·반전 운동이다.

이런 운동 안에서 사회주의자들은 노동계급이 세계를 변혁할 힘을 갖고 있다는 사상에 귀를 기울일 청중을 훨씬 더 많이 만날 수 있다. 게다가 사회주의자들은 사회의 부를 생산하는 사람들의 필요를 충족시키는 국제 협업 체제가 [자본주의] 체제를 대체할 수 있다는 견해를 효과적으로 제시하기 시작할 수 있다. 이러한 프로젝트가 아닌 다른 대안은 받아들일 만한 것이 못된다. 그런 대안은 우리 지배자들이 제국주의, 즉 인류에게 고통을 강요하는 체제의 일상 업무를 지속할 수 있도록 허용할 뿐이다.

## 1장 무기와 미국

1　*The Economist*, American Survey, 7 April 1990 and *Business Week*, 'At Ease, disarming Europe', 19 February 1990을 참조하시오. 이에 대한 논평은 J Rees, 'The New Imperialism', in A Callinicos, J Rees, M Haynes, C Harman, *Marxism and the New Imperialism* (London, 1994) pp. 78~79를 보시오.

2　*World Military Expenditure and Arms Transfers 1996* (July 1997) pp. 49~99. '세계 군비 지출과 무기 이전(WMEAT)'은 원래 미국 '군비 통제 군축국'의 연례 보고서였다. 현재는 미 국무부의 '군비 협정 검증과 이행국'이 발간한다.

3　*World Military Expenditure and Arms Transfers(WMEAT)*의 도표. 위 보고서의 각주 2번을 보시오. 세 가지 판본의 WMEAT 보고서에서 미국의 군비 지출 통계 수치는 대동소이한 반면, 세계 군비 지출 수치는 각각의 보고서마다 다르다. 그래서 서로 다른 세 개의 곡선으로 나타난다.

4　*World Military Expenditure and Arms Transfers(WMEAT)*의 수치. 위 보고서의 각주 2번을 보시오. 지출 수치의 단위는 10억 미국 달러로 표시돼 있다. 이 수치들은 물가 상승률을 반영하지 않았다.

5　*World Military Expenditures and Arms Transfers(WMEAT)*의 수치. 위 보고서의 각주 2번을 보시오. 각국의 군사비 수치 단위는 10억 미국 달러이고, 이 수치들은 물가 상승률을 반영하지 않았다.

6　'Project on Defense Alternatives, Post Cold War US Military Expenditure in the Context of World Spending Trends', at www.comw.org/pda/bmemo10.htm#2를 참조하시오. 1986년에 '위험 국가'는 바르샤바조약기구 회원국들, 중국, 쿠바, 이란, 이라크, 리비아, 북한, 시리아, 베트남 등이었다. 1994년에는 러시아, 벨로루시, 중

국, 쿠바, 이란, 이라크, 리비아, 북한, 시리아, 베트남이 '위험 국가'였다.

7   S Pelletiere, *America's Oil Wars* (Westport, 2004) p. 110.

8   같은 책, p. 112와 p. 115.

9   H Kissinger, *Diplomacy* (New York, 1994) p. 813. 더 자세한 분석은 A Callinicos, *The New Mandarins of American Power* (Cambridge, 2003) pp. 57~59[국역 : ≪미국의 세계 제패 전략≫, 책갈피]를 보시오.

10  S Pelletiere, 앞의 책, p. 119에서 재인용.

11  G Achcar, 'Rasputin plays at chess: how the West blundered into a new cold war', in T Ali (ed), *Masters of the Universe, NATO's Balkan Crusade* (Verso, 2000) pp. 66~72를 참조하시오.

12  같은 책, p. 72.

13  A Rashid, *Taliban, Oil, Islam and the New Great Game in Central Asia* (I B Tauris, 2000) p. 130에서 재인용.

14  D Johnstone, 'Humanitarian War: making the crime fit the punishment', in T Ali (ed), 앞의 책, p. 154.

15  G Achcar, 앞의 책, p. 74.

16  G Monbiot, 'A Discreet Deal in the Pipeline', *The Guardian*, 15 February 2001을 참조하시오.

17  'Bulgaria: AMBO Trans-Balkan Pipeline Agreement Finally Signed', at www.balkanalysis.com/modules.php?name=News&file=article&sid=478.

18  Letter to President Clinton on Iraq, 26 January 1998, reprinted in M L Sifry and C Cerf, *The Iraq War Reader* (New York, 2003) pp. 199~201.

19  S Pelletiere, 앞의 책, pp. 122~124.

20  같은 책. pp. 125~127.

21  M Renner, 'Post-Saddam Iraq: Linchpin of a New Oil Order', in M L Sifry et al., 앞의 책, p. 582를 보시오.

22  J Risen, *State of War, the secret history of the CIA and the Bush administration* (New York, 2006) p. 166.

23  'The National Security Strategy of the United States'. 이 글은 미국 정부 웹사이트에서 볼 수 있다.

24  M Klare, 'The New Geopolitics', in *Monthly Review*, July/August 2003, p. 55.

## 2장 세계화 시대 미국의 경제력

1  M Beaud, *A History of Capitalism 1500~1980* (London, 1984) p. 186. 그리고 러시아와 영국에 관해서는 B R Mitchell, *European Historical Statistics 1750~1970* (London, 1978) pp. 224~225를 보시오.

2  M Beaud, 앞의 책, p. 186.

3  P Kennedy, *The Rise and Fall of Great Powers* (London, 1989) pp. 454~459.

4  같은 책 pp. 460~461.

5  P Armstrong, A Glyn and J Harrison, *Capitalism Since World War II* (London, 1984) pp. 213~214.

6  M Beaud, 앞의 책, p. 186.

7  M Kidron, *Western Capitalism Since the War* (London, 1970) p. 38을 참조하시오.

8  P Armstrong et al., 앞의 책, p. 214.

9  D Smith, *Pressure — How America Runs NATO* (London, 1989) p. 55에서 재인용.

10  P Sedgwick, 'NATO, The Bomb and Socialism', *Universities and left* Review No. 7, Autumn 1959, p. 8에서 재인용.

11  같은 책, p. 8.

12  P Kennedy, 앞의 책, p. 503에서 재인용.

13  P Kennedy, 앞의 책, p. 558.

14  P Armstrong, et al., 앞의 책, p. 2l9.

15  *World Bank, World Development Report 1989* (Oxford University Press, 1989) p. 167.

16  P Armstrong et al., 앞의 책, pp. 225~226.

17  P Kennedy, 앞의 책, p. 558.

18  A Bergsen and R Fernandez, 'Who Has the Most Fortune 500 Firms? A Network Analysis of Global Economic Competition, 1956~89', in V Bornschier and C Chase-Dunn, *The Future of Global Conflict* (London, 1999) p. 151.

19  P Kennedy, 앞의 책, p. 679.

20  같은 책, pp. 554~555.

21  I Wallerstein, 'US Weakness and the Struggle for Hegemony', in *Monthly Review*, July/August 2003, p. 24.

22  같은 책, p. 25.

23  R Brenner, *The Boom and the Bubble, the US in the World Economy* (London, 2002) p. 94[국역 : ≪붐 앤 버블≫, 아침이슬].

24  P Gowan, 'US Hegemony Today', in *Monthly Review*, 2003년 7/8월 합본호, p. 42.

25  R Brenner, 앞의 책, pp. 300~301.

26  같은 책, pp. 119~120.

27  같은 책, pp. 124~125.

28  같은 책, p. 102.

29  더 자세한 논의는 J Rees, 'The New Imperialism', in A Callinicos, C Harman, M Haynes and J Rees, *Marxism and the New Imperialism* (London, 1994) p. 73.

30  M Haynes, *Russia, Class and Power 1917~2000* (London, 2002) p. 205를 참조하시오.

31  같은 책, p. 208.

32  B Kagarlitsky, 'The Russian State in the Age of the American Empire', in L Panitch and C Leys (eds), in *The Empire Reloaded* (The Socialist Register, 2005) p. 281.

33  같은 책.

34  같은 책, pp. 282~283.

35  V Mallet and G Dinmore, 'The rivals: Washington's sway in Asia is challenged by China', *Financial Times*, 18 March 2005, p. 19.

36  같은 글.

37  W Bello, *Dilemmas of Domination, the Unmaking of the American Empire* (New York, 2005) pp. 94~96을 참조하시오.

38  V Mallet and G Dinmore, 앞의 책, p. 19.

39  the report by *Bloomberg*, 'China's Thirst for Oil Undercuts US Effort to Rein in Iran'. (20 December 2004) at www.bloomberg.com/apps/news?pid=10000103&sid=aGcFtg1NJEMA&refer=US를 참조하시오.

40  R McGregor and E Alden, 'US running out of patience over China's ballooning trade surplus', *Financial Times*, 15 March 2006.

41  P Gowan, 앞의 책, p. 46.

42  C Katz, 'Latin America's new "left" governments', in *International Socialism* 107

(London, Summer 2005) p. 146.

43 같은 책.

44 같은 책, p. 152.

45 R Brenner. 앞의 책, p. 127.

46 같은 책, p. 285.

47 W Bello, 앞의 책, p. 79를 참조하시오.


## 3장 석유와 제국

1 S Shah, *Crude, the story of oil* (New York, 2004) p. 180.

2 *The Economist*, 27 August 2005, p. 66.

3 S Shah, 앞의 책, p. 133.

4 *The Economist*, 앞의 글, p. 11.

5 S Shah, 앞의 책, pp. 177~178.

6 G Monbiot, *The Guardian*, 27 September 2005, p. 27을 참조하시오.

7 같은 글.

8 M Klare, *Blood and Oil* (London, 2004) p. 23.

9 M Yeomans, *Oil, anatomy of an industry* (The New Press, 2004) p. 6.

10 S Shah, 앞의 책, pp. 144~145.

11 M Klare, 앞의 책, p. xxi and pp. 10~13.

12 같은 책, pp. 32~37.

13 M Yeomans, 앞의 책, p. 12.

14 P Marshall, *Intifada: Zionism, Imperialism and the Palestinian Resistance* (Bookmarks, 1989) p. 49[국역 : ≪인티파다≫, 책갈피].

15 J Rose, *Israel: the hijack state — America's Watchdog in the Middle East* (Bookmarks, 2002) pp. 23~24[국역 : ≪강탈국가, 이스라엘≫, 다함께].

16 D Yergin, *The Prize, the epic quest for oil, money and power* (Free Press, 2003) p. 451.

17 같은 책, p. 458.

18 같은 책, p. 468.

19 같은 책, p. 485.

20 같은 책, p. 492.

21  T Cliff, 'The Struggle in the Middle East', in T Cliff, *International Struggle and the Marxist Tradition: Selected Writings*, Volume 1 (London, 2001) p.49를 참조하시오.

22  M Yeomans, 앞의 책, p. 25.

23  D Yergin, 앞의 책, p. 683에서 재인용.

24  D Yergin, 같은 책, p. 702를 참조하시오.

25  M Klare, 앞의 책, p. 50에서 재인용.

26  같은 책, p. 87.

27  같은 책, p. 114에서 재인용.

28  같은 책, p. 114에서 재인용.

29  같은 책, p. 136을 참조하시오.

30  같은 책, p. 155에서 재인용.

31  같은 책, p. 157.

32  hitp://www.gravmag.com/oil.html#worldfields를 참조하시오.

33  M Klare, 앞의 책, p. 78에서 재인용.

34  P Marshall, *Revolution and Counter-Revolution in Iran* (London, 1988) p. 80.

## 4장 세계화와 불평등

1  M Parvizi Amineh, *Towards the Control of Oil Resources in the Caspian Region* (New York, 1999) pp. 5~6.

2  같은 책, pp. 7~8.

3  같은 책, pp. 6~7.

4  같은 책, p. 11.

5  C Leys, *Market-Driven Politics* (London, 2001) p. 15를 참조하시오.

6  같은 책, p. 41.

7  같은 책.

8  같은 책, pp. 38~39.

9  N Bukharin, *Imperialism and the World Economy* (Bookmarks, 2003) p. 135.

10  부하린의 제국주의 분석의 장단점에 관한 상세한 논의는 J Rees, 'Nicolai Bukharin and modern imperialism', the foreword to N Bukharin, 앞의 책, p. 5~6을 참조하시오.

11  B Groom, 'As accusations fly between BBC and government, is there deepening crisis of trust in British public life?', *Financial Times*, 26~27 July 2003, p. 11.

12  Onora O'Neill's Reith lectures, paraphrased B Groom, 같은 책.

13  D Harvey, *A Brief History of Neoliberalism* (Oxford, 2005) p. 16[국역 : ≪신자유주의≫, 한울아카데미].

14  D Harvey, 앞의 책, pp. 17~19에서 재인용.

15  Office of National Statistics, 'Household Income', National Statistics Online, atwww.statistics.gov.uk.

16  D Pilling, 'Engels and the condition of the working class today', in J Lea and G Pilling (eds), *The Condition of Britain, essays on Frederick Engels* (Pluto Press, 1996) p. 19.

17  Office of National Statistics, 'Income Inequality, gap widens slightly from mid-1990s', at National Statisitics Online, www.statistics.gov.uk.

18  H Thompson, 'New survey show widespread deprivation in Britain' (27 September 2000), at www.wsws.org/articles/2000/sep2000/pov-s27_prn.shtml.

19  같은 글.

20  R Wachman, 'Top bosses pay doubles in a decade', *The Observer*, 27 July 2003.

21  S Wheelan, 'New data reveal rising poverty under Britain's Labour government', at www.wsws.org/articles/2000/jul2000/pov-j27_prn.shtml.

22  같은 글.

23  C Leys, *Market Driven Politics, neo-liberal democracy and the Public interest* (Verso, 2001) pp. 48~49를 참조하시오.

24  'Simulating the century', *The Economist*, 6 January 2000.

25  www.econ.brown.edu/fac/louis_patterman/courses/ec151/chapter_01.doc를 참조하시오.

26  H P Martin and H Schumann, *The Global Trap* (London, 1997) p. 29.

27  B Sutcliffe, *100 Ways of Seeing an Unequal World* (London, 2001) p. 14.

28  www.econ.brown.edu/fac/louis_patterman/courses/ec151/chapter_01.doc를 참조하시오.

29  'Undernourishment around the world' and 'Counting the hungry: recent trends in developing countries and countries in transition', www.fao.org/docrep/006/

j0083e03.htm을 참조하시오.

30  D Harvey, 앞의 책, p. 17.

31  D Sherman and B Garret, 'Why Non-Globalized States Pose a Threat'. 이 글은
    원래 *Yale Global*에 실렸다. University of Wisconsin-Madison School of Business
    의 2005년판에 저작권이 있다. http://www.bus.wisc.edu/update/winter03/globa-
    lization.asp에서 볼 수 있다.

32  N Chomsky, *Rogue States* (London, 2000) p. 102[국역: ≪불량국가≫, 두레를 참
    조하시오.

33  같은 책.

34  H P Martin et al., 앞의 책, p. 24에서 재인용.

35  D Montgomery, 'For many protesters, Bush isn't the main issue', *The Washington
    Post*, 20 January 2001, p. A14.

36  '버츠컬리즘'은 보수당 정치인 랩 버틀러(Rab Butler)와 노동당 지도자 휴 게이츠컬
    (Hugh Gaitskell)의 이름에서 따 온 말이다. 제2차세계대전 이후 장기 호황 동안의
    복지국가에 대한 초당적 합의를 일컫는 말이다.

37  Ofsted는 교육표준국(Office for Standards in Education)의 약자로서, 이 기구는
    정부 교육 정책 집행을 감시한다.

38  G Evans, 'The working class and New Labour: a parting of the ways?', in *British
    Social Attitudes, 17th Report, 2000~2001* (National Centre for Social Research,
    2000) pp. 52~56.

39  같은 책, p. 52.

40  'Election turnout to slump, poll says', ICM/Guardian poll, 23 January 2001.
    http://uk.news.yahoo.com/010123/11/axk43.html을 보시오.

41  Joseph Rowntree Trust가 ICM에 의뢰한 여론조사인 *State of the Nation October
    2000*. 이것은 *The Sunday Times*, 21 November 2000, p. 10에 보도됐다.

42  같은 글.

43  M Macleod, *Scotland on Sunday,* 5 March 2006.

44  'New economy: myths and reality', *Financial Times*, 13/14 January 2001.

45  'Persisting inequalities underline the poverty challenge for Government', Joseph
    Rowntree Trust press release, 8 December 1999. www.jrf.org.uk/pressroom/
    releases/081299.htm을 보시오.

46  같은 글에서 재인용.

47  'New economy: myths and reality', *Financial Times*, 13/14 January 2001.

48  같은 글.


## 5장 저들의 민주주의와 우리의 민주주의

1  G Rudé, *The French Revolution* (London, 1996) p. 14.

2  K Marx, 'Speech at the Trial of the Rhenish District Committee of Democrats', 8 February 1849, first published in *Neue Rhenische Zeitung*, Nos. 231 and 232, 25 and 27 February 1849. 이 글은 K Marx, *The Revolutions of 1848* (Penguin, 1973) p. 262에서 볼 수 있지만, 나는 Marx-Engels Archive website: www.marx.org 에 있는 번역문을 참조했다.

3  토머스 제퍼슨(Thomas Jefferson)은 인권선언이 발표됐을 때 파리에 있었다. "두 대륙의 영웅들"인 톰 페인(Tom Paine)과 라파예트(Lafayette)는 혁명에 참가했지만 둘 모두 온건파에 속했다.

4  B R Mitchell, *European Historical Statistics 1750~1970* (London, 1975) pp. 799~800. 잉글랜드와 웨일스의 수치는 1788년의 것이다.

5  A Soboul, *Short History of the French Revolution, 1789~99* (Berkeley, 1977) p. 10에서 재인용. 이것은 과장이 아니었다. 귀족만 주교나 군 장교가 될 수 있었다. 귀족은 세금이 면제됐고 짐 나르는 짐승 취급을 당한 농민들의 세금 부담은 컸다. 일부 역사가들은 혁명 이전의 프랑스 사회에서 중세 봉건제 전성기의 특징들이 상당히 사라졌기 때문에 봉건적이라고 부르는 데 반대한다. 그러나 이것은 토크빌이 당시 명확하게 지적했던 것을 놓치는 것이다. "봉건제가 더는 정치제도가 아닐지라도 그것은 여전히 우리 국가 기구의 가장 중요한 특징이었다. 그런 방식으로 봉건제는 여전히 대단한 증오의 대상이었고, 일부 중세 제도가 사라졌지만 오히려 그 때문에 남아 있는 것들이 훨씬 더 증오의 대상이 됐다." A Soboul, 앞의 책, p. 23을 참조하시오.

6  이 과정에 대한 가장 완전한 분석은 Brian Manning, *The English People and the English Revolution* (Bookmarks, 1991)이다.

7  *Ideology and Popular Protest* (Chapel Hill, 1980) p. 75에 실린 부르주아 혁명에서의 계급의식에 관한 뤼데(Rudé)의 탁월한 분석을 참조하시오. 이 혁명은 근본적

으로 "'신흥' 부르주아지와 기존 봉건·귀족 계급" 사이의 투쟁으로서 "혁명은 봉건 계급한테서 사회적·정치적 통제권을 빼앗으려 했다." 뤼데가 지적했듯이, "각각의 혁명에는 그 이상이 있었다. …… 민중도 자기 몫을 얻기 위해 싸웠다. …… 17세기 영국 혁명에서는 의회 지도자들, 신형군, 장로파, 독립파(모두 넓은 의미에서 '부르주아'적 도전의 대표자들이었다)뿐 아니라 이른바 '하층' 사회집단의 도전을 대변한 수평파, 디거파, 하층 계급 소종파도 있었다.

8    B Levin et al., *Who Built America?* (New York, 1989) p. 132.

9    프랑스 혁명에 관한 탁월한 짧은 입문서로는 P McGarr, 'The Great French Revolution', in P McGarr and A Callinicos, *Marxism and the Great French Revolution* (International Socialism, 1993)이 있다.

10   G Rudé, 앞의 책, p. 38을 참조하시오.

11   L Trotsky, *Writings on Britain*, Vol. 2 (London, 1974) p. 90에서 재인용.

12   A Soboul, 앞의 책, p. 79에서 재인용.

13   같은 책, pp. 86~87에서 재인용.

14   G Rudé, 앞의 책, p. 103.

15   S R Gardiner, *Oliver Cromwell* (E P Publishing, 1976) pp. 167~168을 참조하시오.

16   B Levine et al., 앞의 책, p. 163.

17   H Zinn, *A People's History of the United States* (Longman, 1980) p. 94[국역 : ≪미국 민중사≫, 이후]에서 재인용.

18   A Soboul, *Understanding the French Revolution* (London, 1998) p. 23.

19   I Birchall, 'The Babeuf bicentenary: conspiracy or revolutionary party', in *International Socialism* 72, Autumn 1996, pp. 77~93을 참조하시오. 그리고 I Birchall, *The Spectre of Babeuf* (London, 1997)도 보시오.

20   Marx and Engels, *The Manifesto of the Communist Party*, in Marx, *The Revolutions of 1848* (Penguin, 1973) p. 98. ≪공산당 선언≫은 1848년 혁명 이전에 쓰였다.

21   같은 책, p. 97.

22   D Fernbach, introduction to Marx, *Revolutions of 1848*, 같은 책, p. 38.

23   Marx, *The Bourgeoisie and the Counter-Revolution*, in 같은 책, pp. 193~194.

24   Marx, *Address of the Central Committee*, in 같은 책, pp. 329~330.

25   Engels, quoted in H Draper, *Karl Marx's Theory of revolution*, Vol. II

(London, 1978) p. 257.

26  Marx, *Address of the Central Committee*, 앞의 책, p. 330.

27  위로부터의 부르주아 혁명에 관한 훌륭한 설명은 A Callinicos, 'Bourgeois revolutions and historical materialism', in P McGarr and A Callinicos, 앞의 책.

28  V I Lenin, *Two Tactics of Social Democracy in the Democratic Revolution*, in *Selected Works* (Moscow, 1975) p. 60.

29  트로츠키의 연속혁명론은 *Permanent Revolution*(Pathfinder Press)[국역 : ≪연속혁명, 평가와 전망≫, 책갈피]에 잘 정리돼 있다. 그러나 불균등·결합 발전이 러시아의 맥락에 적용된 가장 좋은 사례는 'Peculiarities of Russia's Development', in Trotsky, *History of the Russian Revolution*[국역 : ≪러시아 혁명사≫, 풀무질]이다.

30  L Trotsky, *The History of the Russian Revolution* (Pluto Press, 1977) pp. 180~181.

31  E H Carr, *The Bolshevik Revolution 1917~1923*, vol. III (London, 1966) p. 53에서 재인용.

32  같은 책, pp. 17~18에서 재인용.

33  같은 책, p. 59.

34  T Cliff, *Deflected Permanent Revolution* (London, 1986). 원래 *International Socialism* (no. 12), Spring 1963의 첫 시리즈로 출판됐다. 그리고 T Cliff, *Trotskyism After Trotsky* (London, 1999) chapter 4를 참조하시오.

35  같은 책, p. 20.

36  같은 책.

37  같은 책.

38  같은 책, p. 21.

39  J Beinin and Z Lockman, *Workers on the Nile, nationalism, communism, Islam and the Egyptian working class 1882~1954* (Cairo, 1998) p. 11.

40  T Cliff, 'The Struggle in the Middle East', in T Cliff, *International Struggle and the Marxist Tradition, Selected Writings*, Volume 1, pp. 46~47.

41  같은 책, p. 47.

42  A Hoogvelt, *Globalisation and the Postcolonial World* (London, 1997) pp. 197~198에서 재인용.

43  같은 책, p. 198.

44  B R Mitchell, 앞의 책, p. 358에 실린 수치를 바탕으로 계산했다.

45  T Garton Ash, *The Polish Revolution: Solidarity* (London, 1985) p. 17.

46  같은 책, p. 25.

47  C Barker and K Weber, *Solidarnosc, from Gdansk to Military Reperssion* (International Socialism, 1982).

48  같은 책, p. 29에서 재인용.

49  가장 최근의 영문판은 J Kuron and K Modzelewski, *Solidarnosc: the Missing Link? The Classic Open Letter to the Party* (Bookmarks, 1982)이다. 이 책의 pp. 72~82와 p. 86을 참조하시오.

50  같은 책, p. 56.

51  C Harman, *Class Struggles in Eastern Europe 1945~83* (London, 1983) pp. 279~280[국역 : ≪동유럽에서의 계급 투쟁 : 1945~1983], 갈무리]을 참조하시오.

52  Interview with Orzechowski, in D Pryce-Jones, *The War That Never Was, the fall of the Soviet empire 1985~1991* (London, 1995) p. 213. Pryce-Jones의 책에는 냉전 우파적 평가와 동유럽 혁명 지도자들과의 가치 있는 인터뷰가 섞여 있다.

53  Interview with Jaruzelski, 같은 책, p. 215.

54  Interview with Orzechowski, 같은 책, p. 212.

55  J Kuron, 'Overcoming totalitarianism', reprinted in V Tismaneanu, *The Revolutions of 1989* (London, 1999) pp. 200~201.

56  같은 책, p. 199.

57  C Harman, 앞의 책, p. 297.

58  E Hankiss, 'What the Hungarians saw first', in G Prins (ed), *Spring in Winter, the 1989 revolutions* (Manchester, 1990) p. 15.

59  같은 책, pp. 25~26.

60  같은 책, p. 26.

61  같은 책, p. 27. "카다르 정권의 특권층이 기존 권력을 새로운 권력으로 전환할 수 있는 방법은 아주 많다. …… 1980년대 특권층의 전형적 모습은 이렇다. 부모는 국가나 당의 고위 관료이고, 아들은 영국-헝가리 합작회사 경영자이고, 사위는 바치 가(街)에서 고급 의류점을 경영하고, 딸은 헝가리 텔레비전에서 편집자로 일하고, 사촌은 캠브리지나 옥스퍼드에서 공부하고, 장모는 발라톤 호숫가에 작은 호텔이나 하숙집을 운영한다. …… 이런 가족 사업은 철저한 비밀이었다. 그러나 우리

는 이런 특권층 가족 사업 사례를 2백50건 이상 발견했다. 실제 수는 훨씬 더 많을 것이다."

62  같은 책.

63  같은 책, pp. 30~31.

64  Interview with Kulcsar, in D Pryce-Jones, 앞의 책, pp. 224~225를 참조하시오.

65  같은 책, p. 225.

66  Interview with Istvan Horvath(당시 헝가리 내무장관), 같은 책, p. 232.

67  같은 책, p. 274에 당시 동독 주재 러시아 대사가 인용한 호네커(Honecker)의 말.

68  같은 책, p. 236에서 재인용.

69  J Riech, 'Reflections on becoming an East German dissident', in G Prins (ed), *Spring in Winter*, 앞의 책, p. 81에 나와 있는 설명을 참조하시오.

70  같은 책, p. 88.

71  같은 책, pp. 71~72.

72  같은 책, pp. 72~73.

73  J Urban, *Czechoslovakia: the power and politics of humiliation*, in G Prins (ed), 앞의 책, p. 116.

74  같은 책, p. 108.

75  체코슬로바키아 정부 산하의 두 위원회가 11월 17일 시위 전후의 사건들과 그 사건들이 후사크 제거 음모와 얼마나 연관됐는지를 조사했다. 이 단락이 참조한 설명과 증거는 G Prins (ed), 같은 책, p. 116~117과 D Pryce-Jones, 앞의 책, p. 322에 수록돼 있다.

76  같은 책, p. 121~122.

77  D Pryce-Jones, 앞의 책, p. 321에서 재인용.

78  G Prins (ed), 앞의 책, p. 124에서 재인용.

79  D Pryce-Jones, 앞의 책, p. 341에 재인용된 정치집행위원회 회의록.

80  같은 책, p. 358을 참조하시오.

81  같은 책, p. 353.

82  같은 책, p. 350.

83  A Michnik, 'The velvet restoration', in V Tismaneanu, 앞의 책, p. 248.

84  같은 책, p. 249.

85  J Reich, 위의 책, p. 97.

86  J Urban, 앞의 책, p. 136.

87  M Haynes and R Husan, 'The State and Market in the Transition Economies: Critical Remarks in the Light of Past History and Current Experience', *The Journal of European Economic History*, Volume 27, No. 3 (Banca Di Roma, Winter 1998) pp. 367~368.

88  P Stephens, 'Dark Continent', *Financial Times*, 23 April 1999.

89  J Rees, 'The Socialist Revolution and the Democratic Revolution', in *International Socialism* 83 (London, Summer 1999).

90  같은 책, p. 263. 그리고 D T Mckinley, *The ANC and the Liberation Struggle* (London, 1997) p. 6도 참조하시오.

91  D T Mckinley, 앞의 책, p. 22에서 재인용.

92  같은 책, p. 34에서 재인용.

93  D T Mckinley, 앞의 책 p. 89에서 재인용. 강조는 원문 표시 그대로다.

94  Marx, *The Bourgeoisie and the Counter-Revolution*, 앞의 책, p. 194.

95  A Hoogvelt, 앞의 책, p. 229.

96  Duncan Green, quoted in 같은 책.

97  같은 책, p. 231.

98  'Lula's leap' *The Economist*, 4 March 2006, pp. 57~59.

99  D Plavsic, 'Manufactured Revolutions?', in *International Socialism* 107 (London, Summer 2005) pp. 21~30.

100 같은 책, p. 22.

101 같은 책, p. 26에서 재인용.

102 같은 책, p. 27.

## 6장  전쟁과 이데올로기

1  *Financial Times*, 'The US is going cold on Arab democracy', 15 February 2006.

2  S Huntington, *The Clash of Civilisations and the Remaking of the World Order* (London, 1997) pp. 255~258[국역 : 《문명의 충돌》, 김영사].

3  한 예로, 사미르 아민(Samir Amin)은 2006년 2월 25일 카이로 사회주의 토론회에서 이집트 무슬림형제단이 지배계급의 일원이라고 주장했다.

4  S Huntington, 앞의 책, p. 258.

5   A Beattie, 'Global pain hits poor, distant and the Islamic', *Financial Times*, 15 March 2006, p. 15.

6   A Negri and M Hardt, *Empire*[국역 : ≪제국≫, 이학사], quoted in E Meiksins Wood, 'A manifesto for global capital?', in G Balakrishnan (ed), *Debating Empire* (London, 2003) p.64[국역 : ≪제국이라는 유령 : 네그리와 하트의 제국론 비판≫, 이매진].

7   L Panitch and S Gindin, 'Global Capitalism and American Empire', in *Socialist Register* 2004 (London, 2003) p. 32.

8   같은 책, p. 19.

9   같은 책, p. 23.

10  L Panitch and S Gindin, 'Gems and Baubles in Empire', in G Balakrishnan (ed), 앞의 책, p. 52~60.

11  E Meiksins Wood, 'A manifesto for global capital?', in G Balakrishnan (ed), 앞의 책, p. 65.

12  같은 책, p. 69.

13  파니치(Panitch)와 긴딘(Gindin)에 관한 날카로운 비판으로 Alex Callinicos, 'Imperialism and global political economy', in *International Socialism* 108, Autumn 2005, pp. 109~127을 참조하시오.

14  L Elliott, 'World gears up for tension as emerging nations threaten to put G7 countries in the back seat', *The Guardian*, 6 March 2006, p. 30.

15  M Hardt and A Negri, *Multitude* (London, 2004) p. xiv.

16  같은 책, p. xv.

17  C Harman, 'The workers of the world', in *International Socialism* 96, Autumn 2002, pp. 6~9를 참조하시오.

18  예를 들면, B Deer, 'Still struggling after all these years', *New Statesman*, 24 August 1996, pp. 12~14를 참조하시오. 1961년 이후 갤럽 여론조사 결과를 보면 영국에서 계급투쟁이 진행 중이라고 생각하는 사람의 비율이 1961년에 56퍼센트에서 1996년에는 76퍼센트로 증가했다.

19  M Hardt et al., 앞의 책, p. xvi.

20  A Callinicos, 'Toni Negri in Perspective', in G Balakrishnan (ed), 앞의 책, pp. 121~143.

## 7장 제국주의에 저항하기

1   영국 반전 운동 부활에 관한 최고의 글은 A Murray and L German, *Stop the War, the story of Britain's biggest mass movement* (London, 2005)를 참조하시오.

2   Alex Callinicos's column, *Socialist Worker*, 19 March 2005를 참조하시오.

3   G Lukacs, *Lenin, a study in the unity of his thought* (London, 1977) p. 46[국역 : ≪레닌≫, 녹두].

4   G Lukacs, *History and Class Consciousness* (London, 1971) p. 311[국역 : ≪역사와 계급의식≫, 거름].

5   V I Lenin, *Collected Works*, Vol. 23 (Moscow, 1964) p. 61.

6   같은 책, Vol. 22, pp. 355~357.

7   K Marx, quoted in A Brewer, *Marxist Theories of Imperialism, a Critical Survey* (London, 1980) p. 58.

8   R Munck, *The New International Labour Studies* (London, 1988) p. 33.

9   같은 책.

# 더 읽을거리

이것은 결코 완벽한 참고 도서 목록이 아니다. 보통의 독자들이 더 관심을 갖고 볼 만한 책들을 몇 권 소개하는 것뿐이다. 새로운 제국주의를 가장 포괄적으로 잘 설명한 책은 데이비드 하비의 ≪신제국주의≫(David Harvey, *The New Imperialism*, Oxford, 2003)[**국역** : ≪신제국주의≫, 한울아카데미], 월든 벨로의 ≪지배의 딜레마≫(Walden Bello, *Dilemmas of Domination*, Metropolitan Books, 2005), 타리크 알리의 ≪근본주의의 충돌≫(Tariq Ali, *The Clash of Fundamentalisms*, Verso, 2002)[**국역** : ≪근본주의의 충돌≫, 미토], 엘린 메익신즈 우드의 ≪자본의 제국≫(Ellen Meiksins Wood, *Empire of Capital*, Verso, 2003), 마이클 만의 ≪분별없는 제국≫(Michael Mann, *Incoherent Empire*, Verso, 2003)[**국역** : ≪분별없는 제국≫, 심산, 알렉스 캘리니코스의 탁월한 저작 ≪미 강대국의 새로운 관료들≫(Alex Callinicos, *The New Mandarins of American Power*, Polity, 2003)[**국역** : ≪미국의 세계 제패 전략≫, 책갈피] 등이 있다. 앤키 후그벨트의 ≪세계화와 탈식민주의 세계≫ (Ankie Hoogvelt, *Globalisation and the Post-Colonial World*, Macmillan, 1997)는 매우 유익하다. 가브리엘 콜코의 ≪전쟁의 정치학≫(Gabriel Kolko, *The Politics of War*, Pantheon, 1968)은 전후의 체제 안정을 이해하는 데 꼭 필요한 책이다.

세계경제의 상황을 명쾌하고 효과적으로 분석한 책은 크리스 하먼의 ≪공황을 설명하기≫(Chris Harman, *Explaining the Crisis*, Bookmarks, 1984)[**국역** : ≪마르크스주의와 공황론≫, 풀무질], 로버트 브레너의 ≪붐 앤 버블≫(Robert Brenner, *The Boom and the Bubble*, Verso, 2002)[**국역** : ≪붐 앤 버블≫, 아침이슬]이 있다. 피터 고완의 ≪전 세계적 도박≫(Peter Gowan, *The Global Gamble*, Verso, 1999)[**국역** : ≪세계 없는 세계화≫, 시유시]는 많은 유용한 통찰을 담고 있다. 데이비드 하비의 ≪신자유주의≫(David Harvey, *Neoliberalism*, Oxford, 2005)[**국역** : ≪신자유주의≫, 한울아카데미]는 새로운 경제 질서를 지지하는 이데올로기의 성장을 도표로 보여 준다. 존 필저의 ≪세계의 새로운 지배자들≫(John Pilger, *New Rulers of the World*, Verso, 2002)[**국역** : ≪제국의 지배자들≫, 책벌레]는 우리 사회를 관통하는 권력의 경로에 대해 많은 것을 알려 준다.

고전 마르크스주의의 제국주의 분석을 가장 잘 보여 주는 책은 니콜라이 부하린의 ≪제국주의와 세계경제≫(Nikolai Bukharin, *Imperialism and the World Economy*, Bookmarks, 2003)[**국역** : ≪제국주의론≫, 지양사], 레닌의 (Lenin, *Imperialism, the Highest Stage of Capitalism*)[**국역** : ≪제국주의, 자본주의의 최고 단계≫, 백산서당]이다. 석유와 중동을 연구한 탁월한 서적은 대니얼 예긴의 ≪포상≫(Daniel Yergin, *The Prize*, Free Press, 1991)[**국역** : ≪황금의 샘≫, 고려원]이고, 마이클 클레어의 ≪피와 석유≫(Michael Klare, *Blood and Oil*, Penguin, 2005)도 유용한 정보를 담고 있다. 브라이언 래핑의 ≪제국의 종말≫(Brian Lapping, *The End of Empire*, Paladin, 1989)과 데이비드 프롬킨의 ≪모든 평화를 끝장내는 평화≫(David Fromkin, *A Peace to End all Peace*, Penguin, 1989)는 모두 주의 깊게 읽으면 도움이 될 만한 책들이다.

폴 풋의 ≪선거권≫(Paul Foot, *The Vote*, Penguin, 2005)은 영국의 선거권과 급진 정치가 발전하는 과정을 탐구한 최고의 저작이다. 티머시 가튼 애쉬의 ≪폴란드 혁명 : 연대노조≫(Timothy Garton Ash, *Polish Revolution : Solidarity*, Coronet, 1983)는 탁월한 역사서인데, 이것은 저자의 정치를 감안하면 놀라운 일이다.

새로운 저항의 분위기가 성장하는 과정을 보여 주는 책으로는 보리스 카갈리츠키의 ≪급진주의로의 회귀≫(Boris Kagarlitsky, *The Return of Radicalism*, Pluto, 2000)와 알렉스 캘리니코스의 ≪반자본주의 선언≫(Alex Callinicos, *An Anti-Capitalist Manifesto*, Polity, 2003)[**국역** : ≪반자본주의 선언≫, 책갈피가 있다. 새로운 제국주의에 대한 탁월한 분석과 영국 반전 운동에 대한 최상의 설명은 앤드루 머레이와 린지 저먼의 ≪전쟁을 멈춰라≫(Andrew Murray and Lindsey German, *Stop the War*, Bookmarks, 2005)에서 찾아볼 수 있다.

# 옮긴이 후기

부시 정부의 이라크 침략 5주년이 얼마 남지 않았다. 부시는 이라크 침략을 성공 사례로 내세우고 싶어 하지만, 부시와 네오콘(신보수주의자)의 목표 중 이뤄진 것은 거의 없어 보인다.

이라크 점령의 위기는 끝날 줄 모르고 있다. 2007년은 침략 이후 이라크 주둔 미군 희생자가 가장 많이 발생한 해였다. '테러와의 전쟁'의 핵심 동맹들은 심각한 정치 위기에 빠졌다. 스페인의 아스나르, 이탈리아의 베를루스코니, 영국의 블레어, 오스트레일리아의 하워드가 '날아갔고', 파키스탄 무샤라프 정부의 위기는 '현재 진행형'이다. 그러나 부시는 전쟁 책동을 멈출 기미를 조금도 보이지 않고 이란을 계속 압박하고 있다. 우리는 매우 불안정한 시대에 살고 있고, 그 열쇠를 미국이 쥐고 있는 듯이 보인다.

이런 미국 국가의 행동을 '제국주의'란 수식어로 묘사하는 것은 더는 소수 극좌파들만의 전유물이 아니게 됐다. 심지어 일부 네오콘조차 자신의 외교 전략을 '제국'이란 용어를 사용해서 설명했다.

그러나 제국주의가 무엇을 의미하는지에 대해서는 통일된 견해가 존재하지 않는다. 그래서 제국주의를 해설하는 많은 책들이 쏟아져 나왔는지도 모른다.

그 중에서도 존 리즈의 ≪새로운 제국주의와 저항≫은 주목할 만한 책이다. 이 책은 현 단계의 새로운 제국주의 체제에 대한 분석뿐 아니라 전 세계적 불평등의 문제, 그것에 맞선 저항의 성격과 방향, 민주주의와 사회주의의 관계, 반제국주의 저항의 정치 등 광범한 내용을 담고 있다. 특히, 제국주의 체제의 성격과 반제국주의 저항의 정치에 대한 리즈의 분석은 매우 탁월하다.

존 리즈는 대다수 좌파 제국주의 이론가들과는 달리, 19세기 말과 20세기 초에 반제국주의 정치 발전에서 결정적 구실을 한 고전 마르크스주의의 제국주의론을 계승·발전시킨다.

이 이론은 자본주의 동학에 대한 마르크스주의 분석에 바탕을 두고 있다. 자본주의가 성장하고 자본의 집적·집중이 거듭되면서 거대 자본들이 탄생한다. 이 자본들이 세계시장에서 더 효율적으로 경쟁하려면 경제력뿐 아니라 국민국가의 힘이 필요하다. 국민국가가 다른 국민국가와의 경쟁에서 승리하려면 자국 자본이 세계시장에서 성공해야 하고, 따라서 거대 자본과 국민국가는 상호 의존하게 된다. 국민국가는 자국 자본의 이익을 지키거나 확대하기 위해 군사적 수단을 사용하게 된다. 따라서 오늘날 지정학적 경쟁과 군사적 충돌은 우연이 아니라 현대 자본주의의 근본 특징이라는 것이다.

현재 좌파 내에서는 이와는 다른 두 가지 상반된 해석이 지배적이다.

하나는 마이클 하트와 안토니오 네그리가 ≪제국≫에서 발전시킨 견해다. 하트와 네그리는 ≪제국≫에서 국민국가의 소멸과 "초국적 자본가 계급의 등장"을 주장했다. 그들은 "세계시장은 코드화되지 않고 탈영토화된 흐름으로 이뤄진 매끄러운 공간을 필요"로 하기 때문에 "세계시장의 완전한 실현은 필연적으로 제국주의의 종말"을 뜻한다고 주장한다. 부시의 제국주의적 모험이 계속되면서 이런 견해는 좌파 내에서 많이 약화됐다.

현재 좌파에서 가장 각광 받는 견해는 이른바 '미국 유일 제국주의 국가'론 ― 본인들은 이런 단어를 사용하지 않는다 ― 이다. ≪소셜리스트 레지스터≫의 편집인인 레오 파니치와 샘 긴딘이 이런 주장을 하는 대표적 좌파 이론가들이다.

'제국'론과 달리, 긴딘과 파니치는 국민국가가 소멸하는 중이라고 말하지 않는다. 그러나 고전 제국주의론의 핵심인 복수 국민국가 사이의 지정학적 경쟁은 소멸했다고 말한다. 제2차세계대전 이후 미국이 자본들 사이의 이익을 조율하는 "일반적 조정" 기능을 담당하면서, 그런 경쟁의 필요가 사라졌다는 것이다. 소련이라는 유일한 경쟁자가 사라진 냉전 종식 이후 그런 경향은 오히려 더 강화됐고, 그런 패권을 경제적으로 강화하려는 신자유주의 계획도 성공해서 미국은 그 어느 때보다 더 강력하다는 것이다. 그들은 제국주의보다 "비공식적 미국 제국"이란 단어를 더 선호한다.

이것은 '제국'론보다는 조금 더 급진적이다. 또, 미국과 다른 국가들 사이에 힘의 불균형이 존재하는 것은 사실이다. 그러나 이런 견해는 다른 열강들의 독자적 이해관계를 무시하면서 그들의 제국주의적 행위에 면죄부를 주는 오류를 범할 수 있다.

예컨대, 최근 당선한 프랑스 우파 대통령 사르코지는 한편으로 미국과 관계 개선을 시도하면서 다른 한편으로는 아프리카에서 프랑스의 경제적·군사적 입지를 강화하고 있다. 프랑스는 이미 아프리카에 수천 명의 군대를 주둔시키고 있다. 특히 최근 중국이나 러시아의 '부상'은 중요한 정치적 문제가 되고 있다. 중국이 아프리카에서 정치적 영향력과 천연자원을 놓고 미국과 경쟁을 벌일 때, 미국 '제국'만 배타적으로 비판하면 중국과 러시아 국가의 제국주의적 행태를 놓치고 침묵할 수 있다.

물론 파니치와 긴딘이 적극적으로 중국에 면죄부를 주지는 않는다. 그러나 '미국 유일 제국주의'론이 얼마든지 그런 정치적 결론을 낳을 수 있다는 것을 보여 주는 사례가 있다.

국내에서 백승욱 교수가 ≪자본주의 역사 강의≫에서 적극 차용한 좌파 이론가인 지오바니 아리기도 기본적으로 '미국 유일 제국주의'론을 수용하고 있다. 부분적으로는 '미국 유일 제국주의'론의 반편향으로 아리기는 미국의 잠재적 경쟁자로 부상하는 국가들을 이상화하는 오류를 범한다.

예컨대 아리기는 최근 출간한 ≪베이징의 아담 스미스≫에서 "중국과 인도는 …… 서방 자본주의가 전파한 사회적·환경적 재앙에서 전 세계를 해방시킬 잠재력을 갖고 있으며 …… 중국은 문화적 차이를 존중하는 문명들 사이의 상호 공존 체제가 등장하는 데 결정적으로 기여할 수 있는 잠재력이 있다"고 주장했다. 아리기는 중국의 부상을 얘기할 때 타이완 위협, 남사군도를 둘러싼 동남아시아 국가들과의 갈등, 아프리카 자원 쟁탈전 참가는 고사하고 신장이나 티베트 같은 공인된 '내부 식민지' 문제조차 언급하지 않는다. 아리기는 중국이 주변국과 평화로운 체제를 유지할 수 있다고 믿는 듯하다. 그러나 중국이 제2의 초강대국으로 부상할 가능성은 제국주의 체제를 긴장시키고 장래에 군사 충돌을 불러올 수 있는 위험성을 증폭시킨다.

반면에 존 리즈는 제국주의에 관한 이 두 가지 극단적 견해와 차이가 있다. 먼저 리즈는 고전 제국주의론의 핵심이 여전히 유효하다고 보기 때문에, 국민국가들 사이의 경쟁이 사라졌다는 '제국'론과는 견해가 다르다. "시장 경쟁의 국제적 성격은 국가가 자신의 국경을 벗어나 다른 국가들 ─ 마찬가지로 자신의 국경을 벗어나도록 내몰린 ─ 과 충돌하도록 만든다. …… 국경을 벗어나면 경제적 경쟁이 심해지고, 시간이 흐를수록 국가들끼리 군사적으로 충돌할 가능성도 커진다."(본문 28쪽)

또, 존 리즈는 냉전 종식 후 제국주의 체제에 변화가 나타났다는 점을 인정한다. 그러나 새로운 제국주의 체제가 미국이라는 슈퍼 제국주의가 지정학적 경쟁을 종식시킨 체제를 의미하는 것은 아니라고 지적한다. 비록 아직 미국 제국주의에 직접 도전할 만한 단일 강국은 나타나지 않았지만, 냉전의 속박이 사라졌고 미국의 경제력이 상대적으로 쇠퇴하면서 국민국가들 사이의 경쟁은 더 치열해지고 복잡해지고 있다.

존 리즈는 중국 같은 다른 제국주의 열강들에게 정치적 면죄부를 주지 않는다. "[중국 등의] 이런 경제력 변화는 국가의 군사력 확대와 무관할 수 없다. …… 다국적기업들 사이의 국제 경쟁이 새롭게 격화한 것 때문에 국민 국가들이 군사력을 확장해 냉전이 끝나면서 형성된 공백으로 뛰어들고 있[다]."(본문 274쪽)

리즈는 이런 이론적 틀을 갖고 부시 정부의 이라크 침략을 분석한다. 이라크 침략은 경쟁자들에 대한 "미국 경제력의 상대적 쇠퇴"를 "군사력의 절대적 우위"를 통해 만회하려는 시도이다. 즉, 다른 것으로 대체할 수 없는 중동 석유에 대한 통제권을 확보함으로써 "동맹과 경쟁자들을 모두 단속"할 수 있는 지렛대를 확보한다는 것이다.

이 분석은 최근 좌우 양쪽에서 모두 주목받고 있는 '유대인-이스라엘 로비론'과 매우 다르다. 저명한 우파 '현실주의' 국제 관계 이론가인 존 미어샤이머는 "이스라엘 로비와 미국의 외교 정책"이라는 글에서 "친이스라엘 로비의 결과로 미국 행정부가 때로는 미국의 국가 이익과 배치되는 중동 정책을 편다"면서 대표 사례로 이라크 침략을 거론했다. 최근에 페리 앤더슨은 ≪뉴 레프트 리뷰≫에 기고한 "현 정세에 대한 소고"에서 그것의 좌파적 버전을 다음과 같이 주장했다. "이스라엘 팽창주의에 대한 미국의 지지는 미국 자본 일반의 그 어떤 논리적 이익과 상관없이 오직 이스라엘 로비의 결과였다." 이라크 침략도 중동에서 경쟁자를 제거하려는 이스라엘의 야심을 미국이 충족시켜 준 것이다. 그러나 ≪새로운 제국주의와 저항≫의 3장 "석유와 제국"을 읽고 나면 이런 분석이 얼마나 현실과 거리가 먼지 알 수 있다.

어떤 독자들은 이 책의 제국주의 분석이 데이비드 하비가 ≪신제국주의≫와 ≪신자유주의≫에서 제시한 것과 공통점이 많다고 느낄 것이다.

실제로 하비는 오늘날 고전 마르크스주의 전통에 가장 근접한 제국주의론을 펴는 사람이다. 하비는 제국주의 체제를 "자본주의적 경쟁과 영토적 경쟁의 변증법적 결합"으로 정의할 뿐 아니라, 존 리즈처럼 제국주의 열강들 사이의 갈등에서 이라크 침략 동기를 찾고 중동 석유의 전략적 중요성을 강조한다.

또, 하비는 "오늘날 우리가 직면한 것은 [미국] 유일 제국주의가 아니라 잉여 자본 분배의 지리적 불균등성을 따라 진행 중인 다양한 제국주의적 행위들이다" 하고 지적하는데, 이것은 '미국 유일 제국주의'론과도 다르다.

그러나 더 엄밀히 보면 하비와 리즈의 주장에는 중요한 차이가 있다. 리즈는 이른바 "자본주의적 경쟁"과 "제국주의적 경쟁"을 자본 간 경쟁의 서로 다른 두 얼굴로 보지만, 하비는 둘의 관계를 간혹 모호하고 혼란되게 이해한다.

그래서 하비는 제국주의와 자본주의의 관계를 우연적으로 보는 주장을 하기도 한다. 하비는 미국과 유럽 자본주의 사이의 카우츠키식(式) '초제국주의 체제'가 부시의 전쟁 드라이브보다 이들 국가와 자본의 이익에 더 잘 복무할 수 있다고 지적하면서 "제2의 [전 세계적] 뉴딜"의 가능성을 언급한다. 이것은 "자본주의 체제의 고유한 성격 때문에 전쟁이 일어"(본문 289쪽)나며, 제국주의에 대한 대안은 "'의식이 깨어 있는' 지도자들이나 다자간 기구들을 통해 인간의 합리성에 호소하는 것"(본문 289쪽)이 아니라 반자본주의적 해결책을 추구하는 데서 나온다고 강조하는 리즈의 주장과 매우 다르다.

제국주의 체제에 대한 분석 외에 반제국주의 투쟁의 과제와 전략을 다룬 부분도 ≪새로운 제국주의와 저항≫에서 돋보이는 부분이다. 특히 오늘날 반전 진영에서 중요한 쟁점들인 미국 정부의 이란 확전 문제와 이슬람주의·이슬람 혐오 문제에 대한 논의가 주목할 만하다.

존 리즈는 미국 같은 제국주의 강대국과 이란 같은 지역 소열강이 충돌할 때 제기되는 여러 가지 문제들을 검토하면서 "강대국들이 주적(主敵)"이라는 정치적 원칙을 제시한다. 양비론은 제국주의 열강을 이롭게 하는 의도하지 않은 결과를 낳을 수 있다는 것이다. "강대국과 약소국 사이의 전쟁[의 경우], 만약 제1차세계대전 같은 제국주의 강대국 간 충돌 때와 같은 태도를 취해 교전 중인 국가를 동등하게 반대한다면, 세계 최강대국과 최약소국을 동등하게 취급하게 된다. 그런 '공평한 태도'는 현실에서는 훨씬 더 강력한 제국주의 국가들을 옹호하는 결과를 낳는다. …… 제국주의 강대국들의 패배가 전 세계 피억압 대중의 이익이 되므로 사회주의자들은 약소국의 자결권을 지지해야 한다."(본문 291~292쪽)

이슬람 혐오는 전 세계 반전 운동에서 제기되는 또 다른 첨예한 문제 중 하나다. 이것은 리즈의 지적처럼 "이슬람 혐오나 그것과 연관된 이데올로기 근거들은 과거 반공산주의가 냉전을 정당화했던 것처럼 전쟁의 공식 이데올로기가 됐"(본문 18쪽)기 때문이다. 한국 정부가 이라크와 아프가니스탄에 파병하고, 이슬람주의 무장 세력의 공격으로 민간인 희생자가 발생하면서 이 문제는 한국에서도 중요한 쟁점이 되고 있다.

그런데 국제적으로 일부 좌파들이 오늘날 중동 저항 세력의 이슬람주의 이데올로기를 문제 삼으며 과거 민족해방운동에 적용했던 동일한 정치적 원칙, 즉 비판적 지지 원칙을 적용할 수 없다고 주장한다. 어떤 사람들은 이슬람을 혐오하는 입장에서 이슬람주의를 파시즘으로 보고 이슬람주의자들의 저항을 완전히 기각하기도 한다.

최근 반자본주의 저술가 사미르 아민은 ≪먼슬리 리뷰≫에 기고한 "제국주의에 도움을 주는 정치적 이슬람"이란 글에서 이슬람주의 이데올로기를 가진 저항 세력 전체를 반동적 집단으로 싸잡아 폄하했다. 사미르 아민은 "정치적 이슬람은 근본적으로 반동적이기 때문에 민중 해방을 위한 과정에 어떤 식으로든 기여할 수 없다"고 주장했다.

제4인터내셔널 이론가이자 중동 문제 전문가인 질베르 아슈카르는 ≪소셜리스트 레지스터≫(2008년 호)에 실린 "마르크스주의적 관점에서 본 오늘날의 종교와 정치"에서 이런 관점을 이론화했다. 그는 가톨릭 같은 '유연한' 종교와 달리 이슬람은 태생적으로 경직된 이데올로기라고 주장한다. 이슬람은 반동적일 수밖에 없기 때문에 그것을 정치화해도 별 수 없다는 것이다.

이들과 달리, 존 리즈는 이슬람주의 문제를 구체적 맥락에서 접근하면서 그것의 모순되고 다양한 성격을 지적한다. 물론 테러리즘을 사용하는 이슬람주의 단체에 동조할 수는 없지만, 모든 이슬람주의 조직을 테러 조직이나 반동적 집단으로 싸잡아 비난하는 것은 옳지 않다는 것이다. "이슬람주의 운동의 성격을 단순히 진보적이라거나 반동적이라고만 평가하는 것은 옳지 않다. 분명 팔레스타인 하마스 투사들이나 알제리 이슬람구국전선(FIS) 투사들의 이슬람은 반동적인 사우드 왕가가 가르치는 이슬람과 다르다."(본문 140쪽)

존 리즈는 최근 이슬람주의 저항 세력이 성장한 배경으로 민족주의적 반제국주의 투쟁의 실패를 언급한다. 그로부터 형성된 빈 공간을 이슬람주의 저항 조직들이 차지했다는 것이다. 따라서 "이슬람주의는 민족주의 경향과 동일한 정치적 공간을 차지하고 있다."(본문 268쪽)

따라서 민족해방운동에 대한 고전 마르크스주의 견해에서 이슬람주의 문제에 접근해야 한다. "이슬람주의와 좌파의 관계는 민족주의자와 좌파의 관계와 비슷해서 특정 시기와 상황에서는 좌파의 동맹이 될 수도 있고, 다른 시기와 상황에서는 좌파와 노동운동을 공격할 수도 있다. 따라서 좌파는 공산당의 영향을 받은 민족주의 좌파를 포함한 민족주의 운동을 대하는 태도로 이슬람주의 운동에 접근해야 [한다.] …… 그들[이슬람주의자들]이 제국주의와 국내 지배계급을 반대하는 한, 좌파는 그들과 함께 활동해야 한다. 그러나 좌파는 언제나 조직적·정치적 독립을 유지해야 한다."(본문 268~269쪽)

≪새로운 제국주의와 저항≫은 방대한 내용의 책이고, 옮긴이는 그 중에서 몇 가지 장점을 언급했을 뿐이다. 존 리즈의 책이 오늘날 제국주의 체제의 야만성에 분노하는 사람들에게 많은 영감을 줄 수 있기를 바란다.

이수현, 김광일, 김은영, 김하영, 최미진이 원고를 읽고 검토하는 수고를 해 줬다. 모두에게 감사드린다. 특히, 난삽한 번역 전체를 꼼꼼하게 교열해 준 이수현에게 가장 감사드린다.

2008년 1월 15일 옮긴이들을 대표해 김용욱

# 찾아보기